W0311010

BUCHNERS KOLLEG

11

Geschichte

Ausgabe Bayern

C.C.Buchner Verlag

Buchners Kolleg Geschichte 11

Ausgabe Bayern

Unterrichtswerk für die Oberstufe

Herausgegeben von Dieter Brückner, Michael Mayer und Hanne Singer

Bearbeitet von Elisabeth Demleitner, Oliver Näpel, Jochen Oltmer, Carla Schmidt und Iris Vogeltanz

Zu diesem Lehrwerk sind erhältlich:
- Digitales Lehrermaterial **click & teach** Einzellizenz, Bestell-Nr. 320741
- Digitales Lehrermaterial **click & teach** Box (Karte mit Freischaltcode), ISBN 978-3-661-**32074**-8

Weitere Materialien finden Sie unter www.ccbuchner.de.

Dieser Titel ist auch als digitale Ausgabe **click & study** unter www.ccbuchner.de erhältlich.

Die enthaltenen Links verweisen auf digitale Inhalte, die der Verlag bei verlagsseitigen Angeboten in eigener Verantwortung zur Verfügung stellt. Links auf Angebote Dritter wurden nach den gleichen Qualitätskriterien wie die verlagsseitigen Angebote ausgewählt und bei Erstellung des Lernmittels sorgfältig geprüft. Für spätere Änderungen der verknüpften Inhalte kann keine Verantwortung übernommen werden.

An keiner Stelle im Schülerbuch dürfen Eintragungen vorgenommen werden.

1. Auflage, 2. Druck 2023
Alle Drucke dieser Auflage sind, weil untereinander unverändert, nebeneinander benutzbar.

Dieses Werk folgt der reformierten Rechtschreibung und Zeichensetzung. Ausnahmen bilden Texte, bei denen künstlerische, philologische oder lizenzrechtliche Gründe einer Änderung entgegenstehen.

© 2023 C.C.Buchner Verlag, Bamberg
Das Werk und seine Teile sind urheberrechtlich geschützt. Jede Nutzung in anderen als den gesetzlich zugelassenen Fällen bedarf der vorherigen schriftlichen Einwilligung des Verlags. Hinweis zu §§ 60 a, 60 b UrhG: Weder das Werk noch seine Teile dürfen ohne eine solche Einwilligung eingescannt und/oder in ein Netzwerk eingestellt werden. Dies gilt auch für Intranets von Schulen und sonstigen Bildungseinrichtungen. Fotomechanische, digitale oder andere Wiedergabeverfahren sowie jede öffentliche Vorführung, Sendung oder sonstige gewerbliche Nutzung oder deren Duldung sowie Vervielfältigung (z. B. Kopie, Download oder Streaming), Verleih und Vermietung nur mit ausdrücklicher Genehmigung des Verlags.

Redaktion: Markus Brogl, Julia Luibrand und Katja Petersen
Layout und Satz: tiff.any GmbH & Co. KG, Berlin
Illustrationen, Grafiken und Karte S. 81: tiff.any GmbH & Co. KG, Berlin
Umschlag: mgo360 GmbH & Co. KG, Bamberg
Druck und Bindung: Mohn Media Mohndruck GmbH, Gütersloh

www.ccbuchner.de
ISBN: 978-3-661-**32071**-7

Kapitel 1:
Geschichte erinnern

Kapitel 2:
Migration in Bayern von der Frühen Neuzeit bis zum 20. Jahrhundert

Anhang

Zur Arbeit mit dem Buch

Auftaktseiten

leiten mit großformatigen Bildern, Arbeitsimpulsen und den Kompetenzerwartungen in das Großkapitel ein.

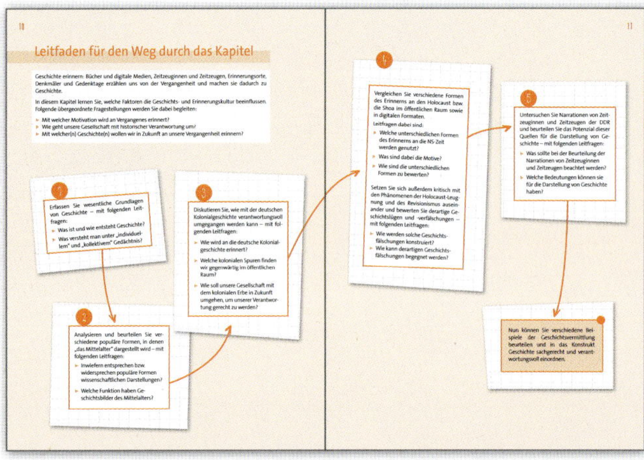

Leitfaden

Diese Seiten zeigen den Weg durch das Kapitel auf. Leitfragen zum Großkapitel und den einzelnen Unterkapiteln strukturieren das Erkenntnisinteresse.

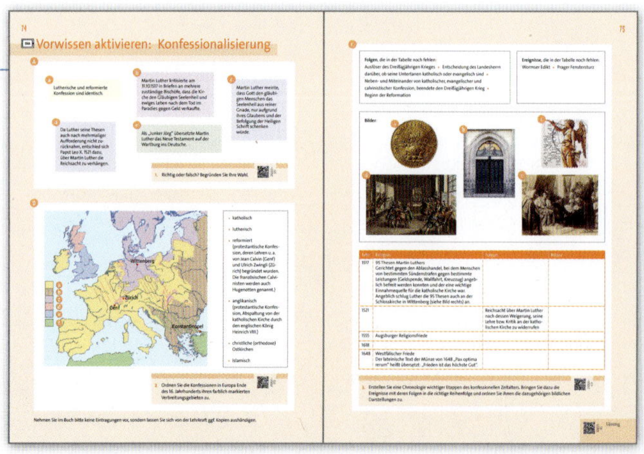

Vorwissen aktivieren

Diese Seiten erleichtern den Rückgriff auf Grundwissen aus der Sekundarstufe I und haben einen Bezug auf Grundlegende Daten und Begriffe im Oberstufenlehrplan.
Sie bieten Übungen, die auf Basis des Printwerkes bearbeitet werden können. Sie sind aber auch als Digitale interaktive Anwendung verfügbar.

DiA

Lernaufgaben
stehen jeweils zu Beginn der Unterrichtseinheit und ermöglichen eine eigenständige Erarbeitung des Themas mit Verweis auf Materialien und Darstellungstexte.

Grundlegende Daten und Begriffe
sind grün hervorgehoben. Erklärungen zu ihnen finden Sie auf den Seiten 164 bis 170.

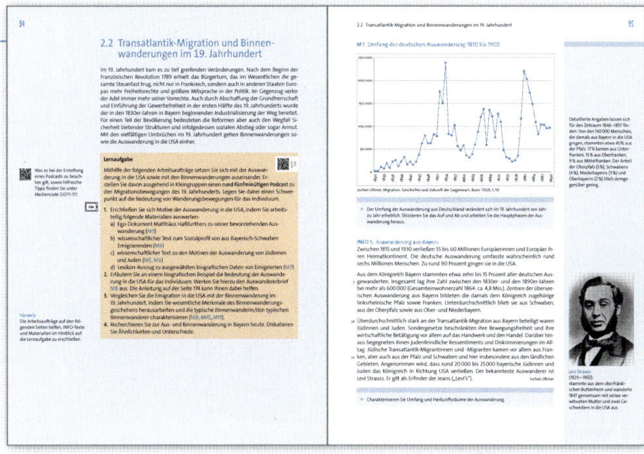

Materialien und Darstellungen
Die INFO-Texte vermitteln ein Verständnis für historische Zusammenhänge. Die Arbeitsaufträge helfen, INFO-Texte und Materialien im Hinblick auf die Lernaufgabe zu erschließen.

Methoden
erläutern historische Arbeitstechniken für die eigenständige Erarbeitung und Wiederholung an einem konkreten Beispiel. Im Anhang befinden sich Methodenkarten zu allen in der Sekundarstufe I erarbeiteten Methoden (inkl. Arbeitsschritten und Leitfragen). Formulierungshilfen erleichtern die Darstellung der Ergebnisse.

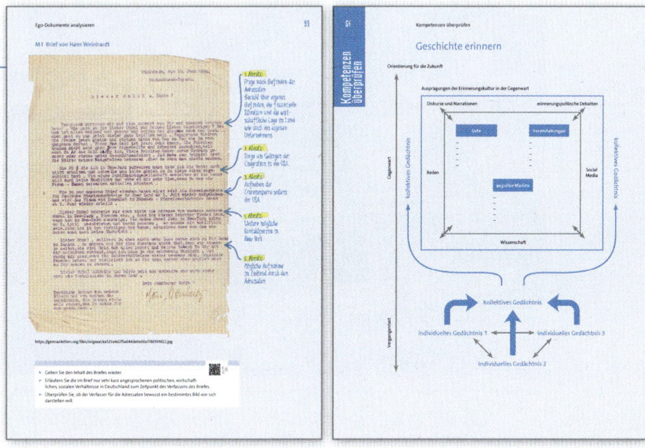

Kompetenzen überprüfen
Ein Schaubild visualisiert die Bezüge der wesentlichen Aspekte des Kapitels. Mit den darauffolgenden Übungen können die im vergangenen Halbjahr erworbenen Kompetenzen überprüft werden.

Weitere digitale Angebote

Mediencodes:
Diese führen zu digitalen Angeboten, Zusatzmaterialien oder Links.

Über den Mediencode **32071-48** gelangen Sie zur LediZ-App. Bitte behandeln Sie das digitale Zeugnis mit großem Respekt!

Digitale Aufgabenkästen:
Hinter diesen Codes befinden sich digitale Zwillinge des Aufgabenkastens, die Operatorenkarten und Hinweise auf digitale Vorlagen für interaktive Anwendungen DiA enthalten.

1. Arbeitsaufgabe 32071-36

Binnendifferenzierung:
Mithilfe dieser Codes können Versionen des Materials mit Annotationen und Erläuterungen heruntergeladen werden.

32071-38

„Otto und das Reich."
Screenshot aus der ersten Folge „Otto und das Reich" der mehrteiligen Geschichtsdokumentation „Die Deutschen" (2008) des ZDF.

Denkmal für die ermordeten Juden Europas in Berlin.
Foto von 2019.

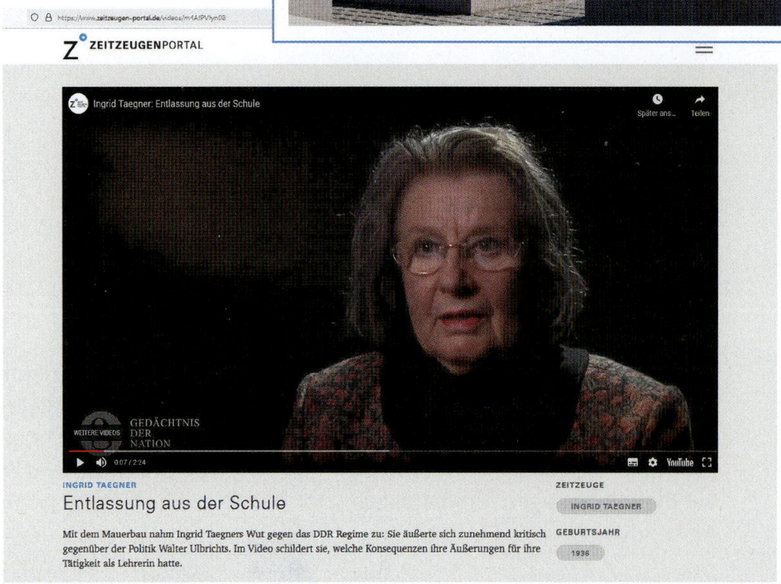

Die Zeitzeugin Ingrid Taegner berichtet von ihrer Entlassung aus der Schule in der DDR.
Screenshot aus dem Zeitzeugen-Portal der Stiftung Haus der Geschichte der Bundesrepublik Deutschland.

1 Geschichte erinnern

Straßenumbenennung.
In München wurde die Von-Trotha-Straße 2006 in Hererostraße umbenannt.

- Erläutern Sie anhand der Bilder, wie hier an Geschichte erinnert wird.
- Nennen Sie weitere aktuelle Formen der Erinnerung an Vergangenes, die Ihnen im Alltag begegnen.
- Entwickeln Sie Fragen an den Lernbereich „Geschichte erinnern".
- Diskutieren Sie, inwiefern die Erinnerung an Vergangenes den Blick auf die Geschichte beeinflusst.

Kompetenzen

Am Ende des ersten Halbjahres sollten Sie Folgendes können:

... aktuelle Formen der Erinnerung an Vergangenes und ihre Bedeutung für die Orientierung in Geschichte und Gegenwart erfassen.

... Geschichte als narratives Konstrukt begreifen.

... populäre Formen der Mittelalterrezeption mit wissenschaftlichen Darstellungen vergleichen.

... den Umgang mit der deutschen Kolonialgeschichte und den Zusammenhang von Erinnerung und Verantwortung diskutieren.

... traditionelle und neue Formen des Erinnerns an den Holocaust bzw. die Shoa vergleichen und bewerten.

... sich mit dem Phänomen der Holocaust-Leugnung auseinandersetzen.

... das Potenzial der Narrationen von Zeitzeuginnen und Zeitzeugen der DDR für die Darstellung von Geschichte beurteilen.

Leitfaden für den Weg durch das Kapitel

Geschichte erinnern: Bücher und digitale Medien, Zeitzeuginnen und Zeitzeugen, Erinnerungsorte, Denkmäler und Gedenktage erzählen uns von der Vergangenheit und machen sie dadurch zu Geschichte.

In diesem Kapitel lernen Sie, welche Faktoren die Geschichts- und Erinnerungskultur beeinflussen. Folgende übergeordnete Fragestellungen werden Sie dabei begleiten:

- Mit welcher Motivation wird an Vergangenes erinnert?
- Wie geht unsere Gesellschaft mit historischer Verantwortung um?
- Mit welcher(n) Geschichte(n) wollen wir in Zukunft an unsere Vergangenheit erinnern?

1

Erfassen Sie wesentliche Grundlagen von Geschichte – mit folgenden Leitfragen:

- Was ist und wie entsteht Geschichte?
- Was versteht man unter „individuellem“ und „kollektivem“ Gedächtnis?

2

Analysieren und beurteilen Sie verschiedene populäre Formen, in denen „das Mittelalter“ dargestellt wird – mit folgenden Leitfragen:

- Inwiefern entsprechen bzw. widersprechen populäre Formen wissenschaftlichen Darstellungen?
- Welche Funktion haben Geschichtsbilder des Mittelalters?

3

Diskutieren Sie, wie mit der deutschen Kolonialgeschichte verantwortungsvoll umgegangen werden kann – mit folgenden Leitfragen:

- Wie wird an die deutsche Kolonialgeschichte erinnert?
- Welche kolonialen Spuren finden wir gegenwärtig im öffentlichen Raum?
- Wie soll unsere Gesellschaft mit dem kolonialen Erbe in Zukunft umgehen, um unserer Verantwortung gerecht zu werden?

4

Vergleichen Sie verschiedene Formen des Erinnerns an den Holocaust bzw. die Shoa im öffentlichen Raum sowie in digitalen Formaten.

Leitfragen dabei sind:

- Welche unterschiedlichen Formen des Erinnerns an die NS-Zeit werden genutzt?
- Was sind dabei die Motive?
- Wie sind die unterschiedlichen Formen zu bewerten?

Setzen Sie sich außerdem kritisch mit den Phänomenen der Holocaust-Leugnung und des Revisionismus auseinander und bewerten Sie derartige Geschichtslügen und -verfälschungen – mit folgenden Leitfragen:

- Wie werden solche Geschichtsfälschungen konstruiert?
- Wie kann derartigen Geschichtsfälschungen begegnet werden?

5

Untersuchen Sie Narrationen von Zeitzeuginnen und Zeitzeugen der DDR und beurteilen Sie das Potenzial dieser Quellen für die Darstellung von Geschichte – mit folgenden Leitfragen:

- Was sollte bei der Beurteilung der Narrationen von Zeitzeuginnen und Zeitzeugen beachtet werden?
- Welche Bedeutungen können sie für die Darstellung von Geschichte haben?

Nun können Sie verschiedene Beispiele der Geschichtsvermittlung beurteilen und in das Konstrukt Geschichte sachgerecht und verantwortungsvoll einordnen.

1.1 Geschichte (re)konstruieren

INFO 1: Vergangenheit und Geschichte

Spuren der Vergangenheit begegnen uns überall. Meist nehmen wir sie nur beiläufig wahr. Doch sobald wir uns bewusst mit ihnen beschäftigen, wird aus Vergangenheit Geschichte: Wir betrachten die Spuren genauer, analysieren ihre Bedeutung. Wir stellen Fragen an die Vergangenheit, suchen nach weiteren **Quellen**, verknüpfen Teilergebnisse miteinander und rekonstruieren so ein mehr oder weniger genaues Bild eines Ausschnitts aus der Geschichte. Die Geschichtswissenschaft spricht von einem „narrativen Konstrukt". Dieses Konstrukt kann die Vergangenheit allerdings niemals vollständig und absolut wirklichkeitsgetreu beschreiben.

Jede Rekonstruktion von Geschichte ist dabei von unserem gegenwärtigen Wissensstand, aber auch von unseren Einstellungen und Werten abhängig. Sie kann kontrovers diskutiert, akzeptiert, abgelehnt oder verändert werden. Das jeweilige Ergebnis kann sich ändern, wenn andere oder neue Fragen an die Vergangenheit gestellt werden, neue **Quellen** zur Verfügung stehen, aber auch, wenn man sie aus unterschiedlichen Blickwinkeln betrachtet und andere Schlussfolgerungen aus Beobachtungen zieht. Gleichwohl ist die Interpretation der Geschichte nicht vollkommen beliebig, sondern bewegt sich im Rahmen der vorhandenen **Quellen**. Dieter Brückner und Michael Mayer

► Erläutern Sie, was man unter Geschichte als „narrativem Konstrukt" versteht.

INFO 2: Individuelles und kollektives Gedächtnis

Voraussetzung dafür, dass aus Vergangenheit Geschichte werden kann, sind der Wunsch und die Fähigkeit des Menschen, sich erinnern zu können. Die Wissenschaft unterscheidet zwischen dem individuellen Gedächtnis und dem kollektiven Gedächtnis. Individuelles Gedächtnis entsteht aus den biografischen Erfahrungen, Begegnungen und Erlebnissen einer Person, aus erworbenem Wissen und empfangenen Eindrücken einer Person und umfasst jeweils deren bisherige Lebenszeit. Durch die Begegnung mit älteren Menschen und deren Erzählungen kann es aber auch weiter in die Vergangenheit zurückreichen. Vor allem aber: Das individuelle Gedächtnis kann auch Vorstellungen über Geschichte beeinflussen, z. B. wenn die Begegnung mit Überlebenden des Holocaust bzw. der Shoa einen bleibenden Eindruck hinterlässt.

Während jedem Menschen ein solches individuelles Gedächtnis zuwächst, ohne dass er dieses planen oder wesentlich beeinflussen kann, wird ein kollektives Gedächtnis bewusst gemacht, und zwar von Großgruppen wie Familien, Stämmen, Nationen, Religionsgemeinschaften, Klassen, Schicksalsgemeinschaften usw. In diesen Großgruppen erschafft man Erzählungen, Legenden, Mythen und auch Geschichtsbilder und gibt sie von Generation zu Generation weiter, um durch die gemeinschaftliche Erinnerung Identität zu stiften, den Zusammenhalt zu stärken, aber auch um politische Ziele durchzusetzen, Feindbilder zu stützen und ggf. auch Opferbereitschaft zu wecken.

Es ist also wichtig, fremde Geschichtsbilder, die sowohl das individuelle als auch das kollektive Gedächtnis prägen, immer wieder kritisch auf ihre Absicht und auf ihre Triftigkeit[1] hin zu hinterfragen, aber auch eigene Geschichtsbilder zu prüfen. Dieter Brückner

► Erläutern Sie, warum unser individuelles Gedächtnis nicht nur auf dem beruht, was wir selbst erlebt haben.

[1] **Triftigkeit**: Die Annäherung an bestimmte Ereignisse, Wahrnehmungen und Beweggründe der Zeitgenossen erfolgt nach den Gesetzen der Logik und der wissenschaftlichen Methode.

M Das kollektive Gedächtnis

Der Bayerische Rundfunk widmet sich im Jahr 2017 dem Thema „Wenn sich das Kollektiv erinnert". Zum Begriff des kollektiven Gedächtnisses wird dabei ausgeführt:

Den Begriff des kollektiven Gedächtnisses führte der französische Soziologe Maurice Halbwachs in den 1920er Jahren ein, als er Zusammenhänge zwischen dem persönlichen Gedächtnis von Menschen und gemeinsamen Erinnerungen von Gruppen aufzeigte. […] Unter einem kollektiven Gedächtnis versteht man die Gedächtnisleistung einer Gruppe von Menschen. Einzelindividuen erinnern sich an vergangene Ereignisse, sie tauschen sich aus, erkennen Gemeinsamkeiten und machen die Erfahrung, dass sie sich bei Bedarf auf das Gedächtnis der anderen stützen können. Schließlich wird ihnen klar, dass bestimmte Erinnerungen für ihre Ziele, ihr Verhalten und ihre Identität relevant sind. All diese Erinnerungen gehören schließlich der Allgemeinheit an und können jederzeit abgerufen werden.
Manche Ereignisse – beispielsweise Kriege, spektakuläre Siege, Regimewechsel, Unrecht, Not, Verfolgung – werden derart hochrangig eingeschätzt, dass sie nicht nur von einzelnen Personengruppen, sondern von der gesamten Nation erinnert werden und der Gemeinschaft einen geistigen Zusammenhalt geben. Um diese kollektiven Erinnerungen dauerhaft zu verankern, wird eine Erinnerungskultur geschaffen. Dazu gehören unter anderem Denkmäler, Feste und Riten. […]
Wie das individuelle Gedächtnis unterliegt auch das kollektive Gedächtnis einem Selektionsprozess. Dunkle Kapitel werden nicht selten verdrängt (Beispiel: Zeit des Nationalsozialismus in den 1950er Jahren) oder beschönigt (Beispiel: Nischengesellschaft in der DDR). Durch positive Erinnerungen (Beispiel deutsche Einheit 1989/90) und durch Verehrung herausragender Persönlichkeiten stärken Kollektive gern ihre Identität und entwickeln Selbstbewusstsein. […] Das kollektive Gedächtnis wandelt sich immer wieder. In Gruppen oder innerhalb einer Nation findet von Zeit zu Zeit eine Neubewertung von Erinnerungen statt. […]

In einem Text zu den verschiedenen Formen des Gedächtnisses führt Aleida Assmann, Professorin für Anglistische und Allgemeine Literaturwissenschaft, außerdem zum kollektiven Gedächtnis aus:

Wer den Begriff ‚kollektives Gedächtnis' nicht nur auf soziale Kleingruppen in face to face Situation, sondern auch auf Großgruppen wie Ethnien, Nationen und Staaten anwendet, muss sich der Tatsache bewusst sein, dass solche Einheiten kein kollektives Gedächtnis haben, sondern sich eines machen mithilfe unterschiedlicher memorialer Medien wie Texten, Bildern, Denkmälern, Jahrestagen und Kommemorationsriten. Mithilfe gemeinsamer Bezugspunkte in der Vergangenheit und der kulturellen Überlieferung machen sich solche Kollektive zugleich eine Wir-Identität, die nicht Sache der Herkunft und Abstammung ist, sondern der Teilhabe in Form von Lernen, Identifikation und anderen Formen praktizierter Zugehörigkeit.
Bis vor Kurzem folgten die Regeln der Auswahl von Bezugspunkten der Vergangenheit dem, was Nietzsche als ‚monumentalische Geschichtsschreibung' definiert hat; es ging darum, ein heroisches Selbstbild der Gruppe zu konstruieren und es mithilfe von Feindbildern mythisch zu überhöhen. Eine entscheidende Wende vollzog sich in der Vergangenheitspolitik seit den 1990er Jahren, als verschiedene Staaten damit begannen, ihre historische Schuld zu reflektieren und in Formen öffentlicher Bekenntnisse in ihr Selbstbild aufzunehmen.

Erster Text: Volker Eklhofer, Das kollektive Gedächtnis, Bayerischer Rundfunk, 09.02.2017, https://www.br.de/radio/bayern2/sendungen/radiowissen/soziale-politische-bildung/gedaechtnisforschung-kollektives-gedaechtnis-100.html [Zugriff: 02.03.2023]

Zweiter Text: Aleida Assmann, Gedächtnis-Formen, 26.08.2008, https://www.bpb.de/geschichte/zeitgeschichte/geschichte-und-erinnerung/39786/gedaechtnisformen [Zugriff: 05.04.2023]

32071-04

1. Erklären Sie den Begriff „kollektives Gedächtnis". Was unterscheidet ihn vom „individuellen Gedächtnis"?
2. Erläutern Sie, wie das „kollektive Gedächtnis" entsteht.
3. Sammeln Sie Beispiele der kollektiven Erinnerung.

Zur inhaltlichen Vertiefung finden Sie unter dem Mediencode **32071-01** einen Radiobeitrag des Bayerischen Rundfunks zum Thema „kollektive Erinnerung".

DiA Vorwissen aktivieren: Mittelalter

A

1. Lösen Sie das Kreuzworträtsel.

31000-81

Waagerecht

3 Im Mittelalter die Einwohner einer Stadt, die politisches Mitspracherecht hatten (z. B. Wahl des Stadtrates). *(6 Buchstaben)*

5 Auf gegenseitiger Treue beruhende Herrschaftsform des Mittelalters. *(10 Buchstaben)*

6 Recht, den Herrschenden mitzubestimmen. *(9 Buchstaben)*

7 Die anfänglich meist sieben zur Königswahl berechtigten geistlichen und weltlichen Fürsten. *(10 Buchstaben)*

8 Schwäbisches Adelsgeschlecht, das von 1138 bis 1254 die deutschen Kaiser und Könige stellte und die höfische Kultur prägte. *(7 Buchstaben)*

Senkrecht

1 Söhne des Vorgängers haben ein Recht auf die Nachfolge. *(8 Buchstaben)*

2 Im Mittelalter und bis ins 19. Jh. herrschender Stand, der sich durch Abstammung, Besitz, Vorrechte und eigene Lebensformen von der Gesellschaft abhob. *(4 Buchstaben)*

4 Machtkampf zwischen römisch-deutschem Königtum und Papsttum im 11. und 12. Jh. um die Vorherrschaft. Anlass für den Streit war die Frage, wer die Bischöfe einsetzen durfte. *(16 Buchstaben)*

B

1. Welche Voraussetzungen mussten erfüllt sein, um im Mittelalter König auf dem Gebiet des heutigen Deutschland werden zu können?
   a) Der Kandidat musste von den mächtigsten Fürsten bestätigt und anerkannt werden.
   b) Der Kandidat musste dem Adel entstammen.
   c) Der Kandidat musste in einem wichtigen Feldzug einen militärischen Sieg erlangt haben.
   d) Der Vater des Kandidaten musste bereits König gewesen sein.

2. Welche besondere Stellung hatte der König?
   a) Der König war zugleich oberster Herrscher der gesamten Christenheit.
   b) Der König verlieh als oberster Lehnsherr Land und Rechte an seine Vasallen.
   c) Der König entstammte dem Adel.

3. Wer konnte im Mittelalter Kaiser werden?
   a) Der Kandidat musste Kurfürst sein.
   b) Der Kandidat musste bereits König sein.
   c) Der Kandidat musste besondere militärische Erfolge vorweisen können.

4. Worin unterschied sich der Kaiser vom König?
   a) Die Herrschaft über mehrere Länder und ein Zuwachs an Herrschaftsrechten.
   b) Die Salbung und Krönung durch den Papst.
   c) Den Anspruch auf die weltliche Vorherrschaft über alle Christen im gesamten Abendland.

2. Finden Sie die richtige(n) Antwort(en) auf die Fragen.

31000-82

Nehmen Sie im Buch bitte keine Eintragungen vor, sondern lassen Sie sich von der Lehrkraft ggf. Kopien aushändigen.

C

1. Stand • 2. Stand • 3. Stand •
Adel • Arbeitende •
Klerus • zahlen Steuern •
sorgen für Nahrung •
kämpfen • Schutz •
beten • keine Rechte •
keine Privilegien • von Abgaben befreit

31000-83

3. Ordnen Sie die Begriffe den abgebildeten Ständen zu.

D

a

Darstellung Friedrich Barbarossas am Kyffhäuser-Denkmal (1896)

b

Darstellung Mainzer Hoffest (14. Jh.)

c

Schloss Hohenschwangau (1837)

d

Zeichnung (1889), die aus dem Geschlecht der Staufer Konrad (1228–1254) und Konradin (1252–1268) zeigt.

e

Stele auf dem Hohenstaufen (2002)

f

Burg Prunn südwestlich von Regensburg (um 1200)

31000-84

4. Die Objekte und Gebäude zeigen einen Mittelalterbezug, sind aber zum Teil deutlich jünger. Ordnen Sie sie nach ihrer Entstehungszeit dem Mittelalter, der Romantik, dem Kaiserreich und der Zeitgeschichte zu.

32071-21 Lösung

1.2 Mittelalterbilder in populären Darstellungsformen

Auch heute begegnet uns das **Mittelalter** im Alltag in vielfältiger Weise – sei es auf mittelalterlichen Jahrmärkten, in Form von Burgruinen aus dieser Epoche, in Spielfilmen oder in Computerspielen. Welche Mittelalterbilder werden in diesen populären Darstellungsformen vermittelt? Welche gesellschaftliche Funktion kommt ihnen zu?

Lernaufgabe

Gehen Sie diesen Fragen nach, indem Sie arbeitsteilig in Kleingruppen beispielhaft populäre Formen der Mittelalterrezeption im Vergleich zu wissenschaftlichen Darstellungen analysieren. Wählen Sie dazu zwischen den Modulen M1–M4. Bereiten Sie Ihre Ergebnisse für einen **mündlichen Kurzvortrag** im Rahmen einer Expertenrunde auf.

1. Geben Sie an, auf welche Personen/Personengruppen, Ereignisse, Orte des Mittelalters Bezug genommen wird. Berücksichtigen Sie dabei nach Möglichkeit auch Grundlegende Daten und Begriffe.
2. Beschreiben Sie, wie diese dargestellt werden.
3. Vergleichen Sie sie mit den Erkenntnissen der Geschichtswissenschaft und beurteilen Sie den Umgang mit Quellen.
4. Diskutieren Sie Gründe für die Art und Weise, in der in den vorliegenden Beispielen auf das Mittelalter Bezug genommen wird. Überlegen Sie, welche Motive es dafür gibt, sich in der Populärkultur so häufig auf die Epoche des Mittelalters zu beziehen. Überprüfen Sie Ihre Ergebnisse mithilfe von M5. Erläutern Sie, welche gesellschaftliche(n) Funktion(en) das Mittelalterbild in Ihrem Beispiel hat.
5. Tauschen Sie Ihre Ergebnisse gegenseitig im Rahmen von Expertenrunden aus.

Grundlegende Daten und Begriffe
- Stände
- Adel
- Bürger
- König
- Kaiser
- Staufer

Hinweis
Die Arbeitsaufträge bei den Modulen helfen, die Materialien im Hinblick auf die Lernaufgabe zu erschließen.

M1 Das Mittelalterbild im Computerspiel

a) Trailer zu Assassin's Creed: Valhalla

„Sie sind herzlos, gottlose Barbaren. Sie morden ohne jeden Skrupel. Sie verwüsten die Reiche Englands, unser Land, das sie niemals verteidigen oder gar lieben werden. Die Zeit ist gekommen, um zu antworten in einer Sprache, die sie verstehen: Krieg."

Worte, die Aelfred dem Großen (848–899), König der West-Sachsen (ab 871) und Angelsachsen (ab 886), im Trailer zu Assassin's Creed: Valhalla in den Mund gelegt werden.

1. Schauen Sie sich den Trailer bis 1:22 min an. 32071-15
2. Erläutern Sie das Wikingerbild, wie es im Trailer jeweils von der Bild- und der Tonspur mit der fiktiven Aussage Aelfreds gezeichnet wird.
3. Diskutieren Sie, wieso der Trailer auf diese Art und Weise erzählt.

Über den Mediencode **32071-14** gelangen Sie zum Trailer.

b) Die Wikinger als Mythos

Der Skandinavist und Mediävist Rudolf Simek schreibt zu den Wikingern in einem Überblickswerk:

Wikinger (altnord. víkingr) heißt „Seeräuber" und bezeichnet somit eigentlich nur einen kleinen Ausschnitt der Bevölkerung, nämlich den zur See fahrenden Krieger. Diese Gruppe hat aber einer ganzen Epoche ihren Namen gegeben, sodass man heute, wenn man salopp von „den Wikingern" spricht, die Gesamtbevölkerung Skandinaviens vom Ende des 8. bis zur Mitte des 11. Jahrhunderts bezeichnet. […] Von Geschichte und Kultur der Wikingerzeit ist aber der Mythos zu unterscheiden, der sich vor allem in den letzten 200 bis 300 Jahren zu diesem Thema entwickelt hat. […] Der Wikingermythos tradiert weiterhin, dass Wikinger Met tranken, Helme mit Hörnern trugen und in flachbordigen, geruderten Drachenschiffen nach Amerika gelangten. […] Es ist bezeichnend für den Umgang mit der Wikingerzeit, und es macht die Existenz des Wikingermythos verständlich, dass trotz einer Unzahl archäologischer Daten und Artefakte, die in den letzten 200 Jahren zutage gefördert wurden, der Großteil unseres geläufigen Wissens über die Wikingerzeit aus Texten stammt, die von Augenzeugen, Nachfahren, aber auch von mittelalterlichen Historikern in den auf die Wikingerzeit folgenden Jahrhunderten geschaffen wurden. Wie alle Texte tragen sie den Stempel ihrer Autoren und ihrer Entstehungszeit. Man könnte also auch sagen, dass die Wikingerzeit erst von diesen vielen früh- und hochmittelalterlichen Autoren geschaffen wurde. Die archäologischen Funde der Neuzeit werden, so gut es eben geht, mit der Wikingerzeit, die uns in den Quellentexten entgegentritt, in Übereinstimmung gebracht. Oft genug aber ist dies entweder nicht möglich, oder die archäologischen Funde bleiben mangels entsprechender Texte weitgehend stumm; selbst die Toten in den großen Schiffsgräbern, die uns so viel über Leben und Tod in der Wikingerzeit mitteilen, bleiben, wenn sie nicht zufällig in irgendwelchen Texten erwähnt sind, für uns recht isolierte Funde. Oftmals müssen wir auch davon ausgehen – manchmal durch nichts mehr als das Genre eines Textes motiviert –, dass Quellentexte unhistorisch, legendenhaft sind, und müssen sie als historisches Zeugnis verwerfen. […] Wenn überhaupt eine […] Definition gewagt werden kann, dann die, dass alle Wikinger Bauern waren, die versuchten, einer prekären Subsistenzwirtschaft[1] zu entfliehen – sei es durch Raub, Handel oder die Bewirtschaftung ertragreicheren Bodens. […]

Darüber hinaus hat man darauf hingewiesen, dass die Wikingerüberfälle im Kontext des normalen politischen Verhaltens des frühmittelalterlichen Westeuropa gesehen werden müssen. Zwar neigen die Berichte der christlichen Primärquellen zu Übertreibungen – schließlich handelt es sich bei den Wikingern um Heiden –, doch die Prinzipien der Wikingerzüge unterscheiden sich nicht wesentlich vom Konfliktverhalten politischer Potentaten, etwa der irischen Könige oder der fränkischen Herzöge, im Westeuropa des 8. und 9. Jahrhunderts. Militärische Aggression, Erpressung und Plünderung sind politische Mittel, die die Skandinavier wohl nur übernommen und technisch verfeinert, keineswegs aber erfunden haben (Sawyer 1962).

Rudolf Simek, Die Wikinger, München [7]2021, S. 7 f., 18

4. Überprüfen Sie die Charakterisierung der Wikinger in Assassin's Creed anhand der Darstellung von Simek.

c) Echos aus Valhalla. Der Podcast

Kurz vor der Erstveröffentlichung von Assassin's Creed Valhalla erschien im Internet eine Dokumentarserie „Echos aus Valhalla" als Podcast. In der ersten Folge „Die Söhne des Nordens" werden die Wikinger vorgestellt.

5. Rufen Sie die Folge im Internet auf und hören Sie sie bis 2:00 min an.

6. Analysieren Sie, welche Personen hier zu Wort kommen und welche Wirkung im Podcast erzeugt wird.

7. Der Historiker Carl Heinze schreibt in seinem Buch „Mittelalter Computer Spiele. Zur Darstellung und Modellierung von Geschichte in populären Computerspielen" (Bielefeld 2012):

„«Authentizität» ist ein einigermaßen kompliziertes Konzept. Eine Darstellung gilt gerade dann als authentisch, wenn die Tatsache, dass es sich um eine Konstruktion handelt, möglichst aus dem Blickfeld gerückt ist. […] «Authentizitätsfiktionen» [werden] absichtsvoll erzeugt, um die «Sehnsucht nach [wirkungsvollen] Erfahrungen» zu befriedigen." (Heinze, S. 179).

Erläutern Sie am Beispiel des Computerspieles „Assassin's Creed Valhalla", mit welchen Mitteln die Hersteller von Computerspielen versuchen, Authentizität zu erzeugen.

[1] **Subsistenzwirtschaft**: Selbstversorgerwirtschaft

Computerspiele analysieren

Auf dem Computerspiel-Markt wimmelt es nur so von Spielen mit geschichtlichen Hintergründen. Auch wenn die Spieleentwickler vorher viel recherchiert und besonderen Wert darauf gelegt haben, Hintergrund und Handlung so historisch genau wie möglich darzustellen – „geschichtlich wahr" sind die Computerspiele deshalb trotzdem nicht.

M Eine Begegnung zwischen König und Vasall: Trailer zum Computerspiel „Die Sims Mittelalter"

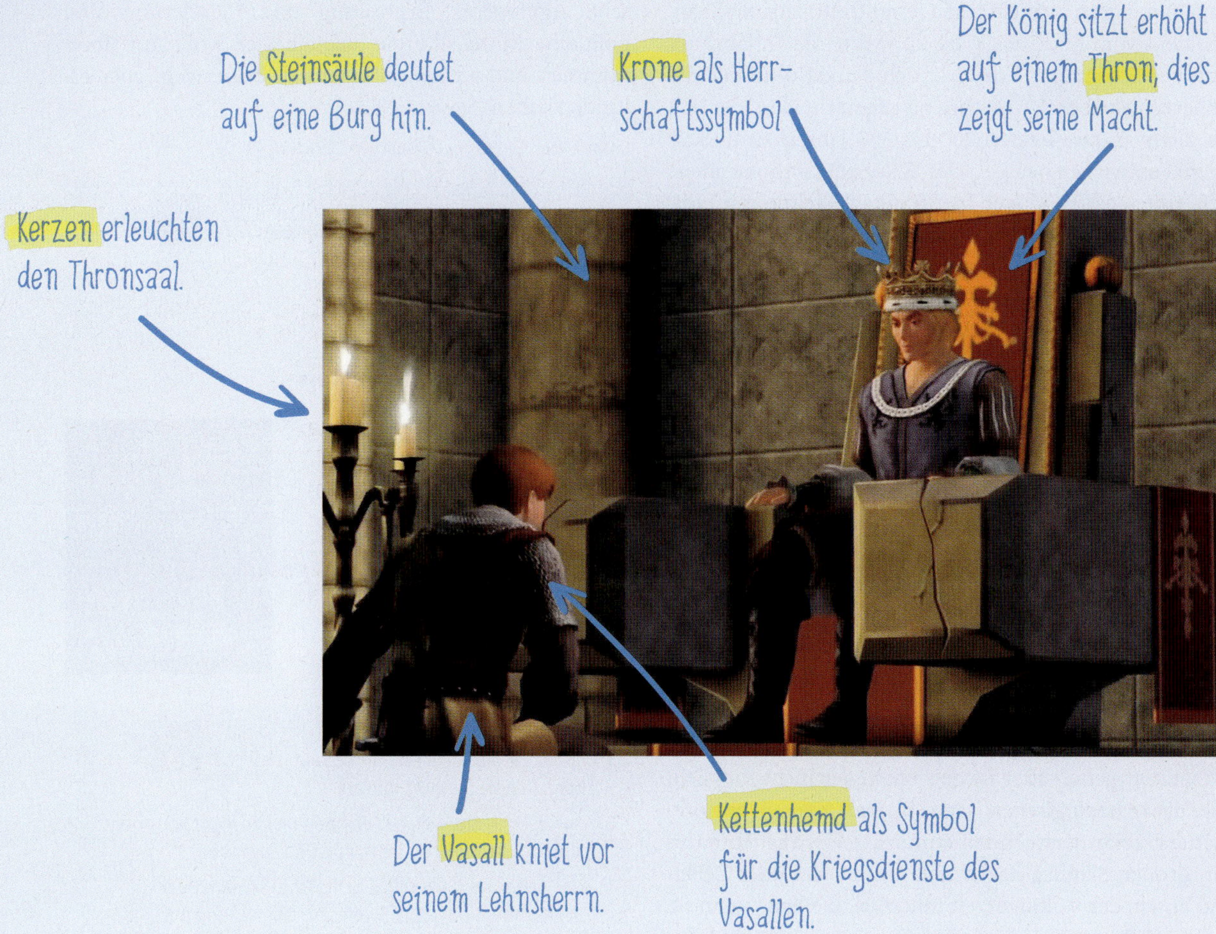

32071-20

- Schauen Sie sich Screenshots oder den Trailer eines Computerspiels an. Nennen Sie Bild- oder Videoelemente (Darstellung von Personen, z. B. ihrer Kleidung, und von Gegenständen, Handlungen, Gebäuden etc.), an denen Sie erkennen können, in welcher Zeit das Computerspiel spielt.
- Vergleichen Sie anhand der Bild- oder Videoelemente die Darstellung von Geschichte im Computerspiel mit den Bildern und Informationen aus Geschichtsbüchern oder anderen verlässlichen Darstellungen (z. B. historische Lexika, Sachbücher, verlässliche Online-Portale).
- Beurteilen Sie, wie authentisch das Computerspiel gemacht ist. Inwiefern kann man mithilfe des Spiels etwas über Geschichte lernen?
- Inwiefern wird aber auch ein falsches Bild vermittelt?

M2 Reenactments in Geschichtsdokumentationen am Beispiel „Otto und das Reich"

a) „Otto und das Reich": Screenshot aus der ersten Folge der mehrteiligen Geschichtsdokumentation „Die Deutschen" (2008) des ZDF:

Über den Mediencode **32071-11** gelangen Sie zur Folge „Otto und das Reich".

1. Sehen Sie sich die Einleitung der Folge bis 1:26 min an und die Szene von 10:22 min bis 10:57 min. Stellen Sie Hypothesen auf, welches Anliegen die Geschichtsdokumentation verfolgt und welche Funktion Reenactments (Nachstellen historischer Ereignisse) darin haben.
2. Sehen Sie die Szenen von 10:22 min bis 10:57 min und 11:58 min bis 16:30 min an und stellen Sie begründete Überlegungen an, was darin realistisch und was weniger realistisch dargestellt sein könnte.

b) Experteninterview zu Geschichtsdokumentationen und Reenactments

Der Mittelalterhistoriker Gerd Althoff (*1943) von der Universität Münster ist als Experte an mehreren TV-Produktionen beteiligt. In einem Interview mit Oliver Näpel aus dem Jahre 2017 erzählt er von seinen Erfahrungen:

Über den Mediencode **32071-12** gelangen Sie zum Video des ungekürzten Interviews.

Näpel: Sie waren als Experte schon häufiger bei der Produktion von Geschichtsdokumentationen beteiligt. Welche Vorteile sehen Sie in einer solchen Zusammenarbeit?
Althoff: Die Vorteile sind eindeutig, dass man natürlich ein großes Publikum erreicht. Bei der Sendung „Die Deutschen", an der ich ja mitgewirkt habe, war dann plötzlich eine Zuschauerzahl von vier bis fünf Millionen da zur Prime-Time abends um zwanzig Uhr, und das ist natürlich schon eine Sache […], von der man eigentlich nicht mal träumen kann. Das hat auch die Fernsehleute bewogen, die Sendungen so zu gestalten, dass sie, ich will nicht sagen reißerisch, aber dass sie im Grunde genommen ein breites Publikum ansprachen. […] [Das geschah dann durch] zum Teil auch relativ rüde Reenactments, also der Darstellung von Geschehen, was es so gar nicht gegeben hat. Da kommt dann auch gleich die Gefahr, dass es eine Spannung gibt zwischen dem, der eine Ware verkaufen will an ein großes Publikum, und dem, der seriöse Aussagen machen kann, will und deswegen häufig nur sagen kann: „Darüber wissen wir nichts. Das wissen wir nicht so genau. Das verstehe ich auch nicht. Ich kann mich nicht in das Gemüt eines mittelalterlichen Herrschers oder auch Geistlichen oder in welches Gemüt auch immer hineindenken, weil die Leute uns fremd sind." Und diese Spannung ist im Grunde genommen auch das Problem, das man dabei immer hat. Das führt dazu, dass beide Seiten, also die wissenschaftliche Seite, die dort als Experte auftritt, und die Seite, die diese Sendung verantwortet und ja auch ein Konzept hat, dass die sich zum Teil ungerne in die Karten schauen lassen. Daraus folgt für mich eine Regel, die ich aber erst gelernt habe bei der Arbeit, dass man bis ins Drehbuch hinein mitarbeiten dürfen muss. Sonst wird man zum Expertendarsteller, der Dinge vertritt, die dann im Gesamt des Films […] benutzt

werden. Zum Teil dann in eigenartiger Weise, zur Bemäntelung oder zur bloßen Andeutung von Expertise und Wissenschaftlichkeit, die es in Wirklichkeit gar nicht gegeben hat. Und da sind zum Teil die Dinge sehr krass. [...] Ich habe in zwei Sendungen der „Deutschen" mitgemacht, sowohl bei Otto dem Großen als auch bei Heinrich IV., und habe zwei völlig unterschiedliche Erfahrungen gemacht. Die eine Erfahrung, die positive, war, dass ich mitgearbeitet habe am Drehbuch und auch Ideen von mir darin enthalten sind in der endgültigen Fassung. Diese Folge ist im Grunde genommen in Zusammenarbeit entstanden und dadurch ist das eigentlich eine erfreuliche Sache gewesen, so wie ich es eigentlich auch mit anderen Sendern dann mehrfach praktiziert habe. In dem anderen Fall war es so, dass der Regisseur und auch der Drehbuchautor sehr genaue Vorstellungen hatten, was sie wollten, und dass sie mich von vornherein eigentlich nur zur Füllung von einigen Versatzstücken haben wollten und mir auch das Drehbuch nur ganz grob mal erklärt haben. Ich bin da auf eine Stelle gestoßen, zu der ich gesagt habe, die ist so weit weg von dem, was die Quellen hergeben, dass ich da nicht mitmache, wenn es diese Szene gibt.

Näpel: Um welche Szene handelte es sich da genau?

Althoff: Es ging um die Versöhnung zwischen Otto dem Großen und seinem Sohn Liudolf und die ist gut bezeugt. Das ist sozusagen ein übliches Unterwerfungsverfahren mit Verzeihen des Vaters, richtig nach dem Gleichnis vom verlorenen Sohn in der Bibel gestaltet. Das sollte umgedeutet werden dahingehend, dass Vater und Sohn sich zwar versöhnen, aber dass die Helfer dieses Sohnes alle geköpft werden und die Köpfe an Stangen aufgestellt werden und dann Vater und Sohn an diesen Stangen vorbeigingen und der Sohn seinem engsten Freund, dem geköpften Freund, die Augen zudrückte. Das war völlig abwegig. [...] Diese Stelle ist dann zwar gestrichen worden, aber ich habe seitdem nicht mehr in das Drehbuch schauen dürfen und dadurch ist letztendlich eine Sendung entstanden, die einen Experten hatte, der etwas kommentierte, was er gar nicht kannte und was überhaupt nicht mit seinen Vorstellungen übereinstimmte. Ich bin dann häufiger angesprochen worden, also was da los gewesen wäre, ob ich vergessen hätte, was ich mal geschrieben hätte und so weiter und das war richtig ein Beispiel für eine missglückte Zusammenarbeit.

Näpel: Ist das eine typische oder eher eine außergewöhnliche Erfahrung für Sie?

Gerd Althoff.
Foto vom Oktober 2011.

Althoff: Nein, die Erfahrung macht man eigentlich bei jedem Projekt [...]: Dass die einen sagen, wir müssen etwas anschaulich darstellen und es muss eine klare Botschaft da sein, sodass man das wirklich in der Form dann zu einem Film mit Schauspielern und so weiter machen könnte. Die Geschichte hat aber nicht so viele klare Botschaften überliefert. Man weiß eben nicht, was die geredet haben, man weiß auch nicht, was sie in einer bestimmten Situation genau gefühlt haben. Aber das muss nach der Philosophie der Filmemacher in dem Film klar rauskommen. Deswegen hat man häufig gestritten, ob man überhaupt wörtliche Rede simulieren kann, selbst wenn sie stilisiert und nachformuliert ist. Das ist in einigen Fällen möglich, ich habe dann irgendwann gesagt, ja gut, die Auseinandersetzung zwischen Heinrich IV. und Gregor VII., da gibt es seitens des Papstes siebenundzwanzig Leitsätze, die sind formuliert und betreffen die Ansprüche des Papsttums. Die kann auch der Gregor [im Film] sagen in einem Streitgespräch. Das ist zwar auch nicht bezeugt, dass es dieses Streitgespräch gegeben hat, aber man hat einen Text, der zumindest die richtigen Sätze, die der Papst unterstrichen hat und die seine Geltungsansprüche betreffen, und die er sicher auch gesagt hätte in einer solchen Situation. Und in anderen Bereichen sind dann eben einfach entweder rührselige oder brutale Statements gekommen, von denen man nicht mal weiß, ob sie auch nur in etwa die Position der Akteure wiedergeben, und da sagt natürlich dann der Wissenschaftler schnell: „Stopp, das geht nicht mehr."

Näpel: Im Spielfilm ist die Notwendigkeit, Dialoge z. B. zu „erfinden", noch größer. Wie stehen Sie dazu?

Althoff: Es ist ja bekannt, dass Literatur und Kunst mehr „darf" als Wissenschaft. [...] Eine literarische Darstellung, eine fiktionale Darstellung kann sich ja hineinversetzen in eine Person und dann im Grunde genommen diese Person, tja, entweder nach den eigenen Kriterien handeln lassen oder nach den Kriterien, die man sich angelesen hat, also da ist Fantasie befreit und geradezu sozusagen nötig, um im Grunde genommen ein Bild zu zeichnen, was alle interessiert. Das ist aber für Historiker nicht möglich, denn Historiker können nicht die Lücken der Überlieferung mit ihrer ungebremsten Fantasie füllen. Wenn sie das täten, wären sie eben auch Literaten. Die Grenze ist meines Erachtens zu beachten, weil sie sinnvoll ist. Und da beißen sich permanent natürlich diejenigen, die sich auch als Künstler fühlen, indem sie Fernsehfilme machen, und diejenigen, die sagen, es gibt das

Vetorecht der Quellen: Wenn die Quellen nichts oder etwas anderes aussagen, kann man die Dinge nicht so zeigen oder sollte man sie nicht so zeigen.
Hier ein Beispiel aus einer jüngeren Sendung: Da ritt der König neben einer Kutsche her, in der seine Tochter oder Gemahlin saß, und hatte die Krone auf dem Kopf. Das ist zwar wunderschön als Markierung des Königs, aber es ist natürlich vollkommen grotesk anzunehmen, dass ein König beim Reiten die Krone auf dem Kopf hatte. Dies ist nur ein Beispiel dafür, wie schnell man im Grunde genommen beim Anschaulichmachen handwerkliche Fehler macht, die grotesk sind.

Das Interview führte Oliver Näpel mit Gerd Althoff im Januar 2017.
Es wurde sprachlich geglättet und stark gekürzt.

32071-13

3. Vergleichen Sie die o. g. Szenen mit den historisch wissenschaftlichen Anmerkungen aus dem Interview.
4. Arbeiten Sie heraus, welche Erfahrungen Althoff in Bezug auf Geschichtsdokumentationen und Reenactments gemacht hat.
5. Erklären Sie, welchen Unterschied Althoff zwischen Geschichtsdarstellungen in Dokumentationen und in Spielfilmen macht. Wie begründet er diesen Unterschied?

M3 Mittelalterfeste und -märkte

a) Mittelaltermarkt in Nabburg

Bild von 2006.

b) Begriffsdefinition

Mittelaltermarkt: Markt der nachahmt, wie es im Mittelalter war, und bei dem deswegen die Gestaltung und das Nahrungsangebot angepasst wird

„Mittelaltermarkt“ beim Online-Wörterbuch Wortbedeutung.info,
https://www.wortbedeutung.info/Mittelaltermarkt/ [Zugriff: 17.03.2023], CC-BY-SA 3.0

c) Darstellung einer Straße der Händler (Ausschnitt)

Aus einem Nachdruck des Fürstenspiegels De regimine principum von Aegidius Romanus (gest. 1316), entstanden zwischen 1501 und 1525:

d) Materialien für eine eigene Begehung

Wenn in Ihrer Nähe gerade ein Mittelalterfest oder -markt stattfindet, führen Sie mithilfe der folgenden Materialien eine Begehung durch:

Beobachtungsbogen: Der Markt oder das Fest

1. Sehen Sie sich auf dem Mittelalterfest oder -markt um. Notieren Sie, welche Stände es gibt und was dort angeboten oder hergestellt wird.
2. Welche Personen begegnen Ihnen? Unterscheiden Sie zwischen Aktiven, Besuchern und Verkäufern.
3. Woran kann man erkennen, dass das Fest bzw. der Markt im Mittelalter spielen soll? Notieren Sie Ihre Beobachtungen.
4. Gibt es auf dem Fest oder dem Markt Figuren, Dinge oder Aktionen, die nicht ins Mittelalter gehören? Welche sind das? Bilden Sie Hypothesen, warum sie dort anzutreffen sind.

Interview-Bogen: Akteurinnen und Akteure

Sprechen Sie Akteurinnen und Akteure auf dem Mittelalterfest oder -markt an und bitten Sie um ein Interview.

1. Welche Figur stellen Sie dar? Hat Ihre Figur einen Namen?
2. Warum haben Sie sich gerade diese Figur ausgesucht?
3 Was trifft auf Sie und Ihre Figur am besten zu?
   a) Sie spielen die Figur wie ein Schauspieler.
   b) Sie schlüpfen in die Figur wie in ein zweites Leben.
4. Warum macht es Ihnen Spaß, das Leben im Mittelalter nachzuspielen?

Interview-Bogen: Besucherinnen und Besucher

Sprechen Sie die Besucherinnen und Besucher des Mittelalterfestes oder -marktes an und bitten Sie um ein Interview.

1. Sind Sie zum ersten Mal auf einem Mittelaltermarkt oder -fest oder besuchen Sie häufiger solche Veranstaltungen?
2. Warum besuchen Sie diese Veranstaltung? Was gefällt Ihnen hier?
3. Was kann man hier über das Mittelalter lernen?
4. Interessieren Sie sich auch sonst für das Mittelalter? Was interessiert Sie daran besonders?
5. Wenn die befragte Person nicht „mittelalterlich" gekleidet ist: Hätten Sie Lust, selbst in eine Figur aus dem Mittelalter zu schlüpfen? Welche Figur würden Sie für sich wählen?

Nach: Arnold Bühler, Alles Mittelalter oder was? Was Mittelaltermärkte über das Mittelalter und über uns erzählen, in: Geschichte lernen 170/2016, S. 18

Einen Beitrag von NiederbayernTV zum Mittelaltermarkt Gern finden Sie unter Mediencode **32071-25**.

e) Wissenschaftliche Begehung von Mittelaltermärkten

32071-26

Als Privatdozent für Medienpädagogik an der Pädagogischen Hochschule Freiburg besuchte Sven Kommer im Jahr 2008 zwei Mittelaltermärkte und machte dabei folgende Beobachtungen:

„Ritterspiele mit Burgmarkt" Burg Herzberg

[…] Von den Besuchern wird an einem hölzernen ‚Stadttor' Eintritt in durchaus nennenswertem Umfang erhoben. […] Die Aktiven, die […] schon vorher angereist sind […] zahlen keinen Beitrag. […] Getränke- und Verpflegungsstände konzentrieren sich auf einem zentralen Areal, die meisten geben sich in Anmutung und Outfit des Personals mehr oder weniger ‚mittelalterlich'. […] Bei vielen der Marktbeschicker handelt es sich um professionelle, auf ‚Mittelalter' ausgerichtete Anbieter. Die Gesamtheit der Verkaufsstände lässt sich beinahe idealtypisch in zwei Kategorien unterteilen: Zum einen finden sich (an den zentralen Punkten des Publikumsverkehrs unterhalb der Burg) einige wenige Stände, die das breite Publikum adressieren, hier dominiert dann auch ein sehr weiter Mittelalterbegriff – und Fantasy. So dürfen weder die obligatorischen Holzschwerter und Schilde für die jüngsten Ritter, noch der Kranz für junge Burgfräulein fehlen. Für die Adoleszenten[1] werden nicht nur diverse Alkoholika, (Hexen-)Kräuter und Samurai-Schwerter angeboten, sondern auch die Dienste einer Handleserin. Zum anderen ist eine ganze Reihe von Ständen auszumachen, die in erster Linie die Aktiven selber, also die Szeneangehörigen, ansprechen. Die Qualität der Produkte ist dabei zum Teil sehr hoch – bis hin zu Museumsreplika-Niveau. An diesen Ständen, die sich auf dem gesamten Gelände finden, wird dann auch – so Interesse besteht – Wissen weitergegeben und ausgetauscht. […] Soweit das unter den aktuellen Gegebenheiten möglich ist, kann den Schmieden, Korbflechtern, Töpfern etc. auch bei der Ausführung des ‚alten' Handwerks zugeschaut werden. Die Musik ist […] akustisch (es gibt keine Verstärkerelektronik), […] aber meist bestenfalls historisierend – sowohl was das musikalische Material als auch die Instrumentierung angeht. In den einzelnen Mittelalter-Gruppen im ‚Lager' finden sich aber durchaus Musiker, die ihr Musizieren zumeist an eine historisch informierte Praxis anlehnen […]. Nicht nur für die Besucherinnen und Besucher stellt die (zusätzlich zu dem ‚üblichen' Turnier) am Samstag oder Sonntag inszenierte ‚Schlacht' (dargestellt wird unter Einbeziehung der noch vorhandenen Burganlage der Versuch einer Burgeroberung) einen besonderen Höhepunkt dar. Diese ist nicht geskriptet – es gibt zwar eine verabredete Rahmenhandlung, bis zu einem bestimmten Punkt auch einen abgesprochenen Ablauf, die zentralen ‚Kämpfe' sind in ihrem Ausgang aber offen. Anhand von ‚Trefferregeln' bestimmen die Beteiligten dabei jeweils selber, wann sie ‚verletzt' oder gar ‚gefallen' sind. […] Auffällig und typisch für diesen Markt ist die Vielzahl von Interaktions-Situationen, die als ‚Selbstgenügsame Gruppentreffs' beschrieben werden können. […] Zelte, die ihre Rückseite den Besuchern zuwenden, signalisieren unübersehbar, dass die Bewohner ihre Mittelalter-Imagination nicht in erster Linie für das breite (und nicht szene-interne) Publikum inszenieren, sondern für sich selber. […] Die Aktiven weichen für die Nacht keinesfalls in Wohnmobil oder Gasthaus aus, sondern betreiben durchaus einen gewissen Aufwand, um sich ein zur Darstellung passendes Nachtlager zu schaffen. Gekocht wird selbstverständlich auf dem offenen Feuer, im Idealfall in Repliken orts- und epochenspezifischer Keramik. […] Dem Beobachter scheint die Auseinandersetzung um die Authentizität hier geradezu als Wettkampf zwischen den Gruppen.

Sven Kommer, Mittelaltermärkte zwischen Kommerz und Historie, in: Nicola Brauch, Thomas Martin Buck (Hrsg.), Das Mittelalter zwischen Vorstellung und Wirklichkeit, Probleme, Perspektiven und Anstöße für die Unterrichtspraxis, Münster 2011, S. 189–193

32071-28

1. Beschreiben Sie das Bild eines gegenwärtigen Mittelaltermarktes a) und erläutern Sie, inwieweit er Ihrer Meinung nach der Begriffsdefinition b) entspricht.
2. Analysieren und interpretieren Sie die zeitgenössische Darstellung einer Händlerstraße c) und stellen Sie sie der Gegenwart a) vergleichend gegenüber.
3. Führen Sie eine Begehung eines Mittelalterfestes oder -marktes durch, falls es sich anbietet. Nutzen Sie d) zur Vorbereitung.
4. Arbeiten Sie aus e) die Charakteristika und den Authentizitätsgrad des vorgestellten Mittelaltermarktes heraus. Sollten Sie eine eigene Begehung durchgeführt haben, vergleichen Sie Ihre Beobachtungen mit e).
5. Diskutieren Sie mögliche Gründe für die gegenwärtige Beliebtheit von Mittelaltermärkten als Living-History-Inszenierungen. Welche gesellschaftliche(n) Funktion(en) erfüllen sie?

Die Vorstellung eines weiteren Mittelaltermarktes finden Sie unter Mediencode 32071-03.

[1] **Adoleszente**: Heranwachsende, Jugendliche

M4 Das Mittelalter im Kinderbuch

a) Kirsten Boie: Der kleine Ritter Trenk

Das Kinderbuch „Der kleine Ritter Trenk" erschien 2006 und richtet sich an sechs- bis achtjährige Kinder. Die Reihe wurde auf sechs Bücher ausgeweitet und 2011 für eine Zeichentrickserie für das ZDF/KiKa adaptiert. 2015 wurde die Geschichte zudem als Zeichentrick verfilmt.

1. Kapitel, in dem erzählt wird, wer Trenk ist

Jetzt will ich vom kleinen Ritter Trenk vom Tausendschlag erzählen, der so tapfer war und so schlau und außerdem auch noch so nett, dass er berühmt wurde von den Bergen bis zum Meer, und das war damals fast die ganze Welt, musst du bedenken, weil Amerika ja noch nicht entdeckt war.

Als Trenk geboren wurde, hätte niemand geglaubt, dass er einmal so ein großer und stolzer Ritter werden würde, denn geboren wurde er in einer winzig kleinen Bauernkate, in der die Regentropfen durch das undichte Strohdach fielen und der Qualm vom offenen Feuer die Luft verpestete und in der sein Vater Haug und seine Mutter Martha und seine kleine Schwester Mia-Mina und natürlich auch Trenk alle zusammen mit ihrer mageren Ziege und einem Ferkel in einem einzigen winzigen Raum auf dem Lehmboden schliefen. Trenks Vater war nämlich ein Bauer, und wenn du jetzt denkst, dass das doch gar keine so üble Sache war (auch wenn es damals natürlich noch keine Traktoren und keine großen Mähdrescher gab), dann muss ich dir leider sagen, dass Bauern es in den alten Zeiten ganz und gar nicht so schön hatten, wie du vielleicht glaubst. In der Zeit, von der ich erzählen will, gehörten den Bauern nämlich das Land, das sie bebauten, und die Kühe, die sie molken,

und die Schweine, die sie schlachteten, kein bisschen; auch nicht die Katen, in denen sie wohnten, und nicht einmal sie selbst und ihre Frauen und ihre Kinder.

Ja, nicht einmal sie selbst und ihre Frauen und Kinder gehörten ihnen! All das gehörte dem Ritter, der in seiner großen, stolzen Burg hoch über dem Tal wohnte, und für den mussten sie darum auch ordentlich schuften. Sie mussten ihm von dem Getreide abgeben, das sie ernteten, und von dem Kohl und den Rüben; er bekam Fleisch von ihren Schweinen und Käse aus der Milch ihrer Kühe und Ziegen; und wenn er ihnen Nachricht schickte, dass sie jetzt mal ein bisschen auf seinen Feldern arbeiten sollten oder ihm einen neuen Brunnen graben, aber hopplahopp!, dann mussten sie ihre armseligen Hacken hinschmeißen und ihre Arbeit liegen lassen und rennen. Und dass ihnen deshalb ihr eigenes Getreide auf den Feldern verschimmelte und ihre Kühe vor Schmerz schrien, weil sie gemolken werden wollten, kümmerte den Ritter gar nicht. Wenn ein Bauer nicht tat, was sein Grundherr von ihm wollte, ließ der ihn einfach auspeitschen, schließlich gehörte der Bauer ja ihm.

Ja, so war das damals, wenn man ein leibeigener Bauer war, und du kannst dir vorstellen, dass die Jungs und die Mädchen, wenn sie ihren Eltern auf den Feldern halfen oder Krähen aus den Obstbäumen verscheuchten oder was die Kinder damals sonst noch so alles erledigen mussten, darüber nachdachten, was sie tun konnten, um später selber einmal nicht so ein erbärmliches Leben zu führen.

„Das werdet ihr niemals erleben, wenn ich erwachsen bin!“, sagte Trenk, als er eines Nachmittags, nachdem sein Vater gerade wieder einmal bedeckt mit blauen Striemen vom Ochsenziemer nach Hause gekommen war, zusammen mit seiner kleinen Schwester Mia-Mina die Ziege und das Ferkel durch das Dorf führte, damit sie am Wegrand fressen sollten, was da eben so wuchs. „Dass ich Bauer werde und mich vom Herrn Ritter verprügeln lasse, das werdet ihr niemals erleben!“

„Was willst du denn sonst wohl machen?“, fragte Mia-Mina und zerrte an ihrem Ziegenstrick. „Leibeigen geboren, leibeigen gestorben, leibeigen ein Leben lang.“ Und das war ja die heilige Wahrheit.

Aber Trenk fand nicht, dass er sich damit abfinden musste. „Dann werde ich eben einfach selbst ein Ritter!“, sagte er entschlossen.

Da lachte und lachte seine kleine Schwester so sehr, dass ihr der Ziegenstrick durch die Hand rutschte und sie die Ziege zu zweit fast eine Viertelstunde durch das Dorf jagen mussten. Darum redete Trenk an diesem Nachmittag lieber nicht mehr davon. Er wusste ja selbst, dass so etwas ganz unmöglich war.

Trotzdem ist es später haargenau so gekommen, und wieso, das will ich jetzt erzählen.

Kirsten Boie, Der kleine Ritter Trenk, Hamburg 2006

32071-22

1. Analysieren Sie, welches Bild des Mittelalters im ersten Kapitel des Kinderbuches gezeichnet wird.
2. Arbeiten Sie heraus, welche Mittel die Autorin verwendet, um Kinder dafür zu sensibilisieren, dass es sich um eine vergangene Epoche handelt.

b) Wie viel Mittelalter steckt in der Geschichte um den kleinen Trenk?

Die Mediävistin Anne Südbeck hat einige Informationen zur Einordnung der Geschichte des „kleinen Ritter Trenk" zusammengestellt:

32071-23

Die Mittelalterliche Gesellschaft

[...] Die mittelalterliche Gesellschaft war geprägt von einer komplexen Sozialstruktur, in der – neben der allgemeinen Freiheit – Leibeigenschaft und verschiedene Formen der Minderfreiheit nebeneinander existieren (Rudolf 1976, 19–20; Kölmel 1980, 390; Nolte 2011, 76). Diese miteinander verwobenen und auf eine lange Tradition zurückblickenden gesellschaftlichen Strukturen sind dabei allerdings nur schwer durch allgemeine Kriterien zu erklären. Durch den stetigen Prozess des gesellschaftlichen Wandels kam es dennoch immer wieder zu Veränderungen. Dieser Wandel zeigt, dass es sich bei der mittelalterlichen Gesellschaft keineswegs um ein starres und undurchlässiges Konstrukt handelte, sondern vielmehr um ein soziales Geflecht, welches großer Flexibilität unterworfen war (Kölmel 1980, 393; Nolte 2011, 76). Insbesondere wirkte das Entstehen neuer Städte seit dem 12. Jahrhundert und die zunehmende Loslösung der Städte von ihren Stadtherren seit dem 13. Jahrhundert als Antrieb für eine immer mobiler werdende Gesellschaft [...].

Die Bauern

[...] Zwar gab es auch freie Bauern, jedoch befand sich eine große Mehrheit der Bauern in Abhängigkeit zu ihrem Grundherren. [...] Die Bauern in Grundhörigkeit bewirtschafteten das Land des Grundherren und waren durch den Boden, den sie bestellten, an diesen gebunden. Die Grundherren bewirtschafteten ihren Besitz nicht selbst, sondern verliehen ihn an ihre Bauern. Diese hatten als Gegenleistung Abgaben bzw. Dienste zu leisten. [...] Hörige waren im Besitz des Grundherren; dieser konnte sie daher auch verschenken oder verkaufen. [...] Sie waren nur eingeschränkt rechtsfähig und hatten kein Recht auf Freizügigkeit.

Die Ritter

Der Begriff des Rittertums ist zunächst schwer greifbar, denn man versteht darunter eine Institution, ein Ideal oder eine soziale Gruppe (Ganshof 1998, 130). Zwischen dem Ende des 9. und Anfang des 11. Jahrhunderts lässt sich der Lehnsadel, zu dem die Ritter zu zählen sind, als ein grausamer, wilder und undisziplinierter Stand charakterisieren, dessen Hauptaufgabe der Kampf war. Erst das Bemühen, unter anderem von Seiten der Kirche, ein ethisches Ideal einzuführen, schuf die bis heute gültige Bedeutung des Rittertums. [...] Die Kerntugenden dieser Ritter waren Tapferkeit und Loyalität, ehrenhaftes Verhalten und Stehvermögen, sowie die Verlässlichkeit des gegebenen Wortes (Painter 1998, 31: Ehlers 2006, 10). Dienst, Würde und Stand bildeten dabei drei Grundvoraussetzungen, um in den Ritterstand aufgenommen zu werden. Dennoch stellte der Stand kein Ausschlusskriterium dar, denn „zur Ritterschaft gehöre das Leistungsprinzip" (Ehlers 2006, 11). [...] Zum Ritter wurde man durch den Erhalt seiner vollen Waffenrüstung. Ursprünglich „waffnete" der Vater oder Lehnsherr den künftigen Ritter. Jedoch gab es kein ausschließliches Recht, wer die Ritterwürde verleihen durfte. Im Grunde stand es jedem Ritter zu, einen anderen zu waffnen. Auf dem Gebiet des deutschen Reiches konnten auch Hörige den Ritterschlag empfangen (Ganshof 1998, 131–134).

Ganshof 1998: François Louis Ganshof, Was ist das Rittertum?, in: Arno Borst (Hrsg.), Das Rittertum im Mittelalter, Darmstadt [3]1998, S. 212–246
Ehlers 2006: Joachim Ehlers, Die Ritter: Geschichte und Kultur, München 2006
Kölmel 1980: Wilhelm Kölmel, „Freiheit – Gleichheit – Unfreiheit" in den sozialen Theorien des späten Mittelalters, in: Albert Zimmermann (Hrsg.), Soziale Ordnungen im Selbstverständnis des Mittelalters, 2. Halbband (= Miscellanea Mediaevalia 12.2), Berlin1980, S. 389–407
Nolte 2011: Cordula Nolte, Frauen und Männer in der Gesellschaft des Mittelalters (= Geschichte kompakt), Darmstadt 2009
Painter 1998: Sidney Painter, Die Idee des Rittertums, in: Arno Borst (Hrsg.), Das Rittertum im Mittelalter, Darmstadt [3]1998, S. 31–46
Rudolf 1976: Hans Ulrich Rudolf, Grundherrschaft und Freiheit im Mittelalter, Düsseldorf 1976
Anne Südbeck, „Leibeigen geboren, leibeigen gestorben, leibeigen ein Leben lang". „Der kleine Ritter Trenk" und das Mittelalter im Kinderbuch, in: Tobias Enseleit, Christian Peters (Hrsg.), Bilder vom Mittelalter. Vorstellungen einer vergangenen Epoche und ihre Inszenierung in modernen Medien, Münster 2017, S. 271 ff.

32071-24

3. Vergleichen Sie das im ersten Kapitel entworfene Mittelalterbild mit der wissenschaftlichen Darstellung.
4. Beurteilen Sie den Authentizitätsgrad des Kinderbuches im Rahmen des bereitgestellten Ausschnittes.

M5 Zur Funktion von Geschichtsbildern des Mittelalters

Harald Müller, Professor für Mittlere Geschichte an der Rheinisch-Westfälisch Technischen Hochschule Aachen, schreibt über die Funktion von Geschichtsbildern des Mittelalters:

32071-29

Unser Mittelalter-Bild ist durchgehend zwiespältig. Es besteht aus Schlössern und herausgeputzten historischen Stadtkernen, kennt farbenfrohe Ritterspiele mit prächtig geschmückten Pferden und blitzenden Rüstungen. Mittelalterliche Jahrmärkte mit Handwerkern, Gauklern und Ochsen am Spieß haben Hochkonjunktur, Essen wie im Mittelalter ist ein kommerzieller Erfolg. [...]

Zur Attraktion des Vergangenen, Andersartigen gehört auch das Staunen über die Schlichtheit und Bedrohtheit menschlicher Existenz fern heutiger technischer Standards, genauso wie der Schauder über die Dominanz der Religion, über alltägliche, selbstverständliche Gewalt, über krasse soziale Unterschiede und kaum zivilisiertes Betragen. Kreuzzüge, Scheiterhaufen und Hexenverbrennungen sind die Markierungen am Ende dieser Skala. Sie bezeichnen die Distanzierung des modernen Menschen vom Mittelalter.

Faszination und Ablehnung stehen nebeneinander, und nur selten sind sie das Resultat einer näheren Beschäftigung mit der Sache. Sie gründen auf zwei oft unbewussten, geradezu emotionalen Grundhaltungen.

Zum einen bedient das romantische Mittelalter die Sehnsucht des Menschen nach intakten und überschaubaren Lebensformen. Im Lichte der modernen Massengesellschaft betrachtet, bietet es Komponenten einer heilen, ursprünglichen Welt. Die ‚gute alte Zeit' war indes selten besser als die eigene Gegenwart, sie bot aber meist überschaubarere Verhältnisse, die ein Gefühl von Sicherheit vermitteln: den Dorf- und Familienverband statt der zunehmend anonymen Gesellschaft, die Klarheit eines naturbestimmten Tagesablaufs anstelle immer komplexerer Technologien, deren schneller Wechsel ein Gefühl von Hilflosigkeit erzeugt.

Der andere Affekt, die schroffe Zurückweisung, gehört ebenfalls zu unserem Kulturgut, ja er macht in gewisser Weise den modernen Menschen sogar wesentlich aus: Im Gefolge der Aufklärung, einer philosophischen Bewegung des 17. und 18. Jahrhunderts, welche die Vernunft als eigentliches Wesensmerkmal des Menschen propagierte, haben wir uns von der Welt des Mittelalters nicht nur nachhaltig entfernt, wir stehen geradezu vor einer mentalen Kluft, die uns von dieser Vergangenheit trennt. Unser heutiges Lebensempfinden beruht in erheblichem Maße auf anderen Prämissen als das unserer Ritter-Vorfahren, das keineswegs irrational war, aber auch anderen Erklärungsmustern als der Verstandeskraft breitesten Raum gab. Weil das Vertrauen auf die eigene Verstandesleistung aber zur Selbstdefinition des aufgeklärten Menschen gehört und weil Begriffe wie Freiheit, Gleichheit, Brüderlichkeit, Gewaltenteilung und Individualität auch unausgesprochen unsere Einstellung zur Gesellschaft bestimmen, muss uns das Mittelalter fremd vorkommen – dunkel, primitiv und barbarisch, von naivem Aberglauben durchsetzt und zugleich von der Kirche terrorisiert. Das heute inflationär gebrauchte Schimpfwort vom „mittelalterlichen Gottesstaat" macht die kulturelle Bedrohungsqualität deutlich, die unserem Mittelalterbild innewohnt. Die janusköpfige[1] Vielgestaltigkeit macht aber auch die Faszination aus, die von dieser Epoche ausgeht.

Gerade weil es idyllisch und erschreckend zugleich ist, bietet sich das Mittelalter als bevorzugte Kulisse für Zeitreisen in moderne Traumwelten an, seien sie mystisch-romantisch wie in J.R.R. Tolkiens *Der Herr der Ringe* (1954–55) oder rau und martialisch wie im Videospiel *Great Invasions. Sturm über Europa a.d. 950–1066* (2005). Die enorme Bandbreite aktueller, ins Mittelalter transponierter Szenarien reicht vom Krimi bis zum Strategie-Spiel. Kinder-Abenteuer wie Astrid Lindgrens *Ronja Räubertochter* (1981) sind durchwirkt von Mittelalter-Wissen und Mittelalter-Klischees, von Burgen und Räubern, finsteren Wäldern, Gnomen und anderen bedrohlichen Fabelgestalten, aber auch von hellen (Kinds-)Köpfen, die aus eigener Kraft die bedrohliche Umwelt meistern.

Harald Müller, Studienbuch Geschichte. Mittelalter, Berlin 2008, S. 9 f.

32071-30

- Arbeiten Sie heraus, worin die Faszination und die Ablehnung in Bezug auf das Mittelalter laut Müller bestehen.

[1] **janusköpfig**: sich von zwei entgegengesetzten Seiten zeigend

DiA Vorwissen aktivieren: Imperialismus

A

1871 – 1881 – 1888 – 1890 – 1904–1908 – 1914–1918 – 1919

Beginn des „Wettlaufs um Afrika" der europäischen Mächte

Gründung des Deutschen Kaiserreiches

Rücktritt Reichskanzlers Otto von Bismarck

Völkermord an den Herero und Nama

Kaiserkrönung Wilhelms II.

Erster Weltkrieg

Unterzeichnung des Versailler Vertrages

1. Ordnen Sie den Daten auf der Zeitleiste die Ereignisse zu.

31000-85

B

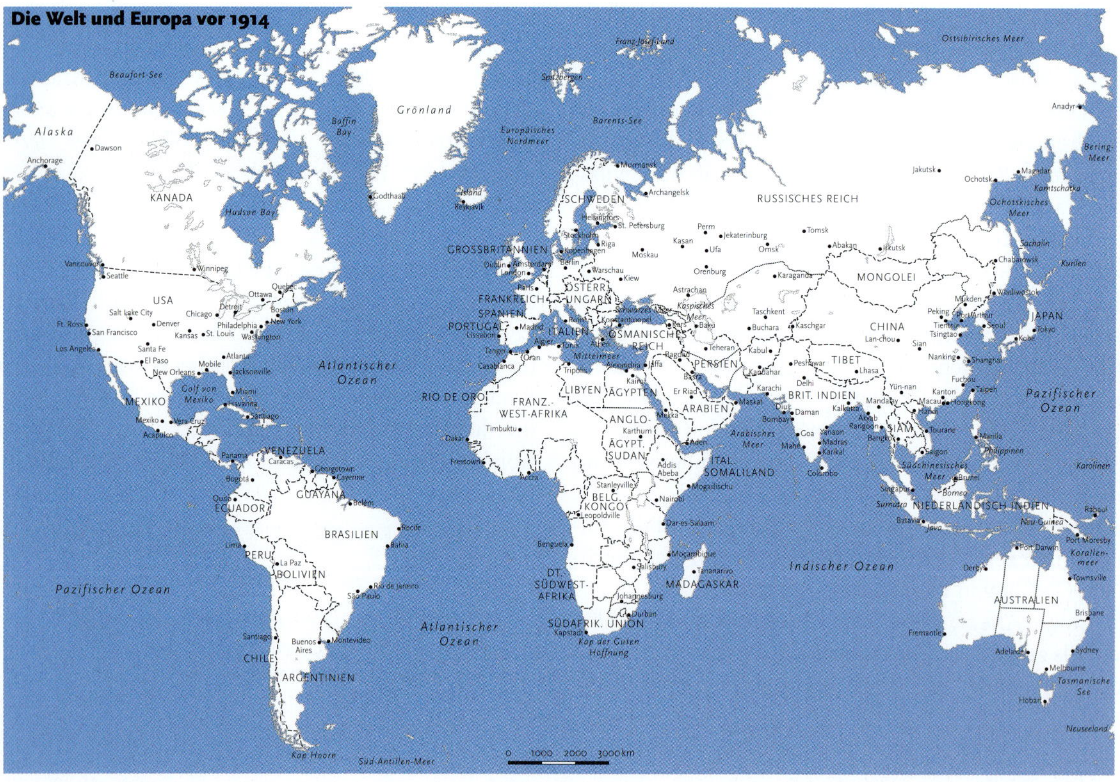

2. Benennen Sie die Territorien des deutschen Kolonialreiches mithilfe der Karte.

31000-86

Nehmen Sie im Buch bitte keine Eintragungen vor, sondern lassen Sie sich von der Lehrkraft ggf. Kopien aushändigen.

C

1 Wirtschaft

2 Politik

3 Rassismus und Sozialdarwinismus

4 Sendungsbewusstsein

a Missionierung der einheimischen Bevölkerung, d. h. Bekehrung zum Christentum

b Selbstbereicherung

c Ausdehnung des Macht- und Einflussbereiches

d Ausbeutung der Rohstoffe in den Kolonien und Produktion exotischer Nahrungsmittel (z. B. Palmöl)

e Herrschaft weißer Menschen über Menschen anderer Hautfarbe

f militärische Stützpunkte

g Ausbeutung von Menschen als Arbeitskräfte

h Steigerung des Ansehens im Wettbewerb der Nationen (Prestigeimperialismus)

i technischer Vorteil durch Industrialisierung (Telegrafie, Dampfschiffe, Eisenbahnen, moderne Waffen)

j Errichtung neuer Handelsstützpunkte: Absatzmarkt europäischer Produkte

k Ansiedlung von Landwirtschaft (Siedlungsimperialismus)

31000-87

3. Warum nahmen die Europäerinnen und Europäer Länder in Besitz und machten sie zu Kolonien? Ordnen Sie zu.

D

a Die „Aufteilung" des afrikanischen Kontinents war der Höhepunkt des europäischen Imperialismus. Sie begann, als die Franzosen 1881 Tunis und die Briten 1882 Ägypten eroberten.

b Seit April 1884 stellte Bismarck Gebiete in Afrika, die private Kaufleute bereits erworben hatten, unter den Schutz des Deutschen Reiches. Der offizielle Titel lautete „Schutzgebiete" (Protektorate). Die Unterstützung der Kolonisierenden durch den Staat blieb gering, das Kaiserreich garantierte lediglich militärischen Schutz und grundlegende Verwaltungsaufgaben.

c Der Imperialismus gewann im Kaiserreich eine breitere Anhängerschaft. Vor allem die Mittelschicht bewarb das imperialistische Gedankengut und der Alldeutsche Verband (gegründet 1891) forderte den Erwerb weiterer Kolonien.

d Im Vertrag von Versailles heißt es: „Deutschland verzichtet zugunsten der alliierten und assoziierten Hauptmächte auf alle seine Rechte und Ansprüche bezüglich seiner überseeischen Besitzungen." (Artikel 119, Vertrag von Versailles, Abschnitt I. Deutsche Kolonien)

e Mit der Gründung des Deutschen Kaiserreiches war in Europa ein neuer, politisch und wirtschaftlich mächtiger Staat entstanden. Reichskanzler Otto von Bismarck war ursprünglich gegen den Erwerb deutscher Kolonien. Seiner Meinung nach war der Nutzen gering, das Risiko von Konflikten mit anderen Staaten aber zu hoch.

f Reichskanzler Bernhard von Bülow sprach 1897 vom „Platz an der Sonne". Dem Kaiserreich gelang es, einzelne Gebiete in China sowie im Pazifik zu erwerben.

g Reichskanzler Otto von Bismarck lud die Kolonialmächte im November 1884 zur Kongo-Konferenz nach Berlin ein, um Streit zu schlichten. Interessenskonflikte sollten gütlich geklärt werden. Allerdings beschleunigte die Vereinbarung den „Wettlauf" um Afrika.

31000-88

4. Bringen Sie die Ereignisse in die chronologisch richtige Reihenfolge.

32071-39 Lösung

1.3 Umgang mit der deutschen Kolonialgeschichte

Im Wettlauf um einen „Platz an der Sonne" hatte das **Deutsche Reich** in den 1880er-Jahren Kolonien in Besitz genommen. Zwischen 1898 und 1919 besaß es das drittgrößte Kolonialreich mit Territorien in West-, Südwest- und Ostafrika, in Nordostchina und im Pazifik. Die Inbesitznahme ging einher mit Betrug, Erpressung und militärischer Gewalt. Die Kolonien wurden ausgebeutet und die Bevölkerung der Gebiete brutal unterdrückt; zum Teil beging man sogar Völkermord. Während des **Ersten Weltkrieges** wurden die deutschen Kolonien von anderen Kolonialmächten erobert. Im **Vertrag von Versailles** wurden diese Annexionen 1919 formal bekräftigt. Damit endete das deutsche Kolonialreich auch in völkerrechtlicher Hinsicht. Die Fremdherrschaft wurde in den ehemaligen deutschen Kolonien nunmehr von anderen europäischen Kolonialmächten, den USA und Japan gewaltsam weitergeführt.

Auch nach 1919 träumten insbesondere nationalistische Kreise in Deutschland von einer Kolonialpolitik nach dem Vorbild des Deutschen Kaiserreichs. Den Nationalsozialisten hingegen erschien diese überholt, und so war die Wiederaneignung der ehemaligen Kolonien nur von geringer Bedeutung. Die Eroberung von „Lebensraum im Osten" besaß Priorität.

Eine Aufarbeitung der Geschichte Deutschlands als Kolonialmacht fand lange Zeit nicht statt. Vielmehr stand die Auseinandersetzung mit den Verbrechen der NS-Zeit und nach der Wiedervereinigung die Aufarbeitung der DDR-Vergangenheit im Fokus. Gleichwohl wirken Denkmodelle aus der Zeit des Imperialismus, wie die Behauptung von dem angeblichen zivilisatorischen Nutzen der Fremdherrschaft für die kolonisierten Menschen und Regionen, teilweise bis heute fort. Nach der **Entkolonialisierung** wurde eine öffentliche Debatte um Anerkennung der Kolonialverbrechen, um Wiedergutmachung und um Rückgabe von geraubten Kunstwerken aus den Kolonien (Restitution) lange nicht geführt.

Lernaufgabe

Diskutieren Sie am Beispiel des Umgangs mit der deutschen Kolonialgeschichte den Zusammenhang von Erinnerung und Verantwortung im Rahmen einer **Podiumsdiskussion**. Bereiten Sie sich folgendermaßen auf die Diskussion vor:

1. Skizzieren Sie die deutsche Kolonialgeschichte mithilfe des Einleitungstextes und M1. Verwenden Sie dabei passende Grundlegende Daten und Begriffe.
2. Bilden Sie Arbeitsgruppen zu den folgenden Modulen:
   a) Gegenwärtige koloniale Spuren in Deutschland (M2)
   b) Diskussion um Restitution von Objekten aus kolonialen Kontexten (M3)
   c) Diskussion um Entschädigung und Aussöhnung am Beispiel des Völkermordes an den Herero und Nama (M4)
3. Erarbeiten Sie sich Ihr Thema, Argumente und Ihre Position mithilfe der Arbeitsaufträge in den Modulen.
4. Stellen Sie sich in Expertenteams die verschiedenen Module vor, die Sie bearbeitet haben. Erschließen Sie sich auf dieser Basis den Zusammenhang von Erinnerung und Verantwortung.
5. Führen Sie die **Podiumsdiskussion** durch. Thematisieren Sie dabei Deutschlands Umgang mit seiner Kolonialgeschichte und seiner Verantwortung.

Grundlegende Daten und Begriffe

- 1914–1918 Erster Weltkrieg
- Deutsches Kaiserreich
- Vertrag von Versailles
- Entkolonialisierung

Hinweis

Die Arbeitsaufträge bei den Modulen helfen, die Materialien im Hinblick auf die Lernaufgabe zu erschließen.

M1 Die Welt 1914

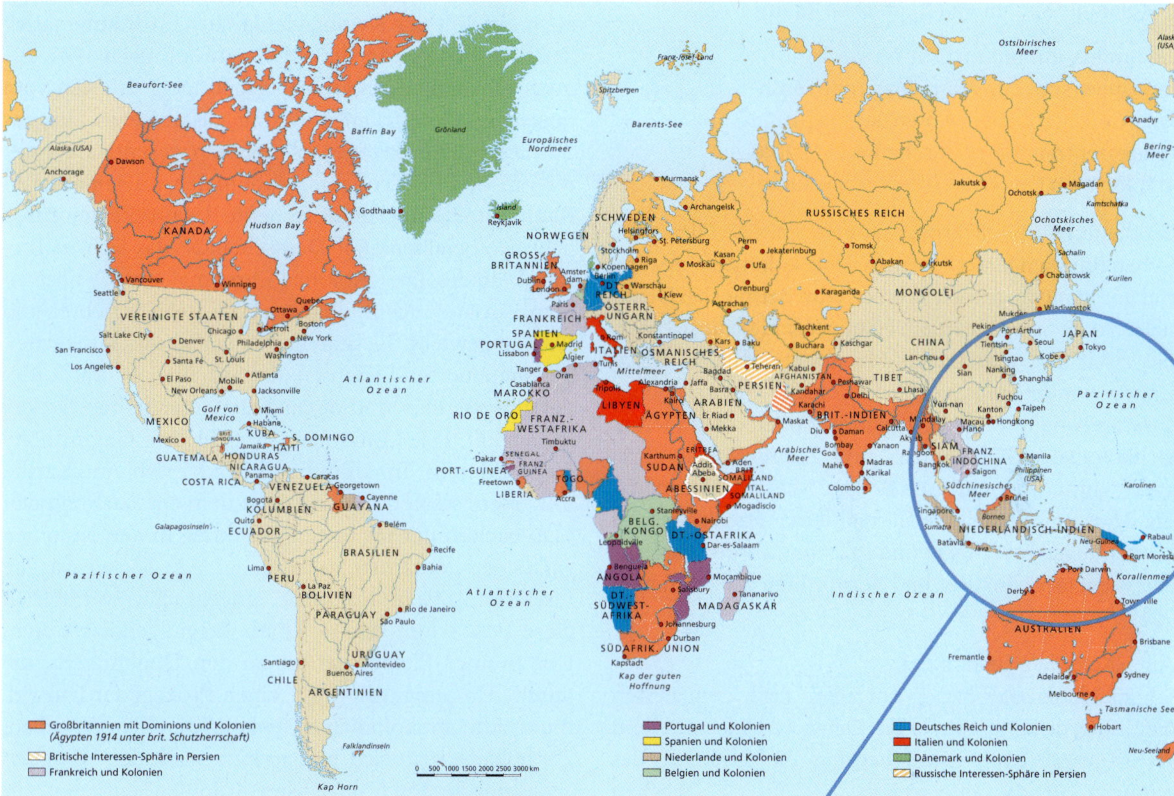

Kartenausschnitt Westpazifik.

M2 Gegenwärtige koloniale Spuren in Deutschland

a) Kolonialer Spuren im öffentlichen Raum

Die Professorin am Institut für Afrikanistik der Universität zu Köln, Marianne Bechhaus-Gerst, schreibt in einem Beitrag für die Bundeszentrale für politische Bildung 2019 zu kolonialen Spuren im öffentlichen Raum:

32071-31

Der deutsche Kolonialismus hat tiefe Spuren in den städtischen Räumen hinterlassen. […] Die kolonialen Bezüge sind nur manchmal noch sichtbar, zum Beispiel bei Denkmälern oder Straßennamen. Häufiger sind sie unsichtbar, teils, weil ihre materiellen Manifestationen[1] im Krieg zerstört wurden, teils, weil ihr kolonialer Ursprung oder Zusammenhang vergessen, ignoriert oder von anderen, nachkolonialen Erzählungen und Zuordnungen überlagert wurde. Hier sind zum Beispiel Museen, Universitäten, Zoos und Botanische Gärten [durch ihre exotischen Ausstellungsstücke, Tiere und Pflanzen] als Orte kolonialer Wissensproduktion und Vermittlung zu erwähnen. […]

(Anti-)Koloniale Denkmäler

Kolonialdenkmäler hatten vor allem nach dem Ersten Weltkrieg, dessen Ende für das Deutsche Reich mit dem Verlust seiner Kolonien einherging, die Funktion, das Erinnern an das überseeische „Weltreich“ wachzuhalten. Nach dem Zweiten Weltkrieg waren nicht nur alle kolonialen Ambitionen erloschen, sondern war auch ein Teil der Kolonialdenkmäler im Bombenkrieg zerstört worden. In der DDR wurden nach 1945 alle noch erhaltenen Denkmäler abgetragen, um sich vom deutschen kolonialen Erbe zu distanzieren. In der Bundesrepublik dagegen tat man sich wesentlich schwerer mit den Helden- und Mahnmalen im öffentlichen Raum. Ein Beispiel dafür ist heute das größte ursprüngliche Kolonialdenkmal Deutschlands, das sich in Bremen befindet. Das „Kolonial-Ehrenmal“ wurde nach einem Entwurf des Bildhauers Fritz Behn errichtet und 1932 eingeweiht. Es besteht aus einem aus Klinkersteinen gemauerten Elefanten, der auf einer 15 mal 11 Meter umfassenden und eineinhalb Meter hohen Sockelstufe steht. Das Monument erreicht eine Gesamthöhe von 10 Metern. Im Unterbau befindet sich eine Krypta mit einem steinernen Tisch, auf dem ein Buch mit den 1490 Namen der im Ersten Weltkrieg in den Kolonien gefallenen deutschen Soldaten lag. Am Sockel war die Inschrift „Unsere Kolonien“ angebracht, wenngleich diese 1932 schon seit 14 Jahren Vergangenheit waren. Der Bremer Elefant gehört zu den Denkmälern, die durch „Umsemantisierung“ einen Prozess der Umwidmung zum antikolonialen Denkmal durchlaufen haben. Zwar hatte man sich bereits kurz nach dem Zweiten Weltkrieg der Inschrift „Unsere Kolonien“ entledigt, zur Umdeutung kam es aber erst in den 1990er-Jahren anlässlich der Unabhängigkeit Namibias. Auf Initiative zivilgesellschaftlicher Gruppen wurde das Denkmal durch neue Tafeln und Inschriften, die auf die Opfer kolonialer Gewalt und die historische Verantwortung Deutschlands verweisen, in ein antikoloniales Mahnmal umgedeutet. […]

Der Bremer Elefant.

Straßennamen

Auch Straßennamen sind Erinnerungsorte im öffentlichen Raum. Nicht nur in der Stadt, sondern auch in der Geschichte dienen sie der Orientierung: Historisch bedeutsame Ereignisse, Orte und Personen werden mit Straßennamen in der kollektiven Erinnerung gewürdigt. Benennt man eine Straße zum Beispiel nach einer Persönlichkeit, tut man dies, um ihren Namen zu ehren und an die Verdienste der Person zu erinnern. Historische Ereignisse werden durch die Benennung in die Gegenwart getragen.

In Deutschland gibt es in vielen Städten Straßennamen mit Bezügen zur Kolonialgeschichte. Manche dieser Straßen erhielten ihre Bezeichnungen noch während

[1] **Manifestationen**: hier v. a. Gebäude und Denkmäler

der Kolonialzeit, andere wurden in der NS-Zeit benannt. Koloniale Akteure beziehungsweise Täter, die besonders häufig durch Straßenbenennungen geehrt wurden, sind Deutsch-Ostafrika Begründer Carl Peters, Großkaufmann Adolf Lüderitz, Offizier und Kolonialbeamter Hermann von Wissmann oder Reichskommissar Gustav Nachtigal. Wenngleich es vereinzelt bereits in der unmittelbaren Nachkriegszeit zu Umbenennungen kam, gibt es heute in Deutschland zum Beispiel noch 26 nach Lüderitz benannte Straßen, von Wissmann wird in 22 Städten geehrt, Peters und Nachtigal jeweils in mehr als 10.

Seit dem Ende der 1980er-Jahre ist der Umgang mit diesen Straßennamen in einzelnen Städten immer wieder Thema. Meist drehen sich die Diskussionen um das Für und Wider erklärender Tafeln oder einer Umbenennung der betroffenen Straßen. Insbesondere wenn es um Umbenennungen geht, kommt es immer wieder zu heftigen Kontroversen für und gegen das Vergessen beziehungsweise Erinnern. […]

Als Argument nicht nur gegen Umbenennungen, sondern gegen eine kritische Auseinandersetzung mit den Namen wird insbesondere auf „Unwissen / Unkenntnis" verwiesen. Da man ohnehin nicht mehr wisse, wer die Person, was das Ereignis, wo der Ort sei, und alles schon so lange zurückliege, seien diese Namen unproblematisch, und man müsse sich auch nicht mit ihren Hintergründen beschäftigen. […] Auch äußern sich im Rahmen von Umbenennungsdiskussionen immer wieder nach wie vor bestehende romantisierende oder verklärende Perspektiven auf den Kolonialismus: So schlimm sei dieser nicht gewesen und habe für die Menschen in den Kolonien auch sein Gutes gehabt. […]

Vor allem von in den Straßen angesiedelten Wirtschaftsunternehmen und Geschäften, aber auch von Privatpersonen wird der wirtschaftliche und finanzielle Aufwand beziehungsweise Schaden einer Umbenennung häufig vehement vorgebracht. Das finanzielle Argument überzeugt allerdings nur teilweise, da für die Änderung von Ausweispapieren in solchen Fällen keine Kosten anfallen und es im Ermessen der Städte oder Stadtbezirke steht, weitere Kosten zu übernehmen. […]

Marianne Bechhaus-Gerst, Koloniale Spuren im städtischen Raum, in: Deutsche Kolonialgeschichte, APuZ 40-42/2019, Bonn 2019, S. 40–43, https://www.bpb.de/apuz/297604/koloniale-spuren-im-staedtischen-raum?p=2 [Zugriff: 08.12.2021]

b) Straßenumbenennung in München

Die Von-Trotha-Straße heißt seit 2006 Hererostraße und erinnert an die antikoloniale Erhebung der Herero gegen die deutsche Kolonialmacht 1904–1905 in „Deutsch-Südwestafrika". General Lothar von Trotha befehligte den unerbittlichen Rachefeldzug der deutschen „Schutztruppe", der im Völkermord endete.

http://www.freedom-roads.de/frrd/umbenenn.htm [Zugriff: 08.12.2021]

c) Gedenktafel für Kolonialsoldaten in München

Seit mehr als 100 Jahren wird auf einer Gedenktafel in München gefallener Kolonialsoldaten gedacht. Die Tafel ist zu einem Sinnbild für den Umgang Münchens mit seiner Kolonialvergangenheit geworden: Sie wurde schon mehrfach abmontiert und andernorts angebracht, wurde beschmiert und wieder restauriert.

Pazifistische und antirassistische Botschaften.
Beschmierte Gedenktafel für Kolonialsoldaten am Münchner Südfriedhof (Glockenbachviertel), Foto von Heinz Koderer, 2007.

Unter dem Mediencode **32071-32** finden Sie den Radiobeitrag zur Gedenktafel für Kolonialsoldaten in München.

DiA

1. Sind Ihnen bereits Spuren der kolonialen Geschichte Deutschlands begegnet? Wenn ja, wo? Tauschen Sie sich dazu aus.
2. Fassen Sie aus a) und b) zusammen, wie in Deutschland mit kolonialen Spuren im öffentlichen Raum in der Vergangenheit umgegangen wurde.
3. Recherchieren Sie arbeitsteilig nach in a) genannten Personen. Begründen Sie jeweils kurz, warum ihre Ehrung durch Straßenbenennungen problematisch ist.
4. Hören Sie den Radiobeitrag an (s. Mediencode) und fassen Sie die Problematik des Umgangs mit der Gedenktafel zusammen.
5. Nehmen Sie ausgehend von a), b) und c) Stellung dazu, wie mit den gegenwärtigen kolonialen Spuren in Deutschland umgegangen werden soll, und begründen Sie Ihren Standpunkt.

32071-33

M3 Die Diskussion um Restitution von Objekten aus kolonialen Kontexten

a) Koloniale Objekte in deutschen Museen

In Deutschland gibt es viele Objekte in Museen und Sammlungen, deren Erwerb im Zusammenhang mit dem europäischen Kolonialismus stehen. Diese Objekte stammen nicht nur aus ehemaligen deutschen Kolonien, sondern kamen durch Handel oder Schenkungen auch aus anderen kolonialen Kontexten nach Deutschland. Sammlungsgut aus kolonialen Kontexten findet sich in fast allen Museumssparten. Nicht nur ethnologische, sondern auch naturkundliche, historische oder Heimatmuseen bewahren Objekte aus ehemaligen Kolonien in ihren Sammlungen.

© Presse- und Informationsamt der Bundesregierung, https://www.bundesregierung.de/breg-de/bundesregierung/staatsministerin-fuer-kultur-und-medien/sammlungsgut-aus-kolonialen-kontexten-1851438 [Zugriff: 05.04.2023]

Die Frage, wie mit Objekten, die aus kolonialen Unrechtskontexten stammen, umgegangen werden soll, kam in den 1960er-Jahren, kurz nach der Unabhängigkeit der ersten afrikanischen Staaten, in Europa auf. In den 1970er-Jahren gab es zaghafte, allerdings nicht sehr erfolgreiche Versuche, Restitutionen[1] in die Wege zu leiten. Erst in den 2000er-Jahren und verstärkt seit drei, vier Jahren diskutiert man intensiv über koloniale Objekte. Obschon diese Debatten in den jeweiligen europäischen Ländern unterschiedlich verlaufen, gibt es einige Gemeinsamkeiten: So wird die Frage nach der Rückgabe von menschlichen Überresten mittlerweile weitgehend einvernehmlich dahingehend beantwortet, dass diese zu restituieren sind, während der Ausgang des Streits über die Rückgabe von Kulturgütern anhält.

Rebekka Habermas, Restitutionsdebatten, koloniale Aphasie und die Frage, was Europa ausmacht, APuZ 40-42/2019, Bonn 2019, S. 45

[1] **Restitution**: Rückgabe

b) Die Diskussion zusammengefasst

Die Professorin für Mittlere und Neuere Geschichte an der Georg-August-Universität Göttingen, Rebekka Habermas, fasst die Restitutionsdebatte 2019 folgendermaßen zusammen:

32071-34

Die sich […] entwickelnde Debatte brachte weit mehr als zwei sich konträr gegenüberstehende Positionen hervor, und in manchen Dimensionen verändert sich die Diskussion bis heute. Manche sind für Rückgabe […], andere fordern erst ausgiebige Provenienzforschung[2] und dann eventuell Rückgabe. Wieder andere wollen die Objekte nur zirkulieren lassen oder ganz in Europa belassen. Ungeachtet dieser und vieler anderer Differenzen konzentriert sich die Debatte auf vier Streitpunkte: Sie betreffen die Aufgabe europäischer Museen, die Rolle der ehemaligen Kolonien, Fragen des Rechts und die Bewertung der Kolonialgeschichte.
Das Museum wird unter zwei Aspekten diskutiert. Nicht wenige argumentieren, dass Restitutionen […] einem „Ausverkauf der Museen“ gleichkämen. […] Eine weitere Befürchtung ist, dass die eigentliche Aufgabe des Museums, das Bewahren von Geschichte, verloren ginge. Dem entgegnen andere, die Museen als lebendige Gebilde sich stetig verändernder Gesellschaften begreifen, dass es weniger darum gehe, dass Museen ihre Bedeutung verlören, als darum, diese zu verändern. […]
Ein zweites, häufig von Gegnern und Gegnerinnen der Restitution vorgebrachtes Argument bezieht sich auf die Expertise, an der es außerhalb Europas angeblich mangele. So heißt es, dass afrikanische Museen im Unterschied zu europäischen technisch nicht in der Lage seien, wertvolle Kulturgüter angemessen aufzubewahren. Mehr noch drohten wertvolle Kulturgüter unweigerlich auf dem Kunstmarkt zu landen, da es außerhalb Europas vor allem um ökonomische Interessen gehe. In Europa seien die Objekte hingegen seit Jahrhunderten beschützt und gepflegt worden.
Dem wurde entgegnet, dass genau dies ein durch den Kolonialismus geprägtes Argument sei, das von der Minderbefähigung nichteuropäischer Menschen und von Europas spezifischer Aufgabe und Befähigung des Be-

[2] **Provenienzforschung**: Erforschung der Herkunft und der Umstände, unter denen ein Gegenstand entdeckt, verkauft oder an einen anderen Ort gebracht wurde

wahrens ausgehe, während andernorts angeblich primär ökonomische Interessen vorherrschten. Auf diese Weise würden nur die Argumente der Sammler wiederholt, die diese bereits im Kaiserreich formuliert hatten. Damals wollten sie die Objekte zwar nicht für ein bildungsbeflissenes europäisches Museumspublikum, jedoch für die im Entstehen begriffene wichtige Wissenschaft der Ethnologie „retten". Weiter wurde gegen das Argument von fehlender afrikanischer Bewahrungskompetenz eingewandt, dass viele Objekte allein durch das Herausreißen aus ihrem Kontext zumindest in ihrer symbolischen oder religiösen Bedeutung schon längst zerstört worden und viele durch die schädlichen oder auch mangelnden Konservierungsstoffe europäischer Museen mittlerweile ebenfalls stark beschädigt seien. Wieder andere wiesen darauf hin, dass in diesem Argument die koloniale Denkstruktur zum Tragen komme, dass Europa das Privileg, ja das Recht habe, die Dinge anderer zu besitzen. Ein weiteres Argument lautet, dass die Objekte in Europa deshalb besser aufgehoben seien, weil sie hier allen zugänglich seien, da das Museum per definitionem eine Institution für die breite Öffentlichkeit sei. Dieses Argument wurde unter anderem von Arno Bertinas als das entblößt, was es ist: eine reine Schimäre[3], da ignoriert wird, wie viel etwa Kameruner oder Bewohnerinnen von Papua Neuguinea allein für Flüge und Visa ausgeben müssen, um ihre Kulturgüter in Europa zu betrachten. [...]

Rebekka Habermas, Restitutionsdebatten, koloniale Aphasie und die Frage, was Europa ausmacht, APuZ 40–42/2019, Bonn 2019, S. 20 f.

c) Die „Benin-Bronzen" – ein aktueller Fall

32071-81

Für Schlagzeilen sorgte im Jahr 2021 eine Vereinbarung zwischen Vertreterinnen und Vertretern deutscher und nigerianischer Einrichtungen über die Rückgabe von in deutschen Museen und Einrichtungen befindlichen Benin-Bronzen. In der großen Tageszeitung „Süddeutsche Zeitung" ist zu lesen:

Deutschland wird ab dem zweiten Quartal 2022 damit beginnen, das Eigentum an den in deutschen Museen lagernden Benin-Bronzen an Nigeria zu übertragen. Das erklärte Andreas Görgen vom Auswärtigen Amt nach seiner Rückkehr von Verhandlungen mit nigerianischen Vertretern in Abuja am Donnerstag. Sobald der geplante Museumspavillon fertiggestellt ist, der in Benin-City mit deutscher Hilfe entstehen soll, will man im zweiten Schritt einen „substanziellen" Teil der Bronzen an Nigeria übergeben.
Beide Seiten sind sich aber auch einig darin, dass zumindest einige der derzeit in deutschen Museen gezeigten

Reliefplatte mit König (Oba) und vier Begleitern aus einem Innenhof des Königspalastes Benin, 16. Jh.

Bronzen als Leihgaben Nigerias in Deutschland bleiben sollen. Diese Konstruktion könnte ein Modell auch für die Restitution von Objekten aus anderen Ländern werden, so Görgen. Sie soll außerdem Teil einer tiefergehenden Kooperation zwischen Museen in Deutschland und Nigeria werden, die neben dem Bau des Museums in Benin-City auch Austauschprogramme, die Ausbildung von Kuratoren und Restauratoren und archäologische Projekte umfasst. Deutschland besitzt etwa 1100 Benin-Objekte, von denen die allermeisten aus einer gewaltsamen Plünderungsaktion der Briten im Jahr 1897 stammen. Knapp die Hälfte davon liegen im Ethnologischen Museum in Berlin. Die meisten der übrigen 600 Stücke befinden sich in Museen in Stuttgart, Hamburg, Köln und Dresden. Für die Übereignung ist noch die Zustimmung der jeweiligen Museumsträger nötig. [...] „Die deutsche Regierung und das deutsche Volk haben einen mutigen Schritt gemacht, indem sie sich bereit erklärt haben, die Artefakte freiwillig und ohne großen Zwang von Seiten Nigerias zurückzugeben", erklärte der nigerianische Informations- und Kulturminister Alhaji Lai Mohammed bereits am Donnerstag. [...] Auch in anderen europäischen Ländern mündet die seit Jahren geführte Restitutionsdebatte in konkrete Schritte.

[3] **Schimäre**: Produkt der Fantasie

Jörg Häntzschel, Ein mutiger Schritt, in: Süddeutsche Zeitung, 15.10.2021, https://www.sueddeutsche.de/kultur/benin-bronzen-deutschland-nigeria-restitution-raubkunst-1.5440577 [Zugriff: 19.04.2023]

32071-35

1. Fassen Sie die Argumente aus b) und c), die in der Diskussion um die Restitution von Objekten vorgetragen werden, kurz in eigenen Worten zusammen.
2. Informieren Sie sich auf der Webseite des Ethnologischen Museums Berlin über die Benin-Bronzen und verfassen Sie eine kurze Definition, welche Objekte mit dieser Bezeichnung gemeint sind. Unter dem Mediencode 32071-35 finden Sie den Link zum Ethnologischen Museum Berlin.
3. Stellen Sie die Kerninformationen aus c) über den künftigen Umgang mit den Benin-Bronzen in Thesenform zusammen.

M4 Diskussion um Entschädigung und Aussöhnung am Beispiel des Völkermordes an den Herero und Nama

a) Inhaltliche Orientierung: Der Völkermord an den Herero und Nama:

Das Deutsche Reich regierte das heutige Namibia von 1884 bis 1915 als Kolonie „Deutsch-Südwestafrika“. Die Volksgruppe der Herero erhob sich im Januar 1904 nach 20 Jahren der Unterdrückung und Verdrängung aus ihren angestammten Siedlungsgebieten, welche ihnen zunehmend die Lebensgrundlagen entzogen. Der Aufstand begann mit dem Angriff auf deutsche Einrichtungen und Farmen. Circa 15 000 Soldaten der „Schutztruppe“, wie die Kolonialarmee zu dieser Zeit genannt wurde, unter dem Befehl von Generalleutnant Lothar von Trotha, schlugen den Aufstand gewaltsam nieder. Geschlagen zogen sich die Herero daraufhin in die Omaheke-Wüste zurück. Der Kommandeur Trotha, welcher […] für seine Gnaden- und Skrupellosigkeit bekannt war, ließ die Wüste abriegeln und Flüchtlinge von den verbliebenen Wasserstellen vertreiben, sodass der Großteil der Herero verdurstete oder an Erschöpfung starb. Im Angesicht des Herero-Aufstandes erhob sich im Oktober 1904 auch die Volksgruppe der Nama gegen das Kolonialregime. Sie begannen angesichts der militärischen Übermacht der „Schutztruppe“ einen Guerillakrieg. Durch den Tod ihrer Anführer demoralisiert, fügten sich schließlich fast alle Nama den von der Kolonialverwaltung gestellten Bedingungen zur Unterwerfung, sodass ihr Aufstand im März 1907 für beendet erklärt wurde. Im Anschluss an die Kampfhandlungen wurden die verbliebenen Herero und Nama in Lagern interniert, in denen annähernd jeder zweite Insasse starb. Von den um 1904 auf etwa 60 000 bis 80 000 Personen geschätzten Herero lebten 1911 geschätzt nur noch 20 000 Personen. Die Nama verloren durch Aufstand und Internierung schätzungsweise 10 000 Personen. Diese Art der Kriegsführung, die auf eine vollständige Vernichtung der Herero abzielte, erfüllt gemäß Resolution der Vereinten Nationen aus dem Jahr 1948 den Tatbestand des Völkermordes.

Nathalie Russman, Abschluss des Aussöhnungsabkommen zwischen Namibia und Deutschland in Sicht?, Konrad Adenauer-Stiftung, Länderbericht Namibia-Angola, Mai 2021, https://www.kas.de/documents/252038/10987758/Abschluss+des+Auss%C3%B6hnungsabkommen+zwischen+Namibia+und+Deutschland+in+Sicht.pdf/2ffc4858-3a78-63cf-95fe-eca456571d26?version=1.2&t=1624356063820 [Zugriff: 19.04.2023]

b) In einem Versöhnungsabkommen mit Namibia erkennt Deutschland 2021 die Kolonialverbrechen als Genozid an:

[…] Über den Genozid deutscher Kolonialtruppen an den Herero und Nama verhandeln Deutschland und Namibia seit 2015. Beide Staaten bemühen sich um eine Aussöhnung. Aber nicht alle Nachfahren der Opfer fühlen sich gut vertreten.
Bis zuletzt gestritten wurde über die Höhe der Entschädigungszahlungen. Deutschland hat sich mit dem Abkommen nun verpflichtet, 1,1 Milliarden Euro zu zahlen. Das Geld soll über einen Zeitraum von 30 Jahren vor allem in Projekte in den Siedlungsgebieten der Herero und Nama investiert werden. Dabei soll es um die Förderung von Berufsbildung, Landwirtschaft, ländlicher Infrastruktur und Wasserversorgung sowie Landreformen gehen.
Insbesondere die Besitzverhältnisse an Grund und Boden zeugen in Namibia bis heute von kolonialer Ausbeutung und Unterdrückung. Denn das zu Kolonialzeiten enteignete Land befindet sich noch immer überwiegend in der Hand von weißen Siedlern, viele von ihnen deutschstämmige. […]

Christiane Habermalz und Wulf Wilde, Deutschland erkennt Kolonialverbrechen als Genozid an (21.09.2021), https://www.deutschlandfunk.de/versoehnungsabkommen-mit-namibia-deutschland-erkennt-100.html [Zugriff: 05.04.2023]

c) „Wir müssen mit an den Tisch“

Am „Versöhnungsabkommen“ mit Namibia soll wieder verhandelt werden. Der Paramount Chief der Herero erklärt in einem Interview mit der Tageszeitung taz seine grundsätzliche Kritik daran.

taz: Herr Katjiua, am deutsch-namibischen „Versöhnungsabkommen“ soll wieder verhandelt werden. Sie waren schon immer gegen diese Gespräche, wie sie seit 2017 gelaufen sind. Warum?
Mutjinde Katjiua: 2006 hat das Parlament von Namibia eine Resolution verabschiedet, sie war eingebracht worden von meinem Vorgänger als Paramount Chief der Hereros, Dr. Kuaima Riruako, und bestand aus drei

Hauptaspekten. Erstens, dass Deutschland anerkennen muss, dass das, was es in Namibia getan hat, ein Völkermord ist. Zweitens, dass Verhandlungen und ein Dialog stattfinden sollen zwischen den betroffenen Gemeinschaften, den Hereros und Namas, und der deutschen Regierung. Der dritte Punkt war, dass die namibische Regierung, als interessierte Partei, die Verhandlungen ermöglichen muss.

Hat sich die namibische Regierung an die Resolution gehalten?

Nein. Als die Regierung von Präsident Hage Geingob 2015 die Geschäfte übernahm, ist sie von der Resolution abgewichen und hat Staat-zu-Staat-Verhandlungen begonnen. Wir haben schon damals sehr klar gemacht, dass wir am Verhandlungstisch präsent sein müssen. Nur die traditionellen Autoritäten der Herero (Ovaherero traditional authorities) und die Vereinigung der Traditionellen Führer der Nama (Nama Traditional Leaders Association) können Hereros und Namas in Verhandlungen repräsentieren. Denn es gibt viele Hereros und Namas, die keine Namibier sind, wir haben Gruppen in Südafrika, in Botswana, in den USA, Kanada. Die beiden Regierungen können nur für die Bevölkerungen in Deutschland und Namibia sprechen. [...]

Lassen Sie uns über die Erklärung selbst sprechen. Was denken Sie darüber?

[... Sie spricht] nicht über Reparationen. Tatsächlich sagt sie, dass „aus heutiger Perspektive diese Ereignisse" – sie sprechen wirklich von Ereignissen – „als Genozid bezeichnet werden würden". Aber nur aus heutiger Perspektive! Als es passierte, was es also kein Genozid. Es war in Ordnung, uns auszulöschen, heißt das. Deutschland hat es richtig gemacht. Darum hat Kaiser Wilhelm II. damals auch den höchsten Militärorden an General von Trotha verliehen, der damals den „Vernichtungsbefehl" gegeben hat – weil er einen guten Job gemacht hat!

Das würde die deutsche Regierung niemals sagen!

Als wir 2018 in New York vor Gericht gezogen sind, haben unsere Anwälte die Anwendung der Weiterentwicklung des Internationalen Rechts von 1868 (Petersburger Konvention, Anm. d. Red.) gefordert, die besagt, dass jede „Vernichtung eines Volkes, das Kultur und Sprache hat, eine Verletzung internationalen Rechts ist". Die deutschen Anwälte haben argumentiert, dass wir nicht von diesem internationalen Recht geschützt werden, weil wir in die Kategorie von „Wilden" fallen würden.

Meinen Sie, die Deutschen wollten nicht, dass ihre Verbrechen Genozid genannt werden, weil dies bedeuten würde, dass die Hereros und Namas ein Recht auf Reparationen hätten?

Ganz genau. Wenn man von Genozid redet, spricht man auch von Reparationen, was mit gewissen Verpflichtungen einhergeht. Darum ist der Begriff „Reparation" auch nicht in der Gemeinsamen Erklärung erwähnt. [...]

Ist es vor allem eine Frage von mehr Geld?

Nein! Die Gemeinsame Erklärung von Namibia und Deutschland ist es, die nach dem Geld schaut und die Namibias Fünf-Jahres-Entwickungsplan adressiert (Deutschland willigt darin ein, 1,1 Milliarden Euro in 30 Jahren für Entwicklungshilfe zu geben, Anm. d. Red.). Die Programme, für die das Geld sein soll, betreffen laut der Vereinbarung die ländliche Entwicklung und Elektrifizierung, Straßenbau, Wasser-Infrastruktur. Aber nirgendwo geht es in der Vereinbarung um die Traumata der Herero und Nama, die Verluste von Kultur und Sprache der Hereros und Namas in Botswana, Südafrika und anderswo. Diese Dinge sind nicht benannt! [...]

In Deutschland sagen viele: All das ist doch über 100 Jahre her, was hat das mit uns heute zu tun? Sie verstehen nicht, dass der Genozid an den Herero und Nama bis heute Einfluss auf der Leben der Nachkommen hat. Können Sie das bitte erklären?

Bis heute werden einige Hereros dort beerdigt, wo ihre Vorfahren begraben liegen auf den privaten Farmen, die besetzt wurden von Deutschen. Aber manche dieser deutschen Farmer in Namibia verbieten den Hereros den Zugang zu ihren heiligen Stätten. [...]

Susanne Memarnia, Wir müssen mit an den Tisch, in: taz, 16.11.2022, https://taz.de/Genozid-an-Herero-und-Nama/!5894473/ [Zugriff: 27.02.2023]

32071-36

1. Arbeiten Sie in Stichworten die wesentlichen Informationen zum Völkermord an den Herero und Nama heraus (a).
2. Benennen Sie die zentralen Inhalte des Versöhnungsabkommens mit Namibia (b).
3. Arbeiten Sie Kritikpunkte des Hereros Mutjinde Katjiua an den Verhandlungen und dem Abkommen heraus (c).
4. Bewerten Sie auf der Grundlage Ihrer Ergebnisse den eingeschlagenen Weg des Aussöhnungsabkommens und entwickeln Sie davon ausgehend Ideen, wie der weitere Aussöhnungsprozess gestaltet werden könnte.

Denkmäler untersuchen

Denkmäler fordern dazu auf, sich mit der Vergangenheit zu beschäftigen. Darüber hinaus sind sie ein sichtbarer Bestandteil des kulturellen und kollektiven Gedächtnisses. Wie sehr historische Erinnerung der ständigen Veränderung unterworfen ist und immer das Geschichtsbewusstsein ihrer Entstehungszeit ausdrückt, zeigt die Geschichte des sog. Tansania-Parks in Hamburg-Jenfeld.

M1 Gesamteindruck des Geschichtsgartens Deutschland-Tansania

Infotafeln zum Entstehungskontext und zur Bedeutung des Denkmals auf Deutsch, Englisch und Swahili

Askari-Relief. Das Kunstwerk stammt aus den 1930er-Jahren und wurde von Walter von Ruckteschell, der selbst in der deutschen „Schutztruppe" in Ostafrika diente, geschaffen.

Einblicke in die Hamburger Denkmalsdebatte

Das „Schutztruppen-Denkmal" wurde 1939 errichtet, um das koloniale Militär des vergangenen Kaiserreichs zu verherrlichen. [...] Gleichzeitig wurden am Tor der unmittelbar benachbarten Estorff Kaserne die Askari-Reliefs aufgestellt. [...] Die Denkmäler sollten an „heldenhafte" Kämpfe deutscher Kolonialsoldaten im Afrika des Ersten Weltkriegs erinnern, die angeblich unverbrüchliche Treue der schwarzen Askaris zu ihren deutschen Herren beschwören [...]. Nach dem Zweiten Weltkrieg übernahm die Bundeswehr nicht nur die Namen der Kasernen, sondern führte auch bruchlos die Denkmals- und Traditionspflege der Wehrmacht weiter. [...] Die Idee zum „Tansania-Park" entstand erst nach 1999, als die letzten Einheiten der Bundeswehr die Lettow-Vorbeck-Kaserne geräumt hatten. Der Kulturkreis Jenfeld, ein lokaler Heimatgeschichtsverein, fürchtete den Verlust der Denkmäler und reklamierte ihren Erhalt in dem an Kulturstätten nicht eben reichen Stadtteil. Zusammen mit dem Ausstellungspavillon Tansanias auf der EXPO 2000 in Hannover sollten die Denkmäler nunmehr als „Tansania-Park" einen Beitrag zur „Völkerverständigung" leisten. Unterstützer fand diese Idee im Hamburger Honorarkonsul der Republik Tansania und im Hamburger Senat. [...] Doch schon bald meldeten sich Kritiker [...] zu Wort. Ihnen erschien der Gedanke absurd, nationalsozialistische Kolonialdenkmäler ohne weitere Erklärung zu Stätten der deutsch-afrikanischen Freundschaft umzuinterpretieren. Die im harmonisch inszenierten Gleichschritt marschierenden weißen und schwarzen Schutztruppensoldaten der Askari-Reliefs würden sich denkbar schlecht als Vorbild für die Gegenwart eignen. Denn die „Schutztruppe" war in erster Linie ein Repressionsinstrument zur Kontrolle und Einschüchterung der kolonisierten Bevölkerung. Im Maji-Maji-Krieg 1905 hatten weiße Offiziere und schwarze Söldner Dörfer niedergebrannt, Ernten vernichtet, gemordet und vergewaltigt.

Heiko Möhle, „Tansania-Park" oder postkolonialer Erinnerungsort?, in: GAL-Bürgerschaftsfraktion (Hrsg.), Hamburg und Kolonialismus. Kolonialspuren und Gedenkkultur im Selbstverständnis der Handelsstadt, Hamburg 2007, S. 38 f.

M2 Das „Schutztruppen-Denkmal“

Auf dem breiten Sockel erinnern Schrifttafeln an „Offiziere, Mannschaften und Hilfskrieger der Schutztruppe“, die 1914–1918 „für ihr Vaterland“ starben.

Etwa sechs Meter hohe Stele aus dunklen Ziegeln, gekrönt von einem mächtigen Reichsadler

M3 Linker Teil des Askari-Reliefs

Schriftzug „Schutztruppe 1914–18“

Askari (rechts) mit vier einheimischen, leicht bekleideten Trägern dargestellt, die Ausrüstung, Waffen und Verpflegung schleppen

M4 Rechter Teil des Askari-Reliefs

Deutscher Unteroffizier (links) zusammen mit vier bewaffneten Askari in deutscher Uniform. Askari waren afrikanische Hilfssoldaten in der Kolonie Deutsch-Ostafrika.

Schriftzug „Deutsch-Ostafrika“

32071-37

- Erläutern Sie die Geschichte des sog. Tansania-Parks und der beiden Denkmäler in eigenen Worten.
- Analysieren Sie die Bildsprache der beiden Denkmäler.
- Diskutieren Sie, ob es ausreichend ist, mithilfe von Infotafeln aus einem Kolonialdenkmal ein Anti-Kolonialdenkmal zu machen. Gehen Sie dabei auf den Zusammenhang von Erinnerung und Verantwortung ein.

DiA Vorwissen aktivieren: Nationalsozialismus I

A

Attentat auf Hitler durch den militärischen Widerstandskreis um Graf von Stauffenberg • Zweiter Weltkrieg • „Nürnberger Gesetze" • bedingungslose Kapitulation Deutschlands • Ernennung Adolf Hitlers zum Reichskanzler • Novemberpogrome

a

b

c

d

e
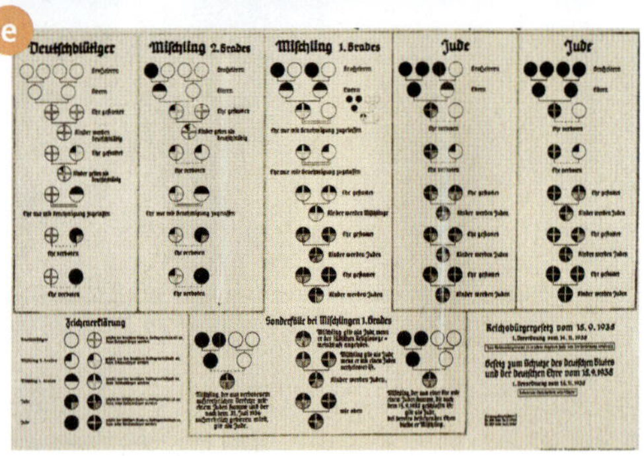

f

1. Ordnen Sie den Abbildungen die genannten Ereignisse zu. Bringen Sie diese anschließend in eine chronologische Reihenfolge, indem Sie deren Daten ergänzen.

31000-89

B

a

Hitlers Ziel war die Abschaffung der Demokratie. Nachdem die NSDAP bei regulären Wahlen nicht die dafür erforderliche absolute Mehrheit erlangt hatte, ging Hitler gewaltsam vor. Nach einem erfolgreichen Putsch musste der amtierende Reichspräsident Paul von Hindenburg ihn zum Reichskanzler ernennen.

b

Bei den Reichstagswahlen im November 1932 erreichte die NSDAP eine Zweidrittelmehrheit im Reichstag und konnte dadurch nicht nur die Regierung stellen, sondern auch die Verfassung der Weimarer Republik ändern.

c

Paul von Hindenburg ernannte Hitler auf Vorschlag Franz von Papens zum Reichskanzler. Dem Kabinett gehörten drei Minister der NSDAP und neun einflussreiche konservative Politiker an. Auf diese Weise sollte Hitler kontrolliert und für eigene Ziele eingesetzt werden.

2. Nur ein Text stellt die historischen Ereignisse korrekt dar. Bestimmen Sie diesen und begründen Sie Ihre Auswahl.

31000-90

Nehmen Sie im Buch bitte keine Eintragungen vor, sondern lassen Sie sich von der Lehrkraft ggf. Kopien aushändigen.

C

Aushöhlung der Verfassung seit 1930

Machtübertragung

sog. „Machtergreifung“ als NS-Propaganda-Begriff

Gewinnung der alten kaiserlichen Elite

Propaganda der „nationalen Erhebung“

scheinbare Legitimation von Macht

3. Analysieren Sie die beiden Fotografien, indem Sie ihnen die Begriffe in den Kästen jeweils zuordnen und die Formulierungen beim Herausarbeiten der unterschiedlichen Bildaussagen verwenden. 31000-91

D

1 Am 1. Februar 1933 wurde der Reichstag auf Hitlers Verlangen aufgelöst und Neuwahlen angesetzt. Die Nationalsozialisten ...

2 Am 27. Februar 1933 brannte das Reichstagsgebäude in Berlin. Die Nationalsozialisten behaupteten, es bestünde die Gefahr eines kommunistischen Bürgerkrieges und ...

3 Bei den Wahlen am 5. März 1933 verfehlte die Koalition aus NSDAP und DNVP die Zweidrittelmehrheit im Parlament deutlich. Daraufhin setzte die Regierung die Abgeordneten unter Druck und brachte sie dazu, für das „Ermächtigungsgesetz“ zu stimmen ...

a ... setzten die wichtigsten Grundrechte der Weimarer Republik außer Kraft.

b ... damit entmachtete das Parlament sich selbst.

c ... strebten eine Zweidrittelmehrheit an, um die Verfassung ändern zu können.

4. Wie sicherten die Nationalsozialisten ihre Macht? Verbinden Sie zu ganzen Sätzen und benennen Sie die Folgen für die deutsche Bevölkerung. 31000-92

32071-18 Lösung

1.4 Erinnerung an den Holocaust/die Shoa: traditionelle und neue Formen des Erinnerns vergleichen und bewerten

Es gibt nur noch wenige Zeitzeuginnen und Zeitzeugen, die von den menschenverachtenden Verbrechen des NS-Regimes berichten können. Was passiert, wenn diese nicht mehr leben? Wie kann auch in Zukunft angemessen des Holocaust bzw. der Shoa gedacht werden? In diesem Teilkapitel vergleichen und bewerten Sie in Gruppen verschiedene Formen des Erinnerns an den Holocaust bzw. die Shoa.

Lernaufgabe

32071-40

Untersuchen Sie arbeitsteilig verschiedene Formen der Erinnerung und informieren Sie sich gegenseitig mittels **Kurzpräsentationen**. Vergleichen und bewerten Sie anschließend traditionelle und neue Formen des Erinnerns.

DiA

1. Tragen Sie Ihnen bekannte Erinnerungsorte und Formen des Erinnerns an den Holocaust bzw. die Shoa zusammen. Bilden Sie daraus begründet Kategorien.
2. Definieren Sie den Grundlegenden Begriff ‚Holocaust' bzw. ‚Shoa'. Nutzen Sie hierfür bei Bedarf INFO 1.
3. Bereiten Sie in Gruppen **Kurzpräsentationen** zu verschiedenen Formen des Erinnerns vor. Zur Auswahl stehen:
   - das Denkmal für die ermordeten Juden Europas (Berlin) (M1),
   - der 27. Januar als Gedenktag für die Opfer des Holocaust (M2),
   - das Projekt „Stolpersteine" (M3),
   - der Film „Spielzeugland" (M4),
   - digitale Zeugnisse (M5),
   - der Instagram-Kanal „eva.stories" (M6).

   Informieren Sie sich mittels der Materialien und/oder Internetrecherche über die gewählte Erinnerungsform und analysieren Sie diese bezüglich ihrer Motive und ihrer Wirkung.
4. Bewerten Sie die gewählte Erinnerungsform begründet und differenziert. Inwiefern z. B. spricht sie Sie an?
5. Stellen Sie sich Ihre Arbeitsergebnisse gegenseitig vor und vergleichen Sie ausgehend von Ihren Ergebnissen traditionelle und neue Formen des Erinnerns.
6. Gute Erinnerungsarbeit schafft Momente, in denen die Gegenwart der Vergangenheit schlaglichtartig erkennbar wird. Führen Sie in Kleingruppen ein **Schreibgespräch**, in dem Sie die verschiedenen Formen des Erinnerns differenziert bewerten. Welche Formen halten Sie für besonders geeignet? Als Impuls dafür kann M7 dienen.

Hinweise zu Kooperationsformen finden Sie mithilfe von Mediencode 32071-75.

Hinweis
Die Arbeitsaufträge bei den INFO-Texten und Materialien helfen, diese im Hinblick auf die Lernaufgabe zu erschließen.

INFO 1: Der Holocaust bzw. die Shoa

Die systematische Ermordung der etwa sechs Millionen Jüdinnen und Juden wird seit den 1970er-Jahren als Holocaust (griech. für „vollständig verbrannt") oder als Shoa (hebr. für „Katastrophe") bezeichnet. Die Mehrheit der Geschichtsforschenden betrachtet die Massenmorde an anderen Gruppen (z. B. 200 000 Sintizze und Sinti sowie Romnia und Roma, eine Million nichtjüdische Polinnen und Polen, 2,8 Millionen sowjetische Kriegsgefangene sowie etwa drei bis vier Millionen sowjetische Zivilisten) ebenfalls als Teil des Holocaust. Dabei wird darauf verwiesen, dass die Vertreibungen und Morde, von denen nichtjüdische Menschen betroffen waren, vielfach nicht von der Ermordung der europäischen Jüdinnen und Juden zu trennen ist. Die Gewaltakte bedingten bzw. beeinflussten sich oftmals gegenseitig. Am bekanntesten ist wohl die Tatsache, dass sowjetische Kriegsgefangene im Herbst 1941 im Konzentrations- und Vernichtungslager Auschwitz-Birkenau vergast wurden, um Massentötungen zu testen. Ab Februar 1942 wurden hier Jüdinnen und Juden in Gaskammern ermordet. Gleichwohl waren Jüdinnen und Juden die einzige Gruppe, bei der die Nationalsozialisten im Verlauf des Herbstes 1941 dazu übergingen, diese systematisch zu ermorden.

Michael Mayer

▸ Arbeiten Sie die wesentlichen Informationen zum Holocaust bzw. zur Shoa heraus.

INFO 2: Erinnerung an den Holocaust bzw. die Shoa

Nicht zuletzt seit der Ausstrahlung der US-Fernsehserie „Holocaust" im Jahr 1979 war die Gesellschaft der Bundesrepublik immer mehr bereit, Verantwortung für die Verbrechen des Holocaust bzw. der Shoa zu übernehmen. Die DDR hingegen sah als „antifaschistischer Staat" keine Notwendigkeit, eine Verantwortung für die NS-Vergangenheit zu übernehmen. Schließlich hätten Kommunistinnen und Kommunisten das NS-Regime bekämpft.

In der Bundesrepublik wurde noch in den 1980er- und 1990er-Jahren zum Beispiel sehr intensiv über die Frage der Einzigartigkeit des Holocaust bzw. der Shoa („Historikerstreit" 1986/87) oder über die Verbrechen der Wehrmacht im Kontext der Ermordung der europäischen Jüdinnen und Juden diskutiert (siehe die „Wehrmachtsausstellung" zwischen 1995 und 2004). Erst seit wenigen Jahren stimmt die überwiegende Mehrheit der Deutschen darin überein, dass die Bundesrepublik eine umfassende Verantwortung dafür zu übernehmen hat, wie an Holocaust bzw. Shoa zu erinnern ist. Gleichwohl versuchen Rechtsextreme und Rechtspopulisten bis heute, diesen Konsens immer wieder neu infrage zu stellen. Anders als in der Vergangenheit leugnen diese den Holocaust bzw. die Shoa in der Regel aber nicht mehr grundsätzlich. Vielmehr versuchen sie, die deutschen Verbrechen zu relativieren, das Verhalten von Täterinnen und Tätern zu beschönigen oder zu verharmlosen.

Heute jedoch sind die Menschen, die die Verbrechen verübt haben, davon profitierten, still zusahen oder sich schweigend beteiligten, fast alle verstorben – ebenso wie die Opfer und diejenigen, die verfolgt wurden, im Widerstand waren oder dabei halfen. Es geht also nicht mehr um individuelle oder kollektive Schuld, sondern um die Übernahme von Verantwortung, indem der Opfer aller verfolgten Gruppierungen gedacht und an sie erinnert wird. Die Verantwortung besteht aber auch darin, als Gesellschaft und Individuum jeder Form von Diskriminierung, Ausgrenzung und Fremdenfeindlichkeit entschieden entgegenzutreten.

Die Erinnerung an das Leid und an die millionenfachen Todesopfer steht in der bundesrepublikanischen Erinnerungskultur an vorderster Stelle. Das meint aber nicht, dass wir uns zwangsläufig schuldig, traurig oder betroffen fühlen müssen. Nach einer Leitlinie der Holocaust-Education soll vermieden werden, Menschen emotional zu manipulieren, damit sie durch eine (Zwangs-)Betroffenheit die unermessliche Tragweite der Verbrechen gleichsam spüren und ernst nehmen. Man muss nicht traurig sein, um Verantwortung anzunehmen.

Oliver Näpel, Dieter Brückner und Michael Mayer

▸ Skizzieren Sie die Entwicklung der Erinnerung an den Holocaust bzw. die Shoa.

M1 Denkmal für die ermordeten Juden Europas (Berlin)

a) Wirkungen eines Denkmals

Seit Mai 2005 befindet sich das von dem amerikanischen Architekten Peter Eisenman entworfene Stelenfeld in der Mitte Berlins südlich des Brandenburger Tors auf einem Gelände, das bis 1945 zum Regierungsviertel gehörte und ab 1961 von Mauer und Grenzstreifen eingenommen wurde. Auf 19 000 m² Fläche befinden sich rund 2700 Stelen aus Beton. Die Wege dazwischen lassen nur Platz für je eine Person. Beim Begehen sorgt dies für Isolation und hält zum Nachdenken an. Zugleich soll die Stelenform an einen jüdischen Friedhof und auch an ein wogendes Getreidefeld (als Anspielung auf die Tatorte) erinnern. Unter dem Gelände ist ein „Ort der Information" eingerichtet, der die Geschichte des Völkermordes an den europäischen Jüdinnen und Juden dokumentiert. Jährlich suchen mehrere Millionen Menschen das Mahnmal auf.

Foto von 2012.

Foto von 2017.

Foto von 2019.

b) „Eine Verpflichtung für Gegenwart und Zukunft"

Am 25. Juni 1999 beschließt der Bundestag die Errichtung eines Denkmals für die ermordeten Juden Europas nach einem Entwurf des amerikanischen Architekten Peter Eisenman. Kurz vor der Eröffnung des Holocaust-Mahnmals in Berlin am 10. Mai 2005 nimmt der damalige Bundestagspräsident und zugleich Kuratoriums-Mitglied der Denkmal-Stiftung Wolfgang Thierse in einem Interview mit der „Jüdischen Allgemeinen" (J.A.) dazu Stellung:

Thierse: […] Mit dieser Entscheidung [für die Errichtung des Denkmals] bekennt sich der Bundestag dazu, sich nicht nur der freundlichen, der großen Seiten unserer Geschichte zu erinnern, sondern auch der entsetzlichen. Im Sinne einer Verpflichtung für Gegenwart und Zukunft. Das ist ein Bekenntnis zur raison d'être[1] dieser Republik, die entstanden ist aus den materiellen, geistigen und moralischen Trümmern des nationalsozialistischen Deutschland. Mit der Verpflichtung, immer für Demokratie, Humanität und Toleranz einzustehen, Rassismus, Antisemitismus und Diktatur niemals wieder zuzulassen.

J. A.: Kann ein solches Signal von einer Architektur ausgehen?

Thierse: Kunstwerke zwingen nicht alle, ja zu sagen. Kunstwerke, das Holocaust-Denkmal ist auch eines, sind eine Einladung. Ich bin überzeugt davon, dass diese Einladung vielfach angenommen werden wird. Sie werden beim Gang durch das Stelenfeld sinnlich und körperlich erfahren können, was das heißt: einsam sein, bedroht sein, bedrängt sein. Wenn die Besucher so emotional berührt in den „Ort der Information" gehen, dort anhand von Einzelschicksalen erfahren, woran erinnert wird – an die millionenfache Vernichtung von Menschen –, dann kann das Denkmal gut gehen und funktionieren. […]

J. A.: Viele Juden sagen, sie brauchen ein solches Denkmal nicht.

Thierse: Das ist richtig.

J. A.: Wer braucht dann das Denkmal?

Thierse: Es ist doch ganz klar: Das ist kein Denkmal für die überlebenden Juden. Es ist ein Denkmal für uns Deutsche, für unser kollektives Gedächtnis. Damit wir uns daran erinnern, was einmal möglich war. Eine solche verpflichtende Erinnerung geschieht dadurch, dass wir der Opfer gedenken. Verdrängen wir damit die Täter? Nein! Ein Kilometer entfernt steht die „Topographie des Terrors"[2], die zeigt, wie dieser Herrschafts- und Unterdrückungsapparat funktionierte. […]

J. A.: Zieht das Denkmal nicht allein durch seine Existenz einen Schlussstrich unter die Geschichte?

Thierse: Warum? Wenn es so wäre, wäre es ein Argument gegen jedes Denkmal, das ja immer der „versteinerte" Ausdruck eines Diskussionsprozesses ist, der zu einem Ende gekommen ist. Aber Peter Eisenmans Werk hat eben etwas Anstößiges, Anregendes, Irritierendes. Und das Mahnmal steht ja auch in einem Kontext mit dem „Jüdischen Museum" und der „Topographie des Terrors". Das ist ein Angebot zur historischen Aufklärung im Selbstversuch.

„Es ist ein anstößiges Denkmal". Judith Hart und Christian Böhme im Gespräch mit Wolfgang Thierse, in: Jüdische Allgemeine Nr. 18/2005, 06.05.2005

[1] **Raison d'être**: dt. Daseinsberechtigung

[2] **Topographie des Terrors:** Dokumentationsstätte der NS-Verbrechen in Berlin

32071-41

1. Beschreiben Sie, wie das Denkmal für die ermordeten Juden Europas auf Sie wirkt, und analysieren Sie dieses (a).
2. Fassen Sie die Aussagen Thierses zur Funktion des Denkmals zusammen (b).
3. Setzen Sie sich mit der Nutzung des Mahnmals auseinander: Ist das „gedankenlose Gedenken" der Menschen (u.a. der „Stelenspringer" oder das Sitzen auf den Stelen) mit der Würde des Ortes vereinbar? Oder zeigt sich in dem unbekümmerten Umgang vieler Besucherinnen und Besucher die erhoffte Offenheit der Erinnerungsarchitektur? Ist das „Holocaust-Mahnmal" also ein Ort, zu dem man, wie der damalige Bundeskanzler Gerhard Schröder (SPD) erklärte, „gern hingehen" sollte?

M2 Der 27. Januar: Gedenktag an die Opfer des Nationalsozialismus und den Holocaust

a) Der 27. Januar – Etablierung eines internationalen Gedenktages

Der 27. Januar spielte lange Zeit als „Tag der Befreiung" von Auschwitz in der Erinnerungskultur der Deutschen keine nennenswerte Rolle. In den Nachkriegsjahrzehnten wurde das Datum in der Bundesrepublik hin und wieder mit öffentlichen Gedenkveranstaltungen gewürdigt. In der DDR, wo der Ermordung der europäischen Juden nur im Zusammenhang mit dem Kampf „der Kommunisten" gegen Faschismus und Nationalsozialismus gedacht wurde, spielte dieser Tag allein insoweit eine Rolle, als die Rote Armee das Lager Auschwitz befreit hatte. Durch die vielen offiziellen Gedenkveranstaltungen, die 1995 zum 50. Jahrestag des Kriegsendes in ganz Europa begangen wurden, stieß die Idee eines Gedenktages für die Opfer des NS-Regimes auf internationale Resonanz. Das Ende des Ost-West-Konfliktes 1989/91 hatte die Voraussetzungen für eine gemeinsame europäische Erinnerung geschaffen. In der Bundesrepublik setzte sich besonders der damalige Vorsitzende des Zentralrates der Juden in Deutschland, Ignatz Bubis (1927–1999), für die Einführung eines solchen Gedenktages ein und schlug das „europäische“ Datum des 27. Januar vor. So wie Auschwitz symbolhaft für die Massenvernichtung des europäischen Judentums steht, sollte der Tag der Befreiung dieses Lagers als Symbol für das Ende der nationalsozialistischen Schreckensherrschaft über Europa gelten.

Im Juni 1995 beschlossen die Bundestagsfraktionen, den 27. Januar zum nationalen Gedenktag, nicht aber zum arbeitsfreien Feiertag zu erheben. Am 3. Januar 1996 proklamierte Bundespräsident Roman Herzog (1934–2017) den 27. Januar offiziell als „Tag des Gedenkens an die Opfer des Nationalsozialismus“. Das Gedenken bezog er ausdrücklich auf alle, die der nationalsozialistischen Ideologie und Rassepolitik zum Opfer gefallen sind. Alljährlich wird seither im Bundestag mit der Rede des Bundespräsidenten und eines prominenten Zeitzeugen, in den Landtagen mit Sondersitzungen und in vielen Städten mit Gedenkveranstaltungen an die Opfer des NS-Regimes gedacht.

Mit der Holocaust-Konferenz in Stockholm, an der Vertreter von 47 Staaten teilnahmen, setzte im Jahr 2000 die internationale Etablierung des 27. Januar ein. An die Forderung des Forums, einen jährlichen Gedenktag zur Erinnerung an den NS-Völkermord einzuführen, schloss sich wenig später das Europäische Parlament an. 2005 wurde der 27. Januar von der EU zum europäischen Gedenktag und im selben Jahr von den Vereinten Nationen zum globalen Gedenktag („International Holocaust Remembrance Day“) erklärt. Auch wenn sich Status und Gedenkpraxis von Land zu Land unterscheiden, ist es der am weitesten verbreitete Gedenktag der Welt.

Hartmann Wunderer und Michael Mayer

b) „Schafft diesen Gedenktag wieder ab!“

32071-83

Der Soziologe Y. Michal Bodemann (*1944), Mitglied der Jüdischen Gemeinde zu Berlin, verfasst am 26. Januar 1999 folgenden Kommentar in der Tageszeitung „taz“:

Der 27. Januar, der Tag der Befreiung von Auschwitz, ist seit 1995 der offizielle deutsche Gedenktag. Und niemand merkt es. Es könnte alles so schön werden: erst ein ordentlicher Gedenktag für die Opfer, dazu das für den ausländischen Besucher eindrucksvolle Eisenman-Mahnmal. [...] Er scheint als Gedenktag für alle Nazi-Opfer weniger kontrovers: Der 27. Januar erinnert an die Befreiung von Auschwitz durch die Rote Armee 1945. Doch zu diesem Zeitpunkt war das KZ nur noch ein Schatten. In den Wochen zuvor hatte sich die Mordmaschinerie verlangsamt, zehn Tage zuvor wurde Auschwitz evakuiert, über 130 000 Häftlinge wurden auf Transporte und Todesmärsche geschickt, und nur ein elendes Überbleibsel von knapp 8000 Insassen wurde am 27. Januar befreit. Warum wurde dieser Tag gewählt? Warum keiner der historisch und national bedeutsamen Tage? Warum nicht der 30. Januar 1933, als die Deutschen Hitler zujubelten? Warum nicht der 10. November 1938, der zentrale Tag der Novemberpogrome, als viele Deutsche zusahen und viele mitmachten? Warum nicht der 1. September 1939, der Beginn des Zweiten Weltkrieges? Oder der 20. Januar 1942, der Tag der Wannseekonferenz [= Konferenz, die das Vorgehen bei der Deportation der jüdischen Bevölkerung festlegte]? Oder der 8. Mai, der Tag nicht der Befreiung eines einzelnen KZ, sondern der Befreiung Europas insgesamt? [...] Der 27. Januar ist ein fernes, konstruiertes Datum, ohne deutsche Erinnerung, in einem anderen Land und ohne deutsche Akteure, denn selbst die SS-Wachmannschaften waren damals bereits verschwunden. Für die Verfolgtenseite mag dieser Tag ein Symbol der Befreiung sein, es waren ihre Angehörigen, die nun das Ende dieses Schreckens vor sich sahen. In Deutschland stand hinter der Entscheidung für diesen Tag offenbar die wohlmeinende, doch naive und beschönigende Idee, in Solidarität mit der Opferseite an das Ende des Mordens zu erinnern. Dadurch, dass der Befreiung von Auschwitz statt seiner Errichtung gedacht wird, stellt sich Deutschland an die Seite der Opfer und der Siegermächte – ein Anspruch, der Deutschen nicht zusteht. Der 27. Januar suggeriert darüber hinaus ein „Ende gut, alles gut“. Ein Tag der Erinnerung für Deutsche soll er sein, doch tatsächlich ist es ein Tag der Zubetonierung von Erinnerung, ein Tag, der den historischen Schlussstrich signalisiert. [...] Solange dieser Tag engagiert begangen wird, wäre es ja gut; zumindest besser als gar nichts. Doch der 27. Januar ist eben gerade nicht angenommen worden, er ist ein Tag ohne deutsche Erinnerung geblieben. Die obligatorischen Reden werden zwar gehalten, doch schon bei seiner Einführung 1996 wurden die Feiern im Bundestag um einige Tage vorverlegt, weil es den Abgeordneten so wegen der Urlaubszeit besser passte.

Y. Michal Bodemann, 27. Januar: Schafft diesen Gedenktag wieder ab!, in: taz vom 26.01.1999

c) „Die Zukunft liegt in Ihren Händen“

Die Holocaust-Überlebende Anita Lasker-Wallfisch (*1925) hält am 31. Januar 2018 im Bundestag eine Rede zum Jahrestag der Befreiung des Konzentrationslagers Auschwitz:

Man kann es eigentlich der heutigen Jugend nicht verübeln, dass sie sich nicht mit den Verbrechen identifizieren will. Aber leugnen, dass auch das zur deutschen Vergangenheit gehört, darf nicht sein. (Beifall) [...]

Worunter soll ein Schlussstrich gezogen sein? Was geschehen ist, ist geschehen und kann nicht mit einem Strich ausgelöscht werden. Es handelt sich auch gar nicht um Schuldgefühle – die sind vollkommen fehl am Platz –; es handelt sich jetzt um die Sicherheit, dass so etwas nie, aber auch nie wieder hier geschehen kann. (Beifall) […] Ich hatte geschworen, nie wieder meine Füße auf deutschen Boden zu setzen. Mein Hass auf alles, was deutsch war, war grenzenlos. Wie Sie sehen, bin ich eidbrüchig geworden – schon vor vielen, vielen Jahren –, und ich bereue es nicht. Hass ist ganz einfach ein Gift, und letzten Endes vergiftet man sich selbst. (Beifall) Ich verabschiede mich jetzt von Ihnen mit Dank für diese Einladung und Anerkennung für die Würde und Offenheit, mit der Sie jedes Jahr diesen Gedenktag begehen. Thank you. (Langanhaltender Beifall – Die Anwesenden erheben sich)

Bulletin der Bundesregierung Nr. 12-2 vom 31.01.2018

d) „Aus der Vergangenheit lernen. Die Zukunft schützen."

In einer Videobotschaft erklärt Bundespräsident Frank-Walter Steinmeier am 27. Januar 2021 anlässlich des Holocaust-Gedenktages:

„Aus der Vergangenheit lernen. Die Zukunft schützen." Deutschland will diesem Anspruch gerecht werden. Wir wollen nicht vergessen, was geschehen ist. Und wir werden nicht vergessen, was geschehen kann.
Deswegen liegt mir auch in diesem Jahr daran, mit der Gedenkveranstaltung des World Jewish Congress und des Staatlichen Museums Auschwitz-Birkenau an die Opfer der Schoah zu erinnern.
Auch wenn wir das in diesen von der Pandemie bestimmten Tagen nur virtuell tun können, ist uns das gemeinsame Gedenken nicht weniger wichtig. Wir tun es, um der Opfer zu gedenken, aber wir tun es auch für unsere, für eine gemeinsame Zukunft. Es ist eine Pflicht, aber auch eine Verantwortung. Wir übernehmen sie von jenen, die den Schrecken noch erlebt haben und deren Stimmen weniger werden.
Die größte Gefahr für uns alle geht vom Vergessen aus. Davon, dass wir uns nicht mehr daran erinnern, was wir einander antun, wenn wir Antisemitismus und Rassismus in unserer Mitte dulden.
Wir müssen unsere Sinne wachhalten, Vorurteile und Verschwörungstheorien erkennen und ihnen mit Vernunft, Leidenschaft und Entschiedenheit entgegentreten. Ein jeder von uns ist aufgerufen, jüdische Mitbürgerinnen und Mitbürger vor Bedrohungen, Beleidigungen und Gewalt zu schützen. Nicht in Zukunft, sondern hier und heute, in dem Land, in dem wir gemeinsam leben.
Ich will Ihnen versichern: Wir werden nicht zurückweichen. Wir werden weiter gegen Antisemitismus, Rassismus und Menschenfeindlichkeit kämpfen.
Das Gedenken an die Opfer der Schoah übersetzt sich für die Zukunft in ein „Niemals wieder". Darin liegt unsere Verantwortung, die bleibt.

Bulletin der Bundesregierung Nr. 17-2 vom 31.01.2021

32071-42

1. Skizzieren Sie die Entwicklung des 27. Januars zum internationalen Gedenktag (a).
2. Arbeiten Sie die Argumente Bodemanns gegen den 27. Januar als Gedenktag in Deutschland heraus (b).
3. Erläutern Sie, welche Bedeutung Anita Lasker-Wallfisch und Frank-Walter Steinmeier dem Gedenktag an den Holocaust bzw. die Shoa beimessen (c und d).
4. Der Politikwissenschaftler Harald Schmid bezeichnet die Etablierungsgeschichte des 27. Januar als ein Beispiel für etatistische, also vom Staat verordnete, Geschichtspolitik. Beurteilen Sie diese Aussage.

M3 Das Projekt „Stolpersteine"

Seit 1995 bietet die „Stolperstein"-Initiative des Künstlers Gunter Demnig, Jahrgang 1949, den Rahmen für das Engagement bürgergesellschaftlicher Akteure, die in ihrem lokalen Umfeld an das Schicksal von Opfern des Nationalsozialismus erinnern wollen, indem sie die Patenschaft für die Verlegung eines „Stolpersteins" beantragen. Der „Stolperstein" wird vor dem letzten selbstgewählten Wohnsitz des Opfers ins Pflaster eingelassen und enthält knapp gehaltene Angaben zur Person. Bis Ende 2019 wurden rund 75 000 Steine in Deutschland und in 26 weiteren europäischen Ländern verlegt, um das Gedenken an die Opfer im lokalen Kontext wachzuhalten und die Auseinandersetzung mit dem Nationalsozialismus anzuregen.

a) Sechs Millionen goldene Sterne

Die Schriftstellerin und Literaturkritikerin Elke Heidenreich (geb. 1943) über Stolpersteine in Köln:

Plötzlich stockt der Fuß. Die Reihe der Pflastersteine wird unterbrochen durch einen, zwei, drei, die golden leuchten. Es sind Pflastersteine mit Messingtafeln. […] Einmal aufmerksam geworden, richtet man […] die Augen unwillkürlich immer ein bisschen auf den Boden und trifft überall auf die Steine – […] Pflastersteine mit 10 mal 10 Zentimeter großen goldglänzenden Messingplatten, die je ein Leben erzählen. Die – versteht man, sie richtig zu lesen – erzählen, dass deportiert, abgeführt, gefoltert,

„Stolpersteine“ erinnern in Garching an eine deportierte jüdische Mutter und ihren Sohn.

misshandelt, gemordet wurde. […] Erinnert wird nicht nur an Juden, erinnert wird an alle Opfer des Terrors, an Homosexuelle und Sinti, an verschleppte und gemordete ‚Politische‘ und an Zeugen Jehovas und Euthanasieopfer. Mahnmale stehen oft außerhalb der Städte, auf freien Plätzen, in Regierungsvierteln, auf Friedhöfen. Die Stolpersteine sind eingegliedert in das tägliche Leben, und wenn man lang genug stehen bleibt und die Namen liest, stellt sich immer jemand dazu, fragt, staunt, diskutiert. Und es war ja wohl auch nicht so, als wäre bis 1933 in der Nachbarschaft alles wunderbar intakt gewesen, und dann flogen zufällig die Möbel aus den Fenstern und die Menschen in die Waggons. Auch darüber denken wir nach, wenn wir vor den Stolpersteinen stehen bleiben.
Viele sind vergessen. Viele Namen wissen wir nicht mehr. Aber wir wissen eine Zahl, und sie liegt etwa bei sechs Millionen. Ich schließe die Augen und stelle mir vor, dass künftige Astronauten aus dem Weltall nicht nur die feine Linie der chinesischen Mauer wahrnehmen, sondern dass […] sechs Millionen goldene Sterne in der Sonne funkeln. Für jede ermordete Seele einer. Vom Himmel aus zu sehen, falls im Himmel jemand ist, der sehen kann.

Elke Heidenreich, Stolpersteine oder: Hier wohnte Köln 1933 bis 1945, in: Stefan Worring, Elke Heidenreich, Köln – Bilder und Geschichten, Köln 2001, S. 96 ff.

b) Das Gedenken mit Füßen treten?

Wie in vielen anderen Städten bildete sich auch in München eine Initiative zur Verlegung von Stolpersteinen. Hier untersagte dies jedoch der Stadtrat im Jahr 2004. In dem folgenden Schreiben vom 9. Januar 2004, das der damalige Münchner Oberbürgermeister Christian Ude an die Befürworter der Stolperstein-Aktion richtete, begründet er die ablehnende Haltung der Stadt München:

Die Ablehnung des Projekts „Stolpersteine“ hat viele Gründe. […] Da ist zunächst die Frage, ob eine Inflationierung der Gedenkstätten tatsächlich zu einer Ausweitung oder Intensivierung der Erinnerungsarbeit führt. […] Dann das Problem der Auswahl. […] München hat es mit 4500 jüdischen Opfern zu tun […]. Wer trifft die Auswahl – und nach welchen Kriterien – welche Persönlichkeiten eines Hinweises im Straßenbild würdig sind? […] Dass sich Sponsoren für 4500 Stolpersteine finden lassen, glaubt niemand. Wäre eine kleine Zahl von Stolpersteinen nicht eine schreckliche Verharmlosung des wahren Ausmaßes der Judenmorde in München? Schließlich die Idee, die Namen der Opfer in den Fußboden einzulassen. Diese Frage hat in München – anders als in anderen Städten – eine doppelte Vorgeschichte: Weil die Hausbesitzerin sich weigerte, eine Gedenktafel an der Fassade anzubringen, wird des ersten Ministerpräsidenten Bayerns, des Juden Kurt Eisner, am Ort seiner Ermordung nur mit einer ins Trottoir (= Bürgersteig) eingelassenen Tafel gedacht. Dies führte jahrelang zu Kritik aus dem In- und Ausland mit dem Vorwurf, die Monarchen würden in den Denkmälern aufs Pferd gehoben, ein jüdischer Demokrat aber so erniedrigt, dass jeder das Gedenken mit Füßen treten kann.[1] […]

Pressemitteilung der Landeshauptstadt München, „Klare Haltung der Stadt zur Aktion Stolpersteine“, Rathaus Umschau, 25.05.2004

32071-43

1. Arbeiten Sie heraus, welche Argumente die Autorin oder der Autor des jeweiligen Textes zur Bewertung des Projektes „Stolpersteine“ anführt (a und b).
2. Begeben Sie sich in Ihrem Heimatort/Ihrem Landkreis auf Spurensuche und recherchieren Sie, ob auch dort „Stolpersteine“ verlegt worden sind. Zeichnen Sie anhand der gefundenen Beispiele nach, wie die Verfolgung der Opfer des Nationalsozialismus sich dort konkret gestaltete.

[1] Ablehnend äußerte sich u. a. Charlotte Knobloch, Präsidentin der Israelitischen Kultusgemeinde München und Oberbayern, spätere Präsidentin des Zentralrates der Juden in Deutschland, zu dieser Form des Gedenkens. Sie bezeichnete es wiederholt als „unerträglich“, die Namen ermordeter Juden auf Tafeln zu lesen, die in den Boden eingelassen sind und auf denen mit Füßen „herumgetreten“ werde.

M4 Der Film „Spielzeugland"

Der in Deutschland produzierte Kurzfilm „Spielzeugland" von 2007 wurde vor allem im Ausland viel beachtet und gewann, nach mehreren nationalen und internationalen Preisen, 2009 den Oscar in der Kategorie „Kurzspielfilm". Der Film spielt im Berlin des Jahres 1942.

Heinrich Meißner und David Silberstein sind Freunde. Als David mit seinen jüdischen Eltern deportiert werden soll, erklärt Heinrichs Mutter ihrem Sohn, die Reise ginge ins Spielzeugland. Heinrich möchte mitfahren. Als Frau Meißner ihn zu Hause nicht finden kann, begibt sie sich auf der Suche nach ihm zum Bahnhof. Dort trifft sie aber nur auf David, den sie vor den Wachhabenden als ihren Sohn anspricht und ihm somit das Leben rettet.

Den Film finden Sie unter Mediencode **32071-44**.

Zur Vertiefung finden Sie unter Mediencode **32071-86** Informationen darüber, was die Bevölkerung über den Holocaust/die Shoa wusste.

32071-45

1. Analysieren Sie den Film „Spielzeugland". Wenden Sie dabei die Ihnen bereits bekannten Kriterien zur Filmanalyse an und orientieren Sie sich auf der folgenden Methodendoppelseite (S. 50 f.).
2. Beurteilen Sie die Mittel, mit denen im Film „Spielzeugland" der Holocaust bzw. die Shoa dargestellt wird.
3. Diskutieren Sie, ob ein Film wie „Spielzeugland" eine adäquate Form des Erinnerns und Gedenkens an den Holocaust bzw. die Shoa ist.

Methode

Geschichtsspielfilme analysieren

Geschichtsspielfilme erscheinen Vielen als angenehme Alternative zu eher trockenen, geschichtswissenschaftlichen Darstellungen, weil sie vermeintlich einen anschaulichen Blick „in die Vergangenheit" bieten und spannend sind. Um herauszufinden, inwiefern die „Geschichte" authentisch und triftig, und nicht etwa politisch manipulierend ist, sollten Filme einer grundlegenden Analyse unterzogen werden.

Den meisten Betrachterinnen und Betrachtern dürfte die grundsätzliche Funktion der unterschiedlichen Bereiche, die Wirkung von Kamera, Schnitt, Montage, Ton/Musik, Beleuchtung usw. bekannt sein bzw. sie lässt sich intuitiv durch ihre Wirkung erschließen. Gleichwohl vermittelt ein Film auch auf unterschwelliger Ebene Botschaften und lenkt die Anti- bzw. Sympathien auf kaum merkliche Weise. Um sich in Distanz zur Machart und möglicherweise eigener Lenkung durch die Regisseurin oder den Regisseur zu setzen, muss genau hingeschaut werden.

M1 und M2 Beispielsequenz

Still 1:
David wird von SS-Leuten in einen Gefangenentransporter „verladen". Der Junge ist den rücksichtslosen Erwachsenen völlig ausgeliefert und hilflos.

Kadrierung: Der Bildausschnitt ist so gewählt, dass kein Himmel, der oft mit Hoffnung und Offenheit assoziiert wird, zu sehen ist. Das düstere Innere des Wagens erweckt den Eindruck der Hoffnungslosigkeit. Das kühl wirkende Gebäude rahmt das Bild zusätzlich und verstärkt die kalte Wirkung, zumal die Fahrzeugtür mit vergittertem Fenster den Blick auf das Gebäude noch stark einschränkt.

Eintönige Farben, dunkle und düstere Atmosphäre: Bedrohlichkeit der Situation. Es werden vorrangig Grautöne verwendet. Die erwachsenen Handelnden sind nur von hinten oder der Seite zu sehen, dunkle Hüte und Uniformen verstärken die angsteinflößende Wirkung. Die Person links erscheint schattenhaft.

Schnee steht für Kälte (des Systems) und den (drohenden) Tod.

Einstellungsgröße Totale: David wirkt in der dominierenden Umgebung verloren.

Leichte Froschperspektive auf die Personen hebt die Übermacht der ohnehin größeren Erwachsenen gegenüber dem kleinen David hervor.

Nähe und Distanz: David wird von einem Erwachsenen gepackt und in den Gefängniswagen gehoben, die Nähe der übrigen SS-Männer links, rechts und vor allem hinter David verdeutlichen, dass dieser nicht entrinnen kann. David hat wiederum Distanz zum Boden, was sein Ausgeliefertsein und seine Ausweglosigkeit unterstreicht.

Historischer Hintergrund

Der in Deutschland produzierte Kurzfilm **„Spielzeugland"** von 2007 wurde vor allem im Ausland viel beachtet und gewann, nach **mehreren nationalen und internationalen Preisen**, 2009 den Oscar in der Kategorie „Kurzspielfilm". Der Film spielt im Berlin des Jahres 1942.

Still 2:
Frau Meißner verlässt mit David den Bahnsteig. Die beiden werden eingerahmt von dem zur Abfahrt bereiten Zug mit Deportierten und bewaffneten Wachmännern. Sie befinden sich in akuter Gefahr, falls doch noch auffallen sollte, dass David nicht Heinrich ist, und gehen einer unsicheren und gefahrvollen Zukunft entgegen. Es besteht aber die Chance, dass die Rettung Davids gelingt.

Kadrierung[1]: Die übermächtigen Eisenbahnwaggons und die bewaffneten SS-Männer umschließen Frau Meißner und David, was immer noch Gefahr signalisiert.

Eintönige Farben, dunkle und düstere Atmosphäre: Bedrohlichkeit der Situation

Fluchtpunkt: Frau Meißner und David laufen auf den Dampf/Nebel zu, was zukünftige Gefahr symbolisiert. Gleichzeitig wird dahinter ein schmaler Durchschlupf als Ausweg erkennbar. Durch den Fluchtpunkt erhält die Szenerie Dynamik, die die positive Entwicklung möglich erscheinen lässt.

Einstellungsgröße Totale: Frau Meißner und David wirken in der dominierenden Umgebung verloren.

Leichte Vogelperspektive auf Frau Meißner und David zeigt die Gewaltigkeit des Systems gegenüber dem Einzelnen.

Schnee steht für Kälte (des Systems) und den (drohenden) Tod.

Nähe und Distanz: Frau Meißner hält Davids Hand, ihr Körper ist auch in der Vorwärtsbewegung David zugewandt. Beides symbolisiert Nähe und Schutz. Demgegenüber sind die SS-Leute nun distanziert. Sie lassen die beiden unbehelligt.

[1] **Kadrierung**: Bildeinstellung; Festlegung des Rahmens eines Bildes

32071-46

- Ordnen Sie die Stills in den dramaturgischen Verlauf des Films ein. Inwieweit unterstützt die Art der filmischen Szenenumsetzung hier die Botschaft des Films?
- Wählen Sie einen weiteren Still und untersuchen dessen filmische Mittel wie in der Beispielsequenz.

M5 Digitale Zeugnisse

Zeitzeuginnen und Zeitzeugen kommt in der Erinnerung eine besondere Bedeutung zu. Weniger, um juristisch nachprüfbar die damaligen Ereignisse zu rekonstruieren – dafür hat sich die Erinnerung im Laufe der Jahre wahrscheinlich zu sehr verändert –, sondern um die menschliche Dimension historischer Ereignisse zu zeigen. Zeitzeugenschaft hat vor allem auch bei der Erinnerung an die nationalsozialistischen Verbrechen eine besondere Bedeutung, weil sie ein letzter Akt des Widerstandes der Opfer ist, eben nicht vernichtet worden zu sein, sondern heute noch davon erzählen zu können, auch wenn nicht jedes Detail ‚korrekt' erinnert werden kann, also so, wie es damals geschehen oder wahrgenommen worden ist. Eigene Erinnerungen werden möglicherweise von Erinnerungen und Erzählungen anderer überlagert oder diese reichern sich als eigene Erinnerung an und werden dann als solche erzählt. Gleichwohl spielen Zeitzeuginnen und Zeitzeugen als Personen, die vergangene Ereignisse miterlebt haben und aus ihrer Perspektive einem gegenwärtigen Adressatenkreis davon berichten, auch jenseits von Akten offizieller Erinnerung eine wichtige Rolle.

Da die meisten Zeitzeuginnen und Zeitzeugen der Zeit des Nationalsozialismus bereits verstorben oder hoch betagt sind, wird auf unterschiedliche Weise versucht, diese so wichtigen Zeugnisse des erlittenen Leids, aber auch des Triumphs des Überlebens, mit neuesten technischen Mitteln so ‚authentisch' wie möglich zu bewahren. Oliver Näpel

a) Lernen mit digitalen Zeugnissen: Im Gespräch mit Abba Naor

Unter dem Mediencode **32071-47** finden Sie den Link zu einem Fernsehbeitrag.

Über den Mediencode **32071-48** gelangen Sie zur LediZ-App. Bitte behandeln Sie das digitale Zeugnis mit großem Respekt!

Die nationalsozialistische Gewalt- und Willkürherrschaft zu billigen, zu verherrlichen oder zu rechtfertigen, ist in der Bundesrepublik Deutschland verboten. Einen Link zum Wortlaut des Straftatbestandes der Volksverhetzung finden Sie unter dem Mediencode **32071-49**.

b) Umstrittene Digitalisierung

Zur Digitalisierung des Holocaust-Gedenkens schreibt die Journalistin Leticia Witte am 20. Januar 2019 in der Jüdischen Allgemeinen:

[...] Besonders groß sind die Sammlungen von Zeitzeugeninterviews – weltweit gibt es nach Angaben der Berliner Historikerin Alina Bothe etwa 100 000.

[...] Und dann sind da die umstrittenen Hologramme. Im Internet gibt es Videos, in denen der Zeitzeuge Pinchas Gutter als virtuelle, dreidimensionale Aufnahme seiner selbst in einem Sessel sitzend zu sehen ist, während ihm echte Menschen Fragen stellen. Bothe zufolge ist das Hologramm in Museen in den USA bereits im Einsatz. Gutter hat in realen, stundenlangen Gesprächen rund 2000 Antworten auf Fragen gegeben, die ihm gestellt werden könnten – zu seiner Biografie oder Erlebnissen im Zweiten Weltkrieg. Eine Software ordnet der realen Frage eines Menschen eine möglichst passende Antwort zu.

„Das ist ein abgeschlossenes Projekt“, sagt Bothe. Von vornherein sei klar, dass der virtuelle Gutter sich nur im Rahmen der aufgenommenen Antworten äußern könne und nicht zu aktuellen Themen. Und der reale Gutter wisse, dass seine Äußerungen nur für dieses Projekt genutzt würden.

Dagegen ist es bei Interviewaufnahmen mit Zeitzeugen mitunter so, dass diese Videos irgendwann auf Youtube stehen und nicht nur in einer speziellen Datenbank, wie Bothe betont. Das sei vielen Interviewten zum Zeitpunkt der Aufnahme nicht klar gewesen. Bei Beschwerden würden Videos durchaus entfernt. Die Gefahr der Manipulation von Videos ist gegeben.

Allerdings dürfte wegen der sich schnell entwickelnden technischen Möglichkeiten auch nicht klar sein, was mit Äußerungen eines als Hologramm auftretenden Menschen künftig geschehen könnte. Die Gefahr der Manipulation von Interviews jedenfalls ist in Einzelfällen gegeben, wie Bothe betont: „Wir sehen, dass Material neu zusammengesetzt wird“ – dabei durchaus sinnentfremdend.

Hier müssten Interviews technisch besser vor Manipulationen geschützt werden, fordert Bothe. Im Fall von Verunglimpfungen und hasserfüllter Rede in Kommentarspalten zu Zeitzeugeninterviews, die im „großen Stil“ vorkämen, sieht sie Konzerne wie Youtube in der Pflicht, dies zu unterbinden. Das Manipulationsrisiko sowie damit verbundene ethische und technische Fragen seien große Herausforderungen beim Thema „Digitalisierung des Gedächtnisses“.

Am besten wäre es ohnehin, wenn für Interviews etwa mithilfe von Gedenkstätten eine zentrale, internationale Datenbank auf die Beine gestellt würde, sagt Bothe. [...]

In nicht allzu ferner Zukunft werden die letzten lebenden Zeitzeugen sterben – und es wird kaum eine andere Möglichkeit bleiben, als sich virtuell mit ihren Zeugnissen zu beschäftigen. Etwa in der Schule. Aber schon heute werde dem Digitalen ein „pädagogischer Wert“ beigemessen, so Bothe.

Denn zahlreiche Menschen bekämen nie die Möglichkeit, zu einer Gedenkstätte zu reisen. Virtuell aber schon.

Leticia Witte, Der Zeitzeuge als Hologramm, in: Jüdische Allgemeine, 20.01.2019, https://www.juedische-allgemeine.de/kultur/der-zeitzeuge-als-hologramm/ [Zugriff: 19.04.2023]

c) „Das Schicksal des Menschen schimmert durch das Zeugnis hindurch“

Der Zeitzeuge Abba Naor besuchte das Carl-von-Linde-Gymnasium in Kempten zwei Mal: als Hologramm und persönlich. Die Allgäuer Zeitung berichtet am 27. März 2022 darüber:

[...] Die Schülerinnen und Schüler konnten vergleichen, wie der echte Abba Naor im Unterschied zum Hologramm auf sie gewirkt hat. Das [persönlich nicht anwesende (LediZ-)] Projektteam um Prof. Anja Ballis [wertete die Begegnung im Nachgang aus].

[...] Demnach wirke ein Zeitzeuge als Person sehr stark auf die Schüler. Immer wieder äußerten diese auch die Sorge, die Person mit ihren Fragen zu verärgern. Eine Angst, die beim Umgang mit dem Hologramm weniger vorhanden sei, sagt Ballis. Zwar seien sich die Schülerinnen und Schüler bewusst, dass es sich um ein Medienformat handele. Aber: „Das Schicksal des Menschen schimmert durch das Zeugnis hindurch.“

Kerstin Futschik, Holocaust-Überlebender Abba Naor besucht Kempten: „Es liegt an Euch, Kinder!“, in: Allgäuer Zeitung, 27.03.2022, https://www.allgaeuer-zeitung.de/allgaeu/kempten/holocaust-ueberlebender-abba-naor-besucht-kempten-es-liegt-an-euch-kinder_arid-400126 [Zugriff: 10.05.2022]

32071-50

1. Erläutern Sie mithilfe des Fernsehbeitrages, was ein digitales Zeugnis ist und wie es entsteht (a).
2. Nutzen Sie die App LediZ (Lernen mit digitalen Zeugnissen) und stellen Sie dem Zeitzeugen Ihre Fragen. Mit der Aufforderung „Erzählen Sie mir Ihre Geschichte!“ bekommen Sie einen ersten Einblick in die Lebensgeschichte des Zeitzeugen.
3. Diskutieren Sie die Vor- und Nachteile des Einsatzes von digitalen Zeugnissen (z. B. in der Schule, im Alltag, im Museum ...) (b und c).

M6 Der Instagram-Kanal „eva.stories“

a) Der historische Hintergrund zum Instagram-Kanal eva.stories:

Der Instagram-Kanal eva.stories basiert auf den authentischen Tagebuchaufzeichnungen der damals 13-jährigen Jüdin Éva Heyman. Die Aufzeichnungen beginnen am 13. Februar 1944, Évas 13. Geburtstag. Éva lebte während des Zweiten Weltkrieges bei ihren Großeltern in der damals ungarischen Stadt Nagyvárad (heute gehört die Stadt zu Rumänien und heißt Oradea). Anfang März 1944 besetzte die deutsche Wehrmacht Ungarn und begann Ende März 1944 die Juden in Nagyvárad zu verfolgen und in Gettos umzusiedeln. Auch Éva und ihre Familie mussten in eins der neu gegründeten Gettos umziehen, bevor sie schließlich am 06. Juni 1944 nach Auschwitz deportiert wurden. Die Großeltern fielen sofort der Selektion zum Opfer, während Éva eine der Versuchspersonen des KZ-Arztes Josef Mengele wurde. Am 17. Oktober 1944 wurde auch sie in der Gaskammer ermordet. In ihren Aufzeichnungen verarbeitet Éva ihre Erlebnisse während des Zweiten Weltkrieges. Diese sind geprägt von der bedrohlichen Stimmung und den massiven Veränderungen und Repressalien, die Éva und ihre Familie während der Judenverfolgung in ihrer Heimat erleben musste.

Lars-Steffen Meier, „Likes für die Shoa?“, in: Geschichte lernen 194, 2021, S. 21

Éva Heyman.
Foto von 1944. Das Bild entstand wenige Monate bevor das jüdische Mädchen im KZ Auschwitz-Birkenau ermordet wurde.

Über den Mediencode **32071-51** gelangen Sie zu einem Beitrag des Deutschlandfunks über eva.stories.

b) Online-Beitrag aus der „Jüdischen Allgemeinen“: „Die Schoa als Story“

Im Mai 2019 veröffentlicht die „Jüdische Allgemeine“ online einen Beitrag über den Instagram-Kanal eva.stories:

„In Erinnerung an die sechs Millionen Juden, die im Holocaust ermordet wurden“, steht unter dem Foto von „eva.stories“, das ein junges Mädchen mit blauem Mantel und Mütze im Stil der 1940er-Jahre zeigt. Es ist eine Schauspielerin. Hinter der Aktion stehen der israelische Hightech-Unternehmer Mati Kochavi und seine Tochter Maya, die das private Projekt ins Leben gerufen haben. Sie wollen den Holocaust für die jüngere Generation zugänglich machen – in ihrer Sprache, auf ihren Medien. [...] Das Tagebuch von Éva gibt es tatsächlich. „The Diary of Éva Heyman“ ist als Buch veröffentlicht worden und erzählt die Gefühle und Gedanken des Mädchens in dieser schweren Zeit, doch auch ihren unbeschwerten Alltag mit der Familie und Freunden, erste Gefühle von Verliebtheit. Ihre Mutter, die die Schoa überlebt hatte, fand das Tagebuch nach Kriegsende in dem einstigen Wohnhaus. Kochavi will es durch das Projekt lebendig machen und „eine Möglichkeit schaffen, die wahre Geschichte eines jüdischen Mädchens, das den Holocaust durchlitt, durch Storys nachzuerzählen“. [...]
Doch nicht alle nehmen Kochavi die ausschließlich hehren Absichten ab. Zuf Fatissi aus Tel Aviv, der durch die Plakate an der Stadtautobahn von „eva.stories“ erfahren hat, schrieb auf seiner Facebook-Seite: „Es ist ein schreckliches Vorhaben, auf die Schoa aufmerksam zu machen, nur um Likes zu bekommen.“ Auch der Passantin Hadas Suzan gefällt die Aktion nicht: „Ich musste zweimal lesen, um es zu verstehen. Den Schrecken und diese Erlebnisse so oberflächlich darzustellen, passt einfach nicht. Auch das schöne Wort ‚Zugänglichkeit‘ gibt nicht das Recht, die schweren Erinnerungen und Tränen eines Mädchens im Holocaust in einer Story zu verpacken. Es gibt Dinge, die authentisch und schockierend bleiben sollten, wie sie waren. Ohne Hashtag, Gif und Location.“
Schockieren wollen die Macher offenbar nicht. Sie verzichteten gänzlich auf Gewaltszenen und hielten sich rein an das Tagebuch des Mädchens. Dennoch polarisiert die Aktion. Und hat damit immerhin bereits erreicht, dass die Schoa wieder ins Bewusstsein der Öffentlichkeit geholt wurde. [...] Ein Vater, der mit seinem Sohn im Auto saß, als er das Plakat sah, findet die Aktion gut, denn „auf diese Weise haben wir eine Unterhaltung begonnen, die wir sonst so sicher nie gehabt hätten“. Und so ist „Zugänglichkeit“ das Motto, das über allem steht. „Nur 2,7 Prozent der Debatten um den Holocaust in Europa und in den USA gehen von jungen Leuten aus; ein bedeutender Rückgang im Vergleich zu vorherigen Generatio-

nen", erläutert Kochavi. Er meint, dass man in der digitalen Zeit, in der die Aufmerksamkeitsspanne kürzer wird und Inhalte immer aufregender werden müssen, neue Modelle für Zeugnisse und Erinnerungen finden muss – auch im Hinblick auf die schwindende Zahl von Schoa-Überlebenden und den Anstieg des Antisemitismus. […]

Sabine Brandes, Gedenktag. Die Schoa als Story. Ein kontroverses Projekt fragt: „Was wäre, wenn ein Mädchen im Holocaust Instagram gehabt hätte?", Jüdische Allgemeine, 02.05.2019, https://www.juedische-allgemeine.de/israel/die-schoa-als-story/ [Zugriff: 19.04.2023]

32071-52

1. Informieren Sie sich über den Radiobeitrag und den Artikel über den Kanal eva.stories, den der israelische Regisseur Mati Kochavi in Anlehnung an das Tagebuch der Jüdin Éva Heyman erstellt hat (a und b).
2. Nehmen Sie Stellung, ob der Kanal sinnvoll für historisches Lernen ist, indem Sie die Chancen und Herausforderungen herausarbeiten.

M7 „Wer darf vergessen werden?"

32071-53

Wie schwierig es sein kann, eine öffentliche Gedenkstätte zu gestalten, in der sich der Umgang mit der NS-Zeit angemessen ausdrückt, zeigen die Diskussionen um das Denkmal für die ermordeten Juden Europas im Zentrum Berlins. Bei den heftigen, in der Öffentlichkeit ausgetragenen Diskussionen ist die Konzeption des Mahnmals besonders umstritten. Der Historiker Reinhart Koselleck greift 1998 mit einem in der „Zeit" veröffentlichten Artikel in die Überlegungen des Deutschen Bundestages für das Holocaust-Mahnmal ein:

Die erste Möglichkeit ist, […] ein Denkmal nur für die ermordeten Juden zu schaffen, unter striktem Ausschluss jeder anderen Opfergruppe […]. Dann müssen wir räumlich, ikonografisch[1], zeitlich und finanziell die jüdischen Wünsche einlösen: ein Opfermal. Oder wir errichten ein Mahnmal beziehungsweise ein Schandmal, jedenfalls ein Denkmal, das primär an die Tat [erinnert] und die Täter [in den Blick nimmt], die die Juden erschlagen, erschossen, vergast, beseitigt und in Asche, Luft und Wasser aufgelöst haben. Also ein Täterdenkmal? Nur scheinbar sind diese beiden Projekte identisch. Errichten wir ein Mahnmal, das die unsäglichen Taten der Deutschen erinnert, dann können wir nicht haltmachen vor den Millionen Toten anderer Gruppen, die von uns als Täter ebenso ermordet worden sind wie die Juden. […] Die Vernichtungskategorien wurden von den Rasseideologen der SS entwickelt, sortiert und exekutiert – der Tod war der gleiche, so einmalig und so verschieden die Menschen auch waren, die unschuldig in diese Mordmaschine eingeschleust wurden. […] Aus einem Denkmal nur für die Juden allein folgt zwingend, dass wir für alle anderen Opfergruppen entsprechende Denkmäler errichten müssen.[2] Dies ist die zweite Möglichkeit, die verwirklicht zu werden fordert. Jede Lösung unterhalb dieser Vielfalt von Denkmälern wäre verlogen. Doch bisher ist es nur bei Lippenbekenntnissen zur Toleranz geblieben. Für keine der anderen Opfergruppen gibt es eine staatliche Initiative oder private Pressure-groups, als seien ihre Toten Tote minderen Ranges, die eher der Vergessenheit anheimgegeben werden dürfen. Es ist die makabre[3] Ironie dieser zweiten Lösung, dass wir uns weiterhin an die Häftlingskategorien der SS halten, die in den Konzentrationslagern alle so oder so definierten Gruppen gegeneinander ausspielte. Akzeptieren wir einmal das Denkmal nur für die Juden, dann erhebt sich daraus unentrinnbar jene oft zitierte Denkmalshierarchie, die je nach Zahl der Ermordeten und je nach Einfluss der Überlebenden die nazistischen Tötungskategorien festschreibt und in unterschiedlichen Größenordnungen versteinert. Es stellt sich die Frage, ob wir als Nation der Täter diese Folgelasten gutheißen können. […] Weder moralisch noch politisch gibt es irgendeinen Grund, diese Millionen Toten, die demselben Terrorsystem zum Opfer gefallen sind wie die Juden, aus unserem Denkmal auszusparen. Daraus folgt die dritte Möglichkeit: dass wir nur ein einziges Denkmal errichten dürfen, ein Mal, das an alle Ermordeten und Beseitigten gemeinsam erinnert. Dann bleibt keiner der von uns ermordeten unschuldigen Menschen aus der mahnenden Erinnerung des Täter-Mals ausgeschlossen. Dies ist die wirkliche geschichtliche Folgelast, die wir als Deutsche auf uns zu nehmen haben.

Reinhart Koselleck, Wer darf vergessen werden? Das Holocaust-Mahnmal hierarchisiert die Opfer, in: DIE ZEIT 13/1998 vom 19.03.1998]

32071-54

▶ Arbeiten Sie heraus, welche Möglichkeiten Koselleck zeigt, wie an den Holocaust bzw. die Shoa erinnert werden kann.

[1] **Ikonografie**: Bestimmung, Beschreibung oder Erklärung von Bildinhalten

[2] Neben dem nationalen Gedenk- und Informationsort für die Opfer der nationalsozialistischen „Euthanasie"-Morde (1988) wurde im Jahr 2008 ein Denkmal für die im Nationalsozialismus verfolgten Homosexuellen und 2012 ein Denkmal für die im Nationalsozialismus ermordeten Sinti und Roma Europas errichtet.

[3] **makaber**: unheimlich wirkend

1.5 Manipulativer Umgang mit historischer Wahrheit: Leugnung und Relativierung des Holocaust

Dem Erinnern steht das Vergessen, mehr noch die Verdrängung, Verharmlosung oder gar Leugnung entgegen. Obwohl die menschenverachtenden Gräueltaten des NS-Regimes wissenschaftlich belegt sind und es daran keine Zweifel geben kann, gibt es immer noch Menschen, die den Holocaust leugnen oder verharmlosen und die deshalb insbesondere in der rechtsextremen Szene in fragwürdiger Weise als „Vorbilder" gelten. Sie ignorieren wissenschaftliche Erkenntnisse, die nicht in ihr Weltbild passen, oder erklären sie zu „Lügen" und „Fake News". Im Folgenden geht es nun also darum, wie und wo Holocaustleugnung stattfindet und wie man ihr begegnen kann.

Lernaufgabe

Setzen Sie sich mit Argumentationen und Strategien von Menschen, die den Holocaust relativieren oder gar leugnen, auseinander, indem Sie die folgenden Arbeitsaufträge bearbeiten. Halten Sie Ihre Arbeitsergebnisse in einer **Mindmap** fest.

1. Fassen Sie die Definition der Holocaustleugnung der IHRA (M1) zusammen. Berücksichtigen Sie dabei insbesondere die Rolle des Antisemitismus sowie die verschiedenen Ausprägungen.
2. Arbeiten Sie die Mittel heraus, die Ursula Haverbeck und Hans Püschel bei der Leugnung des Holocaust anwenden (M2), und vergleichen Sie sie mit Strategien der Holocaustrelativierung in den sozialen Netzwerken (M3).
3. Diskutieren Sie ausgehend von der Auswertung der Grafiken in M3, wie man Holocaustleugnung in den sozialen Medien am besten begegnet. Welche Rolle kann die Geschichtswissenschaft dabei spielen?
4. Eine zentrale Strategie zur Reduktion von Holocaustleugnung in den sozialen Medien ist Aufklärung. Entwickeln Sie Ideen, wie man insbesondere junge Menschen erreichen und besser aufklären könnte.

Hinweis
Die Arbeitsaufträge bei den Materialien helfen, diese im Hinblick auf die Lernaufgabe zu erschließen.

Ein Themenheft der Bildungsstätte Anne Frank zum Thema Geschichtsrevisionismus finden Sie unter dem Mediencode **32071-55**.

Eine Handreichung der OSZE zum Umgang mit Leugnung, Verzerrung und Verharmlosung des Holocaust bzw. der Shoa finden Sie unter dem Mediencode **32071-56**.

INFO: Was ist (Geschichts-)Revisionismus?

Unter dem Begriff sind allgemein alle Bestrebungen zu verstehen, bestehende politische, gesellschaftliche oder wissenschaftliche Erkenntnisse und Positionen zu überprüfen, neu zu bewerten oder zu ändern. Geschichtsrevisionismus bezeichnet den Wunsch, allgemein gültige Geschichtsbilder zu revidieren. So wollen beispielsweise Rechtsextreme, ihre Anschauungen rechtfertigen, indem sie ein Geschichtsbild zeichnen, welches das nationalsozialistische Gewaltregime leugnet bzw. verharmlost. Revisionismus gab es auch schon bei Zeitgenossen bzw. Überlebenden des „Dritten Reiches", die für sich in Anspruch nahmen, entweder nichts gewusst oder es wesentlich „besser" gewusst zu haben. Umso wichtiger sind Aufklärungs- und Bildungsarbeit. Revisionistische Haltungen gibt es nicht nur zum Nationalsozialismus. So bestreiten türkische Politiker bis heute den Völkermord an den Armenierinnen und Armeniern (1915/16). In Japan versuchen Revisionisten Kriegsverbrechen herunterzuspielen und stellen die japanische Invasion Chinas (1937–1945) als berechtigte Reaktion auf den westlichen Imperialismus dar.

Hier sehen Sie zwei Beispiele für revisionistische Aussagen und Möglichkeiten, ihnen durch historisches Wissen zu begegnen.

„Hitler hat die Autobahnen gebaut."
Widerlegung der Behauptung: Die Planungen für den deutschen Autobahnbau waren bereits in der Weimarer Republik fertig. Schon 1932 war die erste Autobahn von Köln nach Bonn in Betrieb genommen worden. Die NS-Propaganda stilisierte die Autobahn jedoch als „Straßen des Führers".

„Hitler hat die Arbeitslosigkeit beseitigt."
Widerlegung der Behauptung: Anfang 1933 gab es etwa sechs Millionen Arbeitslose in Deutschland. Zu dieser Zeit begann sich die Weltwirtschaft aber wieder zu erholen. Die NS-Führung setzte Arbeitsbeschaffungsprogramme durch, die aber letztlich einem Wirtschaftskonzept dienten, das zuerst auf die Vorbereitung und später auf die zwingende Herbeiführung eines baldigen Krieges abzielte.

Stephan Link

▶ Erklären Sie den Begriff „Geschichtsrevisionismus" im Hinblick auf die NS-Vergangenheit in eigenen Worten. Beziehen Sie sich dabei auch auf die beiden Beispiele.

32071-57

M1 Definition der Holocaustleugnung und Holocaustverfälschung bzw. -verharmlosung der International Holocaust Remembrance Alliance[1]

32071-62

Die International Holocaust Remembrance Alliance (IHRA) wird 1999 in Stockholm gegründet. Sie ist eine zwischenstaatliche Organisation, die sich ausschließlich der Aufklärung und Erinnerung des Holocaust/der Shoa widmet.

Die IHRA verabschiedet 2013 eine rechtlich nicht bindende Arbeitsdefinition, die überdies aber auch vom Bundestag und vom Bayerischen Landtag angenommen worden ist:

Als Holocaustleugnung werden solche Diskurse und Formen der Propaganda verstanden, die die historische Realität und das Ausmaß der Vernichtung der Juden durch die Nationalsozialisten und ihre Komplizen während des Zweiten Weltkriegs – bekannt als Holocaust oder Shoah – leugnen. Holocaustleugnung bezieht sich namentlich auf jeden Versuch zu behaupten, der Holocaust / die Shoah habe nicht stattgefunden.
Holocaustleugnung ist auch gegeben, wenn die wesentlichen Mechanismen der Vernichtung (wie Gaskammern, Massenerschießungen, Verhungern und Folter) oder die Vorsätzlichkeit des Völkermords an den europäischen Juden öffentlich geleugnet oder in Zweifel gezogen werden.
Holocaustleugnung ist in all ihren verschiedenen Formen Ausdruck von Antisemitismus. Wer den Völkermord an den Juden leugnet, versucht Nationalsozialismus und Antisemitismus von Schuld und Verantwortung für diesen Völkermord freizusprechen.
Formen der Holocaustleugnung bestehen auch darin, den Juden vorzuwerfen, sie übertrieben die Shoah oder hätten sie erfunden, um daraus einen politischen oder finanziellen Vorteil zu ziehen, als sei die Shoah das Ergebnis einer Verschwörung der Juden gewesen. Dies zielt letztlich darauf ab, die Juden für schuldig und den Antisemitismus einmal mehr für legitim zu erklären.
Häufig zielt die Holocaustleugnung auf die Rehabilitation eines offenen Antisemitismus ab und will damit ebenjene politischen Ideologien und Bedingungen fördern, die das Entstehen genau der Art von Geschehnissen begünstigen, die sie leugnet.
Unter Verfälschung und Verharmlosung des Holocaust ist unter anderem zu verstehen:

1. das vorsätzliche Bemühen, die Auswirkungen des Holocaust oder seine wesentlichen Elemente, einschließlich der Kollaborateure und der Verbündeten des nationalsozialistischen Deutschlands, zu entschuldigen oder zu verharmlosen;
2. die massive Verfälschung der Zahl der Opfer des Holocaust im Widerspruch zu verlässlichen Quellen;
3. Versuche, den Juden die Schuld an dem an ihnen verübten Völkermord zuzuschreiben;
4. Aussagen, die den Holocaust als positives geschichtliches Ereignis deuten. Solche Aussagen stellen keine Holocaustleugnung im eigentlichen Sinne dar, sie sind jedoch als radikale Form des Antisemitismus eng damit verbunden. Sie können suggerieren, der Holocaust sei nicht weit genug gegangen, um das Ziel einer „Endlösung der Judenfrage" zu erreichen.

[1] Der englische Titel der Arbeitsdefinition lautet „Working Definition of Holocaust Denial and Distortion". Der Begriff „distortion" umfasst im Deutschen sowohl „Verharmlosung" als auch „Verfälschung", die je nach Kontext zu verwenden sind.

5. Versuche, die Verantwortung für die Errichtung von Konzentrations- und Vernichtungslagern, wie sie vom nationalsozialistischen Deutschland entwickelt und betrieben wurden, zu verschleiern, indem die Schuld daran anderen Nationen oder ethnischen Gruppen zugewiesen wird.

https://www.holocaustremembrance.com/de/resources/working-definitions-charters/arbeitsdefinition-zur-leugnung-und-verfaelschung [Zugriff: 19.04.2023]

32071-63

1. Arbeiten Sie die wesentlichen Aspekte zur Holocaustleugnung und deren Formen heraus.
2. Begründen Sie, warum es sich bei der Holocaustleugnung um eine Form des Antisemitismus handelt.

Die nationalsozialistische Gewalt- und Willkürherrschaft zu billigen, zu verherrlichen oder zu rechtfertigen, ist in der Bundesrepublik Deutschland verboten. Einen Link zum Wortlaut des Straftatbestandes der Volksverhetzung finden Sie unter dem Mediencode **32071-59**.

Den Link zum in M2 erwähnten Fernsehbeitrag finden Sie unter dem Mediencode **32071-58**.

M2 „Zu Besuch" bei Auschwitz-Leugnern

Am 23. April 2021 strahlte das politische Fernsehmagazin des Norddeutschen Rundfunks „Panorama" einen Beitrag zu Leugnung und Verharmlosung des Holocaust aus. Darin versuchen die Holocaust-Leugnerin Ursula Haverbeck und der NPD-Politiker Hans Püschel die Ermordung der Jüdinnen und Juden abzustreiten.

Ursula Haverbeck.
Foto von 2020.

Hans Püschel.
Foto von 2012.

32071-60

► Arbeiten Sie heraus, mit welchen Mitteln Haverbeck und Püschel in dem Beitrag „Wohltäter Hitler: Besuch bei Auschwitz-Leugnern" agieren und reagieren.

M3 „History under attack" – Holocaustleugnung oder -verfälschung auf Social Media-Kanälen

Die Holocaustleugnung findet vor allem auch in den sozialen Medien Verbreitung. Ein im Sommer 2022 von der UNESCO und den Vereinten Nationen in Zusammenarbeit mit dem Jüdischen Weltkongress veröffentlichter Bericht legt erstmalig Zahlen zur Häufigkeit von Verzerrung und Leugnung des Holocaust bzw. der Shoa auf Social Media vor. Forscherinnen und Forscher analysierten hierzu 4000 Beiträge zum Holocaust bzw. der Shoa auf den Plattformen Facebook, Instagram, Telegram, TikTok und Twitter.

a) Anteil der thematisch relevanten Inhalte auf Social Media-Kanälen, in denen der Holocaust geleugnet oder verfälscht wurde

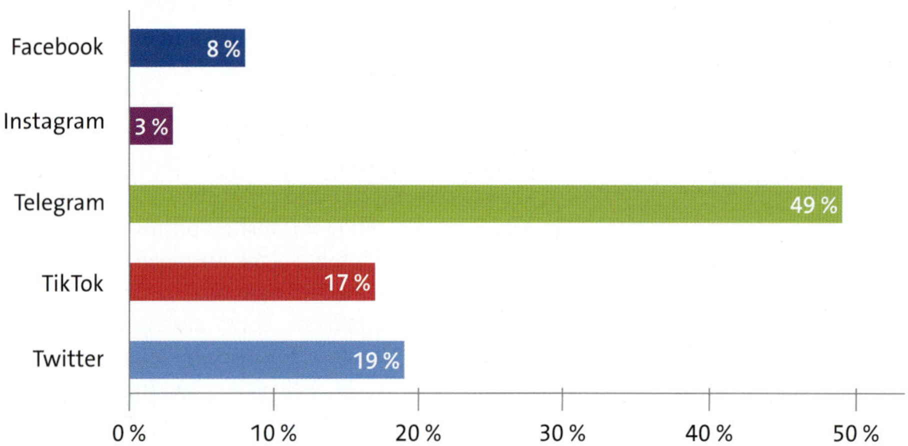

Hinweis zur Grafik:
Für jede Plattform wurden unterschiedliche Datenerhebungsmethoden angewandt.

b) Verteilung der Formen von Holocaustleugnung und -verfälschung auf Social Media-Kanälen

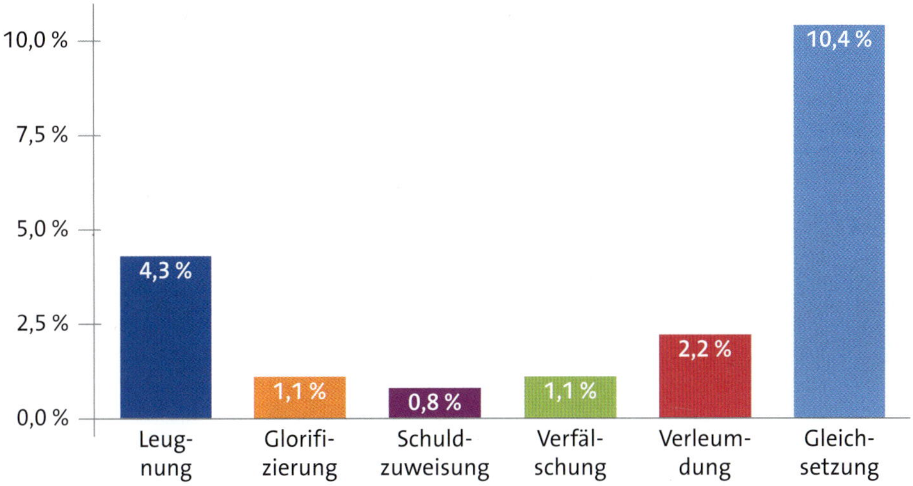

- Leugnung, dass der Holocaust stattgefunden hat
- Glorifizierung: positive Darstellung des Holocaust
- Schuldzuweisung: Versuche der Abwälzung der Verantwortung auf die Jüdinnen und Juden selbst
- Verfälschung: z. B. Vergleich des Holocaust mit der israelischen Palästina-Politik
- Verleumdung: z. B. Behauptung der Instrumentalisierung des Holocaust durch Jüdinnen und Juden
- Gleichsetzung: Relativierung des Holocaust durch dessen Gleichsetzung mit einem anderen Ereignis

Hinweis zur Grafik: Ein Inhalt kann verschiedene Narrative aufweisen.

Erläuterungen zu den einzelnen Relativierungsstrategien finden Sie unter Mediencode **32071-07**.

c) Social Media-Post

Meme auf Telegram: Abbildung jüdischer Frauen mit Kindern im Lager Kaufering I

Historischer Hintergrund: Im Winter 1945 wurden in einem Außenlager des KZ Dachau sieben Kinder geboren. Dass die Kinder trotz schlechter Bedingungen (Hygiene, Versorgung, Kälte) überlebt haben, ist bemerkenswert. Zudem war es den Frauen, die zuvor nach Auschwitz deportiert wurden, gelungen, ihre Schwangerschaft zu verheimlichen und so nicht als „arbeitsunfähig" eingestuft zu werden. Andernfalls wäre der Tod in der Gaskammer die direkte Konsequenz gewesen.

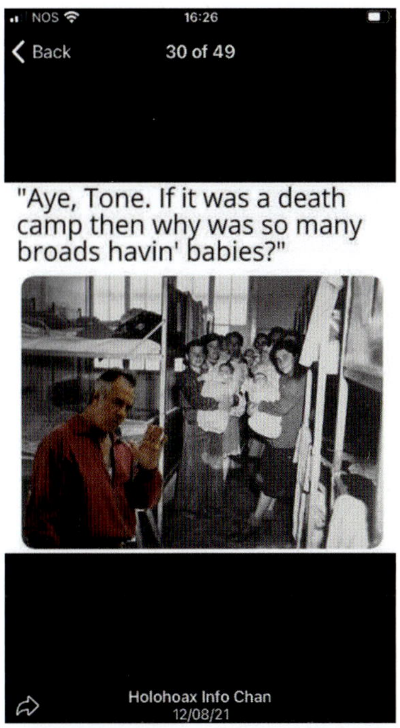

Text: „Hey, Tony. Wenn es ein Vernichtungslager war, warum bekamen so viele Weiber Babys?"

UNESCO/United Nations: History under attack: Holocaust denial and distortion on social media, 2022, S. 27, 29 und 33, https://unesdoc.unesco.org/ark:/48223/pf0000382159 [Zugriff: 02.03.2023], CC-BY-SA 3.0 IGO – Übersetzung: Katharina Stella Bachmann

Weitere Informationen zur Geschichte der abgebildeten Frauen und Kinder erhalten Sie unter Mediencode **32071-05**.

32071-78

1. Analysieren Sie die Grafiken zur Leugnung und Relativierung des Holocaust in den sozialen Medien (a und b). Welche Formen sind besonders verbreitet?
2. Erläutern Sie den manipulativen Umgang mit Geschichte im Beispielpost (c) und ordnen Sie diesem begründet eine passende Form der Leugnung bzw. der verzerrten Darstellung des Holocaust zu.
3. Der UNESCO-Bericht zeigt auch, dass durch Aufklärung die Holocaustleugnung in den sozialen Medien deutlich reduziert werden kann. Diskutieren Sie geeignete Maßnahmen.

DiA Vorwissen aktivieren: Deutsche Teilung

A

„Tag der Deutschen Einheit“ • Mauerbau • Öffnung der innerdeutschen Grenze • Grundlagenvertrag • Gründung der beiden deutschen Staaten • Aufstand gegen das DDR-Regime • 1949 • 17. Juni.1953 • 1961 • 1972 • 9. November 1989 • 3. Oktober 1990

a

b

c

d

e

f

1. Ordnen Sie den Bildern die Ereignisse und Daten zu und erstellen Sie damit eine Zeitleiste.

31000-93

B

Die unterschiedlichen Wirtschaftssysteme

Verstaatlichung • Mangelwirtschaft • staatliche Planvorgaben • Privateigentum • Wettbewerb • Soziale Marktwirtschaft • gute Versorgungslage • Versorgungsengpässe • Planwirtschaft • Wirtschaftswachstum

	Bundesrepublik Deutschland	Deutsche Demokratische Republik
Wirtschaftssystem		
Merkmale		
Folgen		

2. Ordnen Sie die Begriffe zu.

31000-94

Nehmen Sie im Buch bitte keine Eintragungen vor, sondern lassen Sie sich von der Lehrkraft ggf. Kopien aushändigen.

C

a

b

c

d

e

f

g

h

i

j

k

l

3. Welche Abbildungen lassen sich der DDR zuordnen? Begründen Sie Ihre Auswahl.

31000-95

1.6 Narrationen von Zeitzeuginnen und Zeitzeugen der DDR untersuchen

Zeitgeschichte, wie die Geschichte der DDR, ist „Geschichte, die noch qualmt". Die Menschen, die in der DDR gelebt und diese erlebt haben, können über diese Zeit berichten. Sie greifen dabei auf persönliche Erinnerungen zurück und machen Geschichte für die Zuhörerinnen und Zuhörer mit ihren individuellen Erzählungen (Narrationen) oft besonders anschaulich. Zeitzeuginnen und Zeitzeugen sind gleichsam lebendige historische Quellen. Welches Potenzial haben ihre Narrationen für die Geschichtsschreibung?

Lernaufgabe

32071-64

Gehen Sie dieser Frage nach, indem Sie Narrationen von Zeitzeugen der DDR untersuchen:

DiA

1. Erstellen Sie eine kurze Checkliste, was bei der Auswertung von Berichten von Zeitzeuginnen und Zeitzeugen beachtet werden sollte (M1).
2. Werten Sie zwei der vier Lernstationen (M2 bis M5) zu Erzählungen von Zeitzeuginnen und Zeitzeugen der DDR aus.
3. Beurteilen Sie ausgehend von Ihren Ergebnissen differenziert das Potenzial von Zeitzeuginnen und Zeitzeugen für die Darstellung der Geschichte der DDR. Halten Sie Ihr begründetes **Sachurteil schriftlich** fest.

Hinweis
Die Arbeitsaufträge bei M1 und den Lernstationen helfen, diese im Hinblick auf die Lernaufgabe zu erschließen.

M1 Zeitzeugenberichte auswerten

a) Michael Buddrus: Historiker, Berater von Guido Knopp

„Dieser Zeitzeuge hat zwischen dem Ereignis, über das er befragt wird, und dem Zeitpunkt, wo er befragt wird, ja 50, 60 Jahre lang gelebt; hat gelesen, hat Filme gesehen, hat gesehen, wie der Gegenstand, um den es ihm geht, wie der behandelt wird in der Öffentlichkeit. Er ist also konfrontiert mit der öffentlichen Meinung schon über das, was er erlebt hat."

b) Harald Welzer: Erinnerungsforscher

„Da kommen ganz gewiss andere Geschichten raus als würde er zu Hause sitzen und seiner Enkelin etwas erzählen, weil die Situation, in der man erzählt, sehr stark dafür bestimmend ist, was für eine Geschichte konstruiert wird, weil alle Menschen Dinge erzählen, von denen sie erwarten, dass das Gegenüber die hören will."

c) Sönke Neitzel: Historiker und Vorsitzender des Wissenschaftlichen Beirates des Online-Zeitzeugenarchivs „Gedächtnis der Nation"

„Zeitzeugenerinnerungen […] bieten keinen objektiven Blick in die Vergangenheit, sondern zeigen eine vielfach gefilterte und von zahlreichen Einflüssen verzerrte Sicht auf die Geschichte. […]

Dabei beeinflussen eine Vielzahl von Faktoren den Prozess der Wahrnehmung, Speicherung und Abrufung. So werden eigene Erinnerungen auch mit späteren Geschehnissen oder Erzählungen Dritter vermischt und je häufiger sie abgerufen werden, desto mehr können sie sich im Lauf der Zeit verändern. Nicht umsonst wird dasselbe Ereignis von mehreren Personen meist ganz unterschiedlich memoriert. […]

Trotz aller Fehlerhaftigkeit des menschlichen Gedächtnisses bleiben Zeitzeugen allerdings wichtige Quellen für die Rekonstruktion historischer Ereignisse. Eine angemessene Quellenkritik vorausgesetzt helfen uns Zeitzeugenerinnerungen, vor allem in jenen Bereichen etwas über die Vergangenheit zu erfahren, in denen es nur wenige schriftliche Überlieferungen gibt. […] Und sie ergänzen andere Quellen geradezu ideal, indem wir durch sie soziale Netzwerke besser verstehen und beispielsweise das Innenleben von Institutionen besser erfassen können. […]"

Sönke Neitzel, Zeitzeugeninterviews als Quelle? Herausforderung an die Geschichtswissenschaft, http://www.gedaechtnis-der-nation.de/bilden/wissenschaft, [Zugriff: 11.02.2022]

32071-66

1. Arbeiten Sie heraus, wovon die Erinnerungen von Zeitzeuginnen und Zeitzeugen beeinflusst werden können.
2. Erschließen Sie sich Kriterien für die Analyse von Zeitzeugenberichten. Überprüfen Sie Ihre Ergebnisse anhand der Methodenkarte „Zeitzeugengespräche auswerten" (S. 184).

M2 Narrationen von Zeitzeugen der DDR im Zeitzeugen-Portal

Die Seite www.zeitzeugen-portal.de beinhaltet eine zentrale Video-Sammlung von Zeitzeugeninterviews zur deutschen Geschichte.

Den Link zum Zeitzeugen-Portal finden Sie unter dem Mediencode **32071-67**.

32071-68

1. Auf der Seite des Zeitzeugen-Portals finden Sie unter „Personen > Alle Zeitzeugen" ein alphabetisches Verzeichnis der Befragten.
   a) Rufen Sie dort die folgenden Videoclips auf:
      - Ingrid Taegner: Entlassung aus der Schule
      - Lutz Baumann: Probleme mit dem Schulsystem der DDR
   b) Alternativ oder zusätzlich können Sie auch das hier abgedruckte Transkript des Interviews mit Catrin Hennecke: „DDR-Musterkindheit" bearbeiten.
2. a) Schauen Sie sich die Zeitzeugeninterviews mehrmals an. Beschreiben Sie sich gegenseitig Ihre ersten Eindrücke: Wem kann man gut zuhören und warum? An welchen Stellen kann man ggf. schwer folgen?
   b) Lesen Sie das Interview mehrfach durch. Achten Sie auch auf die in der Transkription angegebenen Reaktionen und Hervorhebungen der Interviewten.
   In welchem Zusammenhang stehen sie mit dem Inhalt der Antworten?

Hinweis: Der folgende Text bezieht sich auf ein weiteres Interview im Zeitzeugen-Portal (siehe Mediencode). Die Angaben zwischen den Rauten (#) beziehen sich auf die Stelle im Video. Die Schreibung in Großbuchstaben verdeutlicht Betonung, Schrägstriche zeigen Satzabbrüche an.

„DDR-Musterkindheit" – Interview mit Catrin Hennecke auf dem Zeitzeugenportal:

Catrin Hennecke wird 1957 in Görlitz geboren und wächst in der DDR auf. Nach dem Abitur wird sie Ingenieurin. 1983 lernt sie Dieter Hennecke aus dem Westen Deutschlands kennen und verliebt sich in ihn. Mit seiner Hilfe flüchtet 1984 über Ungarn in der Bundesrepublik. Ihre Freunde und Eltern sieht sie erst nach dem Mauerfall wieder. Im vorliegenden Interview berichtet sie über ihre Kindheit in der DDR.

CH: Ich bin total westfernsehenfrei erzogen worden. Mein Vater war Offizier bei der Staatssicherheit und meine Mutter war Sekretärin in einem Baugeschäft, das ausschließlich für die Staatssicherheit gebaut hat. #00:00:17#
I: Wie würden Sie Ihre Kindheit beschreiben? Wie sind Sie aufgewachsen? #00:00:20#
CH: Ich bin sehr behütet aufgewachsen. Ich habe also praktisch das ganze Spektrum eines sozialistisch erzogenen Kindes durchgemacht. Ich war Jungpionier, Thälmannpionier, FDJler und dann später Parteimitglied. Also ich bin aufgewachsen in einer sozialistischen Welt. #00:00:41#
I: Wie standen Sie denn zur Systemtreue Ihrer Eltern? #00:00:44#
CH: Wenn man nichts Anderes vorgelebt bekommt, und praktisch vom Kindergarten, bis über die Schule, bis hin zum Studium nur in so einer Atmosphäre lebt und selbst, wie gesagt, mit der westlichen Welt keinen Kontakt hat, KANN man nur sozialistisch DENKEN und auch FÜHLEN und ARBEITEN. #00:01:12#
I: Haben Sie denn auch erlebt, dass Menschen unter diesen Verhältnissen in irgendeiner Form gelitten haben? #00:01:17#

CH: Sicher, klar. Aber für mich stand eins fest: Es gibt für mich keinen / für mich gibt es nur diesen Weg zu gehen. Und jeder hat versucht, auf seine Art und Weise so zu leben, wie er es eben leben musste. Sicherlich haben viele Probleme darunter gehabt, darunter gelitten, aber ich, ich persönlich nicht. #00:01:39#

I: Sie haben jetzt schon gerade so schön von dem „Tal der Ahnungslosen“ gesprochen. Gab es trotzdem eine Vorstellung vom Westen, die dann nach Görlitz transportiert wurde? #00:01:49#

CH: Sicherlich. Es gab viele Leute, die Westverwandtschaft hatten, und man hat auch, zum Beispiel an Feierlichkeiten, wenn Familienfeierlichkeiten waren oder Jugendweihe, hat man dann die schicken Westautos gesehen und man wusste, die kriegten auch die Westjeans und so, aber das war / für mich war die Situation klar, für mich gibt's das nicht. Fertig. Feierabend. #00:02:10#

I: Können Sie nochmal, weil Sie haben es ja jetzt grade schon angerissen – Westjeans usw. – welche Vorstellungen hatten Sie denn damals vom Westen? #00:02:17#

CH: Schlechte. (kurze Pause – lächelt) Das beruht aber aufgrund der Tatsache, weil, mein Vater war ja nun ausgeprägter Sozialist. Der hat sich also ständig mit irgendwelchen Parteidokumenten beschäftigt. Und dann gab ja den, diesen wohl immer gerne zitierten Karl Eduard von Schnitzler, der war also Montagabend bei uns Programm, und das hat man eingetrichtert gekriegt. Und so bin ich groß geworden damit. #00:02:42#

I: Gibt's noch Erinnerungen daran, was Sie mitbekommen haben auch vom Berufsleben Ihrer Eltern, von dem, was sie gemacht haben? Wurde das zu Hause auch besprochen? #00:02:52#

CH: Nicht wirklich. Also ich hab nicht wirklich gewusst, was mein Vater macht. Ich wusste nur, dass er also / dass irgendwelche Leute dann zu Besuch kamen. Dann wurde das, die Mittelzimmertür von unserer großen Wohnung geschlossen. Wer dahinter war, wusste ich nicht. Ich hab auch nie gefragt. Also, ich hätte wahrscheinlich auch nie eine Antwort darauf gekriegt. Und meine Mutter war genauso verschwiegen, weil das alles Bauten waren, die also, sag ich mir, für die Stasi waren und das war einfach Geheimsache. #00:03:19#

I: Können Sie sich denn jetzt im Nachhinein erklären, wer da bei Ihnen zu Besuch war? #00:03:22#

CH: Mein Vater hatte informelle Mitarbeiter da. Also das wusste ich im Nachhinein, also konnte man dann im Nachhinein erahnen, sag ich mal. Also das, das, das war ein inspiratives [sic][1] Zimmer und, ja, informeller Mitarbeiter war ja dann die logische Schlussfolgerung daraus. #00:03:44#

© Stiftung Haus der Geschichte der Bundesrepublik Deutschland, https://www.zeitzeugen-portal.de/videos/AzM66zuHnil [Zugriff: 15.03.2023]

3. Untersuchen Sie die Zeitzeugeninterviews mithilfe Ihrer Checkliste. Achten Sie insbesondere auf die jeweilige Rolle. An welchen Stellen geht es um eigene Erfahrungen? An welchen Stellen interpretieren die Zeitzeuginnen und Zeitzeugen oder geben zusätzliche Erklärungen ab?

32071-65

4. Beurteilen Sie: Welche Aussagen lassen sich aus den Zeitzeugeninterviews über die DDR und das Leben in der DDR formulieren? Was müsste man ggf. noch näher recherchieren und mit anderen Quellen abgleichen?
5. Diskutieren Sie: Welche Fragen hätten Sie den Zeitzeuginnen und Zeitzeugen gerne noch gestellt und warum?

M3 Inoffizielle Mitarbeiterin der „Stasi“ Monika Häger

In der Fernsehsendung „Kontraste“ wurden die Schattenseiten der DDR schon unmittelbar nach dem Fall der Mauer differenziert aufgegriffen. Eine der Sendungen ist insofern ungewöhnlich, als dass sich in ihr eine Täterin, die inoffizielle Mitarbeiterin Monika Häger, ausführlich zu ihrer Mittäterschaft äußert:

Den Link zum Video und zum Text finden Sie unter dem Mediencode **32071-69**.

32071-70

1. Lesen Sie zunächst den Text der Bundeszentrale für politische Bildung zur Einordnung und schauen Sie sich danach das Video von Min. 2:12 bis 9:50 an.
2. Erläutern Sie die verschiedenen Zeitschichten, die im Video vorkommen.
3. Untersuchen Sie das Zeitzeugeninterview mithilfe Ihrer Checkliste. Achten Sie auch insbesondere darauf, an welchen Stellen es um eigene Erfahrungen geht und an welchen Stellen die Zeitzeugin interpretiert oder zusätzliche Erklärungen abgibt.

[1] Begriff wurde in Interview so genannt. Richtig muss es aber „konspiratives Zimmer“ heißen.

M4 Jugendliche in den Jugendwerkhöfen

In der Gesellschaft der DDR sollten Kinder und Jugendliche, die sich nicht freiwillig den gesellschaftlichen Regeln unterwarfen, durch Heimerziehung zu einem Umdenken bewegt werden. Das Heimsystem der DDR durchliefen von 1949 bis 1990 ca. 495 000 Minderjährige. Insgesamt gab es in der DDR 662 Heime, davon 456 Normalheime mit 21 259 Plätzen, 168 Spezialheime mit 9364 und 38 Jugendwerkhöfe mit 3031 Plätzen. Hier sollte – notfalls auch durch das gewaltsame Brechen ihres Willens – eine Änderung des Bewusstseins für „das Kollektiv“[2] herbeigeführt werden. Die Jugendwerkhöfe waren für „schwer erziehbare“ Kinder und Jugendliche von 14 bis 20 Jahren bestimmt.

Den Link zum Video der Deutschen Welle und zum Zeitzeugen-Portal finden Sie unter dem Mediencode **32071-71**.

32071-72

1. Schauen Sie sich das Video der Deutschen Welle an und analysieren Sie, wie die Aussagen des Zeitzeugen im Beitrag inszeniert werden.
2. Rufen Sie die Seite des Zeitzeugen-Portals auf und geben Sie in der Suchleiste den Begriff „Jugendwerkhof“ ein. Wählen Sie zwei der gefundenen Videos aus.
3. Vergleichen Sie die Zeitzeugeninterviews auf dem Zeitzeugen-Portal mit dem Beitrag der Deutschen Welle und arbeiten Sie Gemeinsamkeiten und Unterschiede heraus.
4. Beurteilen Sie die Bedeutung der Zeitzeugeninterviews zu Jugendwerkhöfen für die Charakterisierung der DDR als Diktatur und Unrechtsstaat.

M5 Katarina Witt: berühmte Eiskunstläuferin

Katarina Witt gilt als eine der schillerndsten und erfolgreichsten Eiskunstläuferinnen in der Geschichte der Sportart. Für die DDR war sie zweimal Olympiasiegerin (1984, 1988), viermal Welt- (1984, 1985, 1987, 1988) und sechsmal Europameisterin in Serie (1983–1988). Nach ihrem Olympiasieg von 1988 wurde sie in Ost und West zum Weltstar und wechselte als erste Ostblock-Sportlerin in die US-Eisrevue „Holiday on Ice“.

Den Link zu den Interviews mit Katarina Witt finden Sie unter dem Mediencode **32071-73**.

32071-74

1. Suchen Sie im Zeitzeugen-Portal die folgenden Interviews mit Katarina Witt:
   - „Gerne Aushängeschild der DDR“
   - „Nicht alles grau, nicht alles bunt“
2. Analysieren Sie, wie Katarina Witt die DDR darstellt. Erschließen Sie sich daraus das Verhältnis der ehemaligen Eiskunstläuferin zur DDR.
3. Nehmen Sie begründet Stellung: Handelt es sich hierbei um eine Verharmlosung der DDR? Berücksichtigen Sie dabei auch die Staatsform der DDR.
4. Erörtern Sie mögliche Beweggründe von Katarina Witt für ihre Darstellung von der DDR.

---

[2] **Kollektiv (= ideologischer Begriff)**: hier bezogen auf die „sozialistisch gesinnte Gesellschaft“

Geschichte erinnern

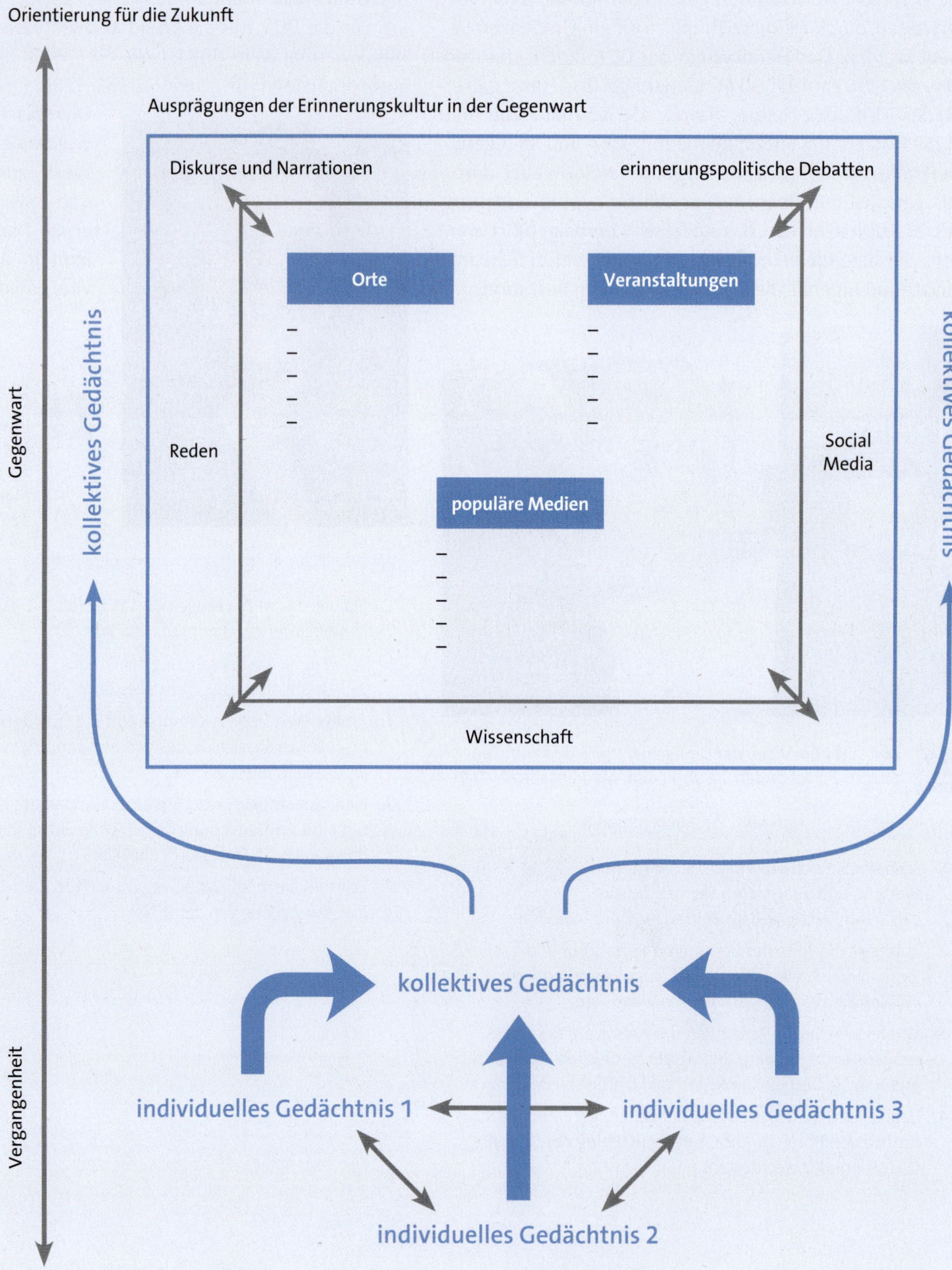

A

Mittelaltermarkt • Archive • (historische) Romane • Denkmäler • Memes • Museen • Reenactment • Jubiläen • Gedenkstätten • Computerspiele • Filme/Serien • Gedenktag • Posts

DiA

31000-97

1. Kopieren Sie das Schaubild (oder nutzen Sie die Vorlage über den QR-Code) und vervollständigen Sie es mithilfe des Wortspeichers.
2. Erläutern Sie anhand des Schaubildes den Konstruktcharakter von Geschichte sowie den Unterschied zwischen individuellem und kollektivem Gedächtnis.

B

M1 Straßenumbenennung in München

32071-80

3. Erläutern Sie im Rahmen einer fiktiven Stadtführung durch München am Beispiel der Umbenennung der Von-Trotha- in Hererostraße den Zusammenhang von Erinnerung und Verantwortung.

C

M2 Social Media-Post während der COVID-19-Pandemie

Von Impfgegnern während der COVID-19-Pandemie geposteter Social Media-Beitrag.

32071-08

4. Analysieren Sie den Post und ordnen Sie ihn begründet in die Ihnen bekannten Relativierungsstrategien der Holocausterinnerung ein.
5. Nehmen Sie Stellung dazu, wie einem solchen Post zu begegnen ist.

D

M3 Ein Zeitzeuge berichtet

Podiumsdiskussion am 21. Februar 2013 in Gera.
Im Fokus steht Bernd Roth. Von hinten zu sehen sind von links nach rechts: Lutz Rathenow, ein ehemals oppositioneller Schriftsteller aus Jena und Ost-Berlin, damals Sächsischer Landesbeauftragter für die Stasi-Unterlagen, der Bundesbeauftragte für die Stasi-Unterlagen, Roland Jahn und Moderatorin Dagmar Hovestädt.

32071-82

5. a) Untersuchen Sie den folgenden Zeitzeugenbericht mithilfe Ihrer Checkliste.

b) Beurteilen Sie das Potenzial des Zeitzeugeninterviews im Hinblick auf die Darstellung der DDR-Geschichte.

Bernd Roth (geb. 1951) ist zuerst Inoffizieller Mitarbeiter (IM) und später Stasi-Offizier gewesen. Er berichtet, wie er schon als Jugendlicher zum IM wurde:

Ich fand meine Freizeit viel interessanter als die Schule, das war immer schon mein Pech. Ich war faul und leistungstechnisch sehr schwach, aber meine Eltern und Großeltern haben mir immer gesagt: „Junge, aus dir muss mal was werden, enttäusch uns nicht.“ Mein Elternhaus war linksorientiert, ich bin also mit einem Gefühl groß geworden, auf der richtigen Seite zu stehen. Mein Großvater hat einen Teil der Elternrolle übernommen und war ganz wesentlich für mich.

Als er starb, ich war 16 oder 17, ist meine Welt zusammengebrochen. In dieser Zeit bekam ich das Angebot, IM zu werden. Meine Mutter hatte wegen ihrer Arbeit gute Kontakte zu Offizieren des Ministeriums für Staatssicherheit. Aus Angst, dass aus mir nichts Richtiges wird, hat sie mich mit denen in Kontakt gebracht, aber wegen meines linksorientierten Eltern-

D

hauses wären sie wahrscheinlich auch so auf mich aufmerksam geworden.

Jedenfalls habe ich darin eine Lösung für meine Probleme gesehen. Ich wollte nicht für 600 Mark in irgendeinem scheiß Ost-Betrieb arbeiten. Das war mir zuwider, aber weil es in der Schule so schlecht lief, wusste ich nicht, wie ich meine Zukunft sonst gestalten sollte. Wisst ihr, man muss einfach verstehen können, warum Menschen sich in bestimmten Momenten für irgendwas entscheiden, auch wenn es eine Fehlentscheidung ist. Als IM kam ich in Kreise, die mich geistig sehr gefördert haben. Künstler, Leute aus der Kirche: Ich habe enorm viel von denen mitgenommen und gelernt.

Ich weiß, dass das absurd klingt, weil ich ja genau diese Leute überwachen sollte, aber für mich war das so. Ich war ja, wie gesagt, selbst Teil dieser Welt. Ich war Mitglied der Singebewegung[1], die immer kritischer wurde, und ich hatte schulterlanges Haar und trug einen grünen Parka. Dazu muss man natürlich sagen, dass ich damals als Jugendlicher eine sehr pubertäre Einstellung zu den ganzen Ereignissen hatte.

In gewisser Weise hat sich da für mich ein Abenteuer abgespielt. Die Leistungssache habe ich, um es einfach mal so zu sagen, mit einem Freund geklärt, der sehr gut in der Schule war. Das hat mir natürlich auch gewisse Freiheiten verschafft bei meinen Eltern.

1973 bin ich vom IM zum hauptamtlichen Mitarbeiter bei der Stasi geworden. Das war ganz anders als IM zu sein, da liegen Welten dazwischen. Der IM war allein und hat sich auch so gesehen: als Einzelperson. Irgendwann hat er vielleicht erahnt, dass es noch andere gibt, aber dass er Teil war eines tief gestaffelten Systems, ausgelegt für die totale Überwachung, das hat der IM nicht gesehen. Ich auch nicht, ich habe das erst gemerkt, als ich hauptamtlich angestellt worden bin. Ich musste eine Verpflichtung unterschreiben, die es mir verboten hat, über meine Arbeit zu reden. Ein Offizier, der Dinge vom Inneren in die Öffentlichkeit gebracht hat, beging eine Straftat. Er konnte dafür in den Knast kommen.

Meine Freunde aus dem Singeklub wussten, dass ich Offizier bei der Stasi war. An deren Einstellung zu mir hat sich dadurch überhaupt nichts geändert. Sie haben immer gesagt: Er ist bei der Stasi, aber er ist ein Kumpel. Ich hatte allerdings ein Riesenglück, dass ich in der Wirtschaftsecke gelandet bin und nicht in der Kirchenecke oder der Kulturecke. Meine Arbeit hatte mehr mit West-Spionage und Abwehr zu tun.

Über meine guten Freunde und über Mitglieder der Singeklubs habe ich zum Beispiel keine Berichte geschrieben. Außerdem hatte ich einige Vorgesetzte, die nicht einordnen konnten, was in den Singeklubs passierte. Sie wussten nicht so wirklich, was ich dort gemacht habe, und das war natürlich ein Vorteil. 2011 oder 2012 konnte ich meine Stasi-Akten einsehen: Wegen mir sind keine Freunde in Haft gekommen. Ich will mich da nicht rausreden und natürlich sind meine Projekte auch weitergesponnen worden, aber das ist schon wichtig zu wissen.

Von meiner Lebenseinstellung und von meinem Denken her, hatte ich Ressentiments gegenüber gewissen Dingen, die beim Ministerium passierten. Da hat mir Vieles widerstrebt, aber es war nicht möglich, das zu artikulieren. Ich habe mir in diesem System also meine Rechte so genommen, wie ich sie für richtig gehalten habe. Ich muss aber auch dazu sagen, dass ich ein Stasi-Offizier mit unwahrscheinlichem Erfolg war. Suchen Sie mal jemanden, der in der DDR einen CIA-Spion entlarvt hat. Da gibt es fast keinen, aber mir ist das gelungen. Wissen Sie, wie hoch ich angesehen war? Wer hoch angesehen ist, kann sein eigenes Funktionieren bestimmen und kann auch mal „Fehler“ machen. Trotz aller Dinge, die bei der Stasi passiert sind, hatte ich immer ein Nischendenken. Als ich Offizier war, habe ich mir das erhalten.

Bernd Roth, „Ich bin völlig ausgegrenzt“, erschienen am 24.04.2020, https://www.bpb.de/themen/deutschlandarchiv/308228/ich-bin-voellig-ausgegrenzt/ [Zugriff: 19.04.2023]

[1] **Singebewegung**: In den 1960er Jahren entstandene Folk-Musik-Bewegung junger Menschen, die ab 1966 von Staatsseite eine klar pro-sozialistische Ausrichtung erfuhr. Ihr Einfluss auf die Jugend schwand aber mit der Zeit.

„Ankunft der ersten Réfugiés in Erlangen, unter Markgraf Christian Ernst, 17. Mai, 1686“.
Glasfenster von Friedrich Wilhelm Wanderer, 1892.
Es war neben drei anderen Historienbildern ursprünglich für den kleinen Ratssaal im alten Rathaus vorgesehen und ist im Stadtmuseum Erlangen zu sehen. Die Darstellung ist idealisiert und fiktiv: Im Vordergrund werden einige der Neuankömmlinge von einem Hufschmied und dessen Frau begrüßt, im Hintergrund verneigen sich andere vor dem Markgrafen.

„Gastarbeiter“ in ihrer Unterkunft.
Foto von 1969.

Fiktives Ortsschild.

Die Geschichte der Migration ist so alt wie die Menschheit selbst. Denn zu allen Zeiten haben Menschen ihren bisherigen Lebensmittelpunkt für einen längeren Zeitpunkt oder für immer verlassen. Auch Bayern wurde und wird durch Abwanderungen und Immigration nachhaltig geprägt. Die folgenden Kapitel zeigen auf, von welchen unterschiedlichen Gründen und Formen sie gekennzeichnet waren und welch großen Herausforderungen sich Zugewanderte und die einheimische Bevölkerung stellen mussten und noch immer müssen.

2 Migration in Bayern von der Frühen Neuzeit bis zum 20. Jahrhundert

- Nennen Sie (mögliche) Motive für Migrationen. Berücksichtigen dabei die Bilder auf der linken Seite.
- Entwickeln Sie Fragestellungen zum Themenbereich Migration, notieren Sie diese und bewahren Sie die Notizen auf.
- In den folgenden Teilkapiteln setzen Sie sich mit verschiedenen Formen von Migration und ihren Ursachen auseinander. Legen Sie (digital) eine Tabelle wie folgt an, die Sie nach und nach ergänzen.
  Notieren Sie in der rechten Spalte beim geschichtlichen Beispiel das Material, das für Sie dieses Beispiel am besten versinnbildlicht. Wählen Sie hierzu aus den von Ihnen ausgewerteten Materialien aus. Begründen, vergleichen und diskutieren Sie anschließend Ihre Auswahl in Kleingruppen.

Form der Migration	Definition in Stichpunkten	geschichtliches Beispiel				
		Rahmendaten (Wer? Wann? Wohin?)	Ursachen	Folgen für das Individuum sowie für Land und Region	gelingende Integration?	Quelle/ Material
Religiös motivierte M.		Hugenotten/ „Salzburger Exulanten“				
Transatlantik-M. ...						
Gewaltmigration		Jüdische Bev. ... Zwangsarbeit ...			– –	

Kompetenzen

Am Ende des Kapitels sollten Sie Folgendes können:

- ... anhand von Beispielen aus der Geschichte Ursachen und Formen von Migration erfassen.
- ... unterschiedliche Motive für Migration seit dem 17. Jahrhundert untersuchen.
- ... die Folgen von Migration für die Entwicklung von Land und Region differenziert und argumentativ schlüssig beurteilen.
- ... die Bedeutung der Wanderungsbewegungen für die betroffenen Menschen anhand von biografischen Zeugnissen und Darstellungen erfassen.
- ... Bedingungen für gelingende Integration diskutieren.
- ... Quellen von Migrantinnen und Migranten auswerten.

Leitfaden für den Weg durch das Kapitel

Das Phänomen der Migration (lat. migrare: wandern) hat die Geschichte der Menschheit schon immer geprägt. Unterschiedliche Motive bewegten Menschen zur Migration. Migrantinnen und Migranten veränderten die Gesellschaft, in die sie kamen, und wurden gleichzeitig von dieser verändert.

Diesem Prozess wollen wir im folgenden Kapitel nachgehen und dabei folgende Fragen beantworten:

- Welche Motive gab es für Migrationsprozesse in Bayern von der Frühen Neuzeit bis zum 20. Jahrhundert?
- Wie wirkte sich Migration auf die Entwicklung von Land und Region aus?

1

Untersuchen Sie die religiös begründete Immigration von Hugenotten oder Salzburger Exulanten im 17. Jahrhundert.

Leitfragen dafür sind:

- Welche Motive führten zur Auswanderung bzw. Einwanderung ins Heilige Römische Reich/nach Bayern?
- Weshalb gab es einige wenige Schwerpunkte für die Neuansiedlung der Migrantinnen und Migranten?
- Wie muss bei der Analyse von Egodokumenten und Fachliteratur vorgegangen werden?

2

Analysieren und beurteilen Sie Formen von Migration im 19. Jahrhundert – mit folgenden Leitfragen:

- Welche Bedingungen in den Herkunfts- und Zielländern führten zu den Wanderungsbewegungen?
- Welche kurz- bzw. langfristigen Folgen hatte die Migration in den betroffenen Ländern und Regionen?

3

Beschäftigen Sie sich mit dem Phänomen der Gewaltmigration am Beispiel der jüdischen Bevölkerung und der Zwangsarbeiterinnen und Zwangsarbeiter im Nationalsozialismus.

Leitfragen dabei sind:

- Wie sind Ideologie/Menschenbild, politische und wirtschaftliche Ziele mit den Formen von Gewaltmigration verschränkt?
- Inwiefern unterscheidet sich Gewaltmigration durch die Nationalsozialisten von anderen Phänomenen von Migration mit Gewaltanwendung?

4

Untersuchen Sie anhand zweier Beispiele die Immigration und Integration nach 1945. Wählen Sie dabei zwischen folgenden Themen aus: Heimatvertriebene, Arbeitsmigranten („Gastarbeiter"), Spätaussiedler, jüdische Kontingentflüchtlinge oder Kriegsflüchtlinge seit den 1990er-Jahren.

Leitfragen dabei sind:

- Bei welchen Migrationsbewegungen spielen weit zurückliegende historische Entwicklungen eine Rolle?
- Welche Verantwortung hat Deutschland bei der (Ermöglichung von) Migration von Menschen aus anderen Herkunftsländern? Welche Beweggründe gibt es, Verantwortung zu übernehmen?

5

Arbeiten Sie die theoretischen Grundlagen im Zusammenhang mit Migration heraus und verfassen Sie differenzierte und schlüssige Darstellungen hierzu.

Leitfragen dabei sind:

- Was sind Motive, Ursachen und Formen?
- Wie können die untersuchten historischen Beispiele eingeordnet werden?

6

Diskutieren Sie, ausgehend von den untersuchten historischen Migrationsbewegungen, unter welchen Bedingungen Integration gelingen kann.

Leitfragen dabei sind:

- Welche Erkenntnisse aus historischen Migrationsprozessen können notwendig bzw. hilfreich sein?
- Welche Potenziale ergeben sich durch Migration? Welche Herausforderungen stellen sich?

Nun sollten Sie Migration als wesentliches Merkmal der Menschheitsgeschichte erkennen. Anhand der untersuchten Beispiele können Sie dabei begreifen, dass Migration ein komplexes Phänomen ist, das für die Migrantinnen und Migranten selbst, aber auch für Staat, Wirtschaft und Gesellschaft in den Herkunfts- und Zielländern große Chancen und Herausforderungen bedeutet(e). Die Erkenntnisse aus gelungenen Integrationsprozessen und die Beschäftigung mit menschenverachtenden Formen von Migration sollten Ihr Urteilsvermögen und Verantwortungsbewusstsein hinsichtlich aktueller Formen von Migration stärken.

DiA Vorwissen aktivieren: Konfessionalisierung

A

a

Lutherische und reformierte Konfession sind identisch.

b

Martin Luther kritisierte am 31.10.1517 in Briefen an mehrere zuständige Bischöfe, dass die Kirche den Gläubigen Seelenheil und ewiges Leben nach dem Tod im Paradies gegen Geld verkaufte.

c

Martin Luther meinte, dass Gott den gläubigen Menschen das Seelenheil aus reiner Gnade, nur aufgrund ihres Glaubens und der Befolgung der Heiligen Schrift schenken würde.

d

Da Luther seine Thesen auch nach mehrmaliger Aufforderung nicht zurücknahm, entschied sich Papst Leo X. 1521 dazu, über Martin Luther die Reichsacht zu verhängen.

e

Als „Junker Jörg“ übersetzte Martin Luther das Neue Testament auf der Wartburg ins Deutsche.

1. Richtig oder falsch? Begründen Sie Ihre Wahl. 31000-101

B

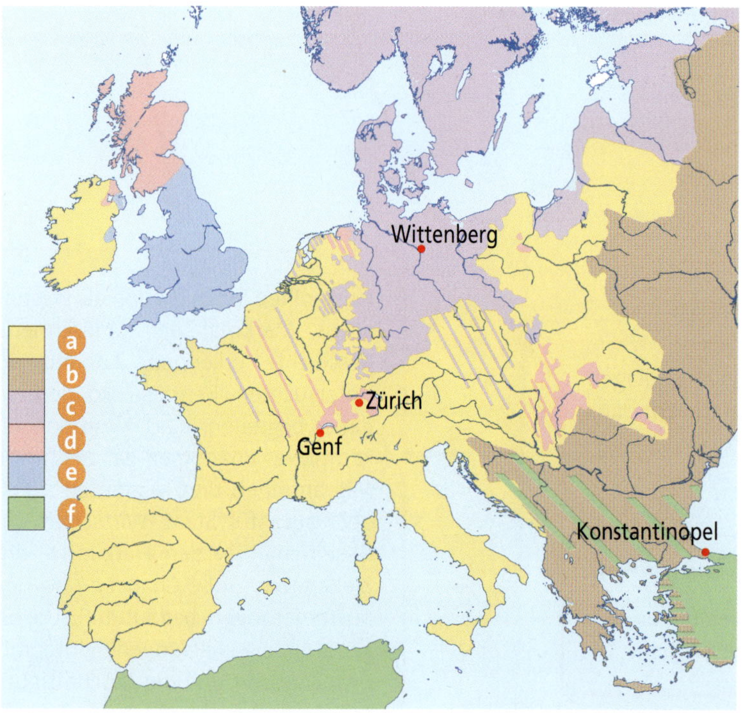

- katholisch
- lutherisch
- reformiert (protestantische Konfession, deren Lehren u.a. von Jean Calvin (Genf) und Ulrich Zwingli (Zürich) begründet wurden. Die französischen Calvinisten werden auch Hugenotten genannt.)
- anglikanisch (protestantische Konfession, Abspaltung von der katholischen Kirche durch den englischen König Heinrich VIII.)
- christliche (orthodoxe) Ostkirchen
- islamisch

2. Ordnen Sie die Konfessionen in Europa Ende des 16. Jahrhunderts ihren farblich markierten Verbreitungsgebieten zu. 31000-102

Nehmen Sie im Buch bitte keine Eintragungen vor, sondern lassen Sie sich von der Lehrkraft ggf. Kopien aushändigen.

C

Folgen, die in der Tabelle noch fehlen:
Auslöser des Dreißigjährigen Krieges • Entscheidung des Landesherrn darüber, ob seine Untertanen katholisch oder evangelisch sind • Neben- und Miteinander von katholischer, evangelischer und calvinistischer Konfession; beendete den Dreißigjährigen Krieg • Beginn der Reformation

Ereignisse, die in der Tabelle noch fehlen:
Wormser Edikt • Prager Fenstersturz

Bilder:

a

b

c

d

e

Jahr	Ereignis	Folgen	Bilder
1517	95 Thesen Martin Luthers Gerichtet gegen den Ablasshandel, bei dem Menschen von bestimmten Sündenstrafen gegen bestimmte Leistungen (Geldspende, Wallfahrt, Kreuzzug) angeblich befreit werden konnten und der eine wichtige Einnahmequelle für die katholische Kirche war. Angeblich schlug Luther die 95 Thesen auch an der Schlosskirche in Wittenberg (siehe Bild rechts) an.		
1521		Reichsacht über Martin Luther nach dessen Weigerung, seine Lehre bzw. Kritik an der katholischen Kirche zu widerrufen	
1555	Augsburger Religionsfriede		
1618			
1648	Westfälischer Friede Der lateinische Text der Münze von 1648 „Pax optima rerum" heißt übersetzt: „Frieden ist das höchste Gut".		

31000-103

3. Erstellen Sie eine Chronologie wichtiger Etappen des konfessionellen Zeitalters. Bringen Sie dazu die Ereignisse mit deren Folgen in die richtige Reihenfolge und ordnen Sie ihnen die dazugehörigen bildlichen Darstellungen zu.

32071-85 Lösung

D

a

absolute Herrschaft „losgelöst von den Gesetzen“; Beschränkung nur durch göttliches Gesetz; Gottesgnadentum
Der Kupferstich zeigt einen fiktiven Monarchen, der die Symbole für weltliche Macht (Schwert) und geistliche Macht (Bischofsstab) in Händen hält.

1

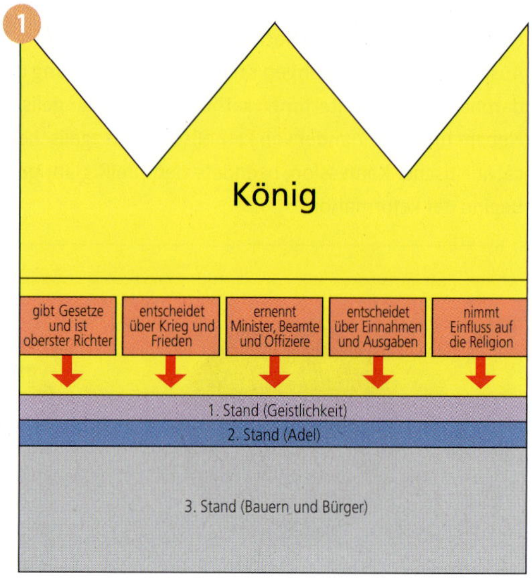

b

Der Monarch beansprucht für sich, unabhängig von den drei Ständen zu regieren und oberster Richter zu sein; die zentralisierte Verwaltung soll für die Ausführung der königlichen Erlasse sorgen.

2

c

Ludwig XIV. und Schloss Versailles wurden zum Vorbild für andere Fürsten, auch wenn diese meist weder die militärischen noch die finanziellen Mittel hatten.
Das Beispiel zeigt Schloss Oberschleißheim, das der bayerische Kurfürst Max Emanuel erbauen ließ.

3

4

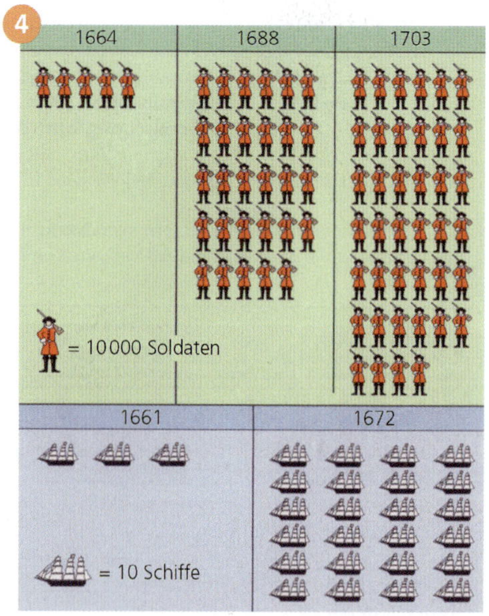

d

Stehendes Heer, das ständig einsatzbereit sein musste. Ludwig XIV. ließ seine Armee mehrmals vergrößern.

Nehmen Sie im Buch bitte keine Eintragungen vor, sondern lassen Sie sich von der Lehrkraft ggf. Kopien aushändigen.

D

5

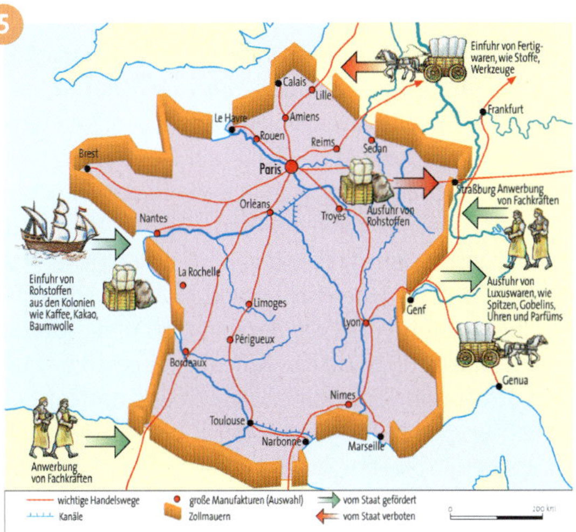

e

Der Merkantilismus sollte für höhere Staatseinnahmen sorgen (notwendig für Heer, Hofhaltung und Privilegien des Adels).
Kennzeichen dieser Wirtschaftspolitik waren: günstige Produktion von im Ausland teuer verkauften Luxusgütern in Manufakturen; Schutzzölle, um die Einfuhr von Fertigwaren aus dem Ausland zu verhindern; schlechte Arbeitsbedingungen und Verdienstmöglichkeiten für Arbeiterinnen und Arbeiter; Ausbau der Handels- bzw. Verkehrswege; Erwerb von Kolonien (mit Rohstoffen).

6

f

Hegemonie: Vormachtstellung eines Staates in einer bestimmten Region. Auf der französischen Münze steht auf Lateinisch der Anspruch „Nec pluribus impar" (dt.: „Auch nicht mehreren unterlegen").

7

g

Einheit des Glaubens: Ludwig XIV. duldete nur die katholische Konfession und war deren Oberhaupt in seinem Land. Protestanten (Hugenotten) durften ihre Religion nicht mehr ausüben, ihre Gotteshäuser wurden zerstört – als erstes das von Charenton (siehe Bild).

8

h

Das Schloss von Versailles ließ Ludwig XIV. als prächtige Residenz erbauen. Auch hoher Adel und Klerus (geistliche Würdenträger) nahmen am verschwenderischen Leben am Hof teil, hatten dort nur repräsentative Dienste zu erfüllen und waren politisch ausgeschaltet.

4. Ordnen Sie die Ansprüche der absolutistischen Herrschaft Ludwigs XIV. den Bildern zu. Erklären Sie Ihre Zuordnung.

31000-104

32071-85 Lösung

2.1 Religiös motivierte Migration

Die Religionsfreiheit gehört heute in Europa zu den Grundrechten. Religion ist Privatsache; ob und was die Bürgerinnen und Bürger glauben, darf der Staat ihnen nicht vorschreiben. Das sah im Zeitalter des Absolutismus völlig anders aus: Im Frankreich Ludwigs XIV. galt beispielsweise der Grundsatz „Ein König, ein Gesetz, ein Glaube!". Und im Heiligen Römischen Reich Deutscher Nation war in den meisten Territorien in der Zeit nach dem Augsburger Religionsfrieden nach der Formel „cuius regio, eius religio" (sinngemäß: Es gilt die Religion dessen, dem das Land gehört) die Konfessionszugehörigkeit des Landesherrn auch für dessen Untertanen verbindlich. Wer sich dem widersetzte und seine religiöse Überzeugung über die der von Gott eingesetzten Obrigkeit stellte, machte sich der Gotteslästerung und des Aufruhrs gegen die staatliche Gewalt verdächtig. Er musste mit Strafe und Verfolgung rechnen und hatte oft nur die Wahl zwischen einer Zwangsbekehrung oder der Auswanderung. Zwei dieser religiös bedingten Zwangsmigrationen werden in diesem Kapitel vorgestellt.

Wahlthema 1:

Wahlthema 2: Migration und Neuansiedlung der „Salzburger Exulanten" 1731/32

▶ siehe S. 84–89

2.1.1 Flucht der Hugenotten aus Frankreich nach Franken im 17. Jahrhundert

Etwa eine Million der in Deutschland lebenden Menschen zählen sich zu den Nachfahren der Hugenotten. Diese emigrierten größtenteils in der zweiten Hälfte des 17. Jahrhunderts aus Frankreich und ließen sich u. a. in einigen Fürstentümern des Heiligen Römischen Reiches Deutscher Nation nieder, auch in solchen, die heute zu Bayern gehören.

DiA

Lernaufgabe

32071-84

Untersuchen Sie mithilfe der folgenden Arbeitsaufträge die religiös motivierte Migration der protestantischen Hugenotten ins Markgrafentum Brandenburg-Bayreuth. Verfassen Sie auf der Grundlage Ihrer Arbeitsergebnisse eine **Kurzreportage**, in der Sie insbesondere differenziert auf die Folgen der hugenottischen Einwanderung für Franken bzw. das Markgrafentum eingehen.

1. Arbeiten Sie aus den Quellen M2 und M3 sowie aus INFO 1 Motive für die Flucht der Hugenotten heraus.
2. Zahlreiche Herrscher warben um die Hugenotten, darunter Markgraf Christian Ernst von Brandenburg-Bayreuth. Geben Sie wesentliche Inhalte seines Privilegs wieder und beurteilen Sie die den Réfugiés darin gebotenen Rechte und Leistungen (M4). Was versprach sich der Markgraf wohl davon?
3. Erläutern Sie anhand von M4 (im Kapitel zu den Salzburger Protestantinnen und Protestanten, S. 87), inwiefern es sich um ein Beispiel für die sog. Konfessionsmigration handelt. Verwenden Sie dabei auch die Grundlegenden Daten und Begriffe „Neuzeit" sowie „1517 Beginn der Reformation".
4. Vergleichen Sie die beiden geschichtswissenschaftlichen Positionen zu den Folgen der hugenottischen Einwanderung für das Land und die Region (M6). Beurteilen Sie davon ausgehend differenziert die Bedeutung der hugenottischen Immigration.

Hinweis
Die Arbeitsaufträge auf den folgenden Seiten helfen, INFO-Texte und Materialien im Hinblick auf die Lernaufgabe zu erschließen.

Eine Karte zur Flucht reformierter Protestantinnen und Protestanten aus Frankreich im 17. Jh. finden Sie mithilfe von Mediencode 32071-88.

INFO 1: Die Reformation in Frankreich

In Frankreich war nicht der Papst das Oberhaupt der katholischen Kirche, sondern der König, der sowohl Gesetz als auch Glaube repräsentierte („une foi une loi un roi", dt.: „ein Glaube, ein Gesetz, ein König"). Dadurch war ein Abweichen von der katholischen Lehre nicht nur eine religiöse, sondern auch eine politische Provokation und galt als staatsgefährdend. Dennoch bekannten sich im Gefolge der 1517 begonnenen Reformation um das Jahr 1560 beinahe acht Prozent der französischen Gesamtbevölkerung, die sogenannten Hugenotten, zu einer evangelischen Glaubensrichtung und organisierten sich in eigenständigen Kirchengemeinden.

Um bürgerkriegsähnliche Konflikte zwischen Katholiken und Hugenotten zu beenden und um die Machtposition des Königtums zu stärken, gestattete König Heinrich IV. von Frankreich 1598 den Hugenotten politische Repräsentation, Beteiligung an der Rechtsprechung und militärische Selbstständigkeit. Ihre Konfession war damit der katholischen nicht gleichgestellt, aber sie wurde toleriert.

Insbesondere die Tatsache, dass sich Hugenotten militärisch organisierten und hugenottische Adlige Einfluss auf die Politik zu nehmen versuchten, wurde vom wieder erstarkenden Königtum zunehmend als politischer Unsicherheitsfaktor und als Hindernis für den Ausbau des Absolutismus empfunden. Seit Ende der 1670er-Jahre verschärfte König Ludwig XIV. daher den Kampf gegen ihre Glaubensrichtung. Schließlich verbot er am 18. Oktober 1685 praktisch die Religionsausübung der Hugenotten. Die nun flächendeckend einsetzende Unterdrückung und Verfolgung veranlasste viele zur Flucht, obwohl diese unter Strafandrohung verboten war.

Jochen Oltmer

32071-87

1. Charakterisieren Sie die Rahmenbedingungen der Reformation in Frankreich.
2. Erklären Sie, warum der König gegen den Protestantismus vorging.

INFO 2: Französische Reformierte in Erlangen im heutigen Bayern

Während auf dem Gebiet des heutigen Freistaates Bayern im Zuge der Reformation das Herzogtum Bayern und die Fürstbistümer katholisch blieben, gingen in Franken und Schwaben zahlreiche unabhängige Herrschaften zur evangelischen Lehre über, wie sie Martin Luther grundgelegt hatte. Die evangelisch gewordenen Fürstentümer Ansbach und Bayreuth waren auch wegen der verwandtschaftlichen Beziehungen zu Brandenburg-Preußen, dem Staat, der im Heiligen Römischen Reich Deutscher Nation am meisten Hugenotten anwarb, geneigt, hugenottische Réfugiés aufzunehmen.

Im April 1686 schlossen Markgraf Christian Ernst von Brandenburg-Bayreuth und der französische hugenottische Adlige du Cros einen Vertrag über die Anwerbung der Réfugiés, die vor der staatlichen Unterdrückung in Frankreich in die Schweiz geflohen waren. Sie sollten in der Lage sein, sich innerhalb eines Vierteljahres selbst zu versorgen, und danach gegen ein Bleiberecht und verbriefte Privilegien die Wirtschaft ankurbeln. Am 21. Mai 1686 trafen die ersten Réfugiés nach einer Reise von elf Tagen im Fürstentum Bayreuth ein. Insgesamt lag ihre Zahl 1686 und 1687 bei rund 1600, von denen sich 800 bis 1000 dauerhaft im Fürstentum niederließen, eine erhebliche Anzahl angesichts der Gesamtbevölkerung von 70 000.

Jochen Oltmer

32071-89

1. Nennen Sie die Akteure, die an dem Prozess der Entscheidung zur Aufnahme von reformierten Flüchtlingen beteiligt waren.
2. Untersuchen Sie deren Rolle und deren Interessen.

INFO 3: Privilegierte Eingewanderte

Durch die Privilegien gaben die Landesherren die Rahmenbedingungen der Ansiedlung und Niederlassung der hugenottischen Réfugiés vor. Sie wiesen den Eingewanderten einen Sonderstatus zu, der die Immigrantinnen und Immigranten ganz bewusst nicht integrierte, sondern separierte (räumlich trennte). Da von dieser Politik über viele Jahrzehnte nicht abgerückt wurde, bestand für die Réfugiés kein obrigkeitlicher Druck, ihre gesellschaftliche Sonderrolle aufzugeben – zumal sie sich vor dem Hintergrund des prägenden kulturellen Einflusses Frankreichs im Europa dieser Zeit als Elite verstanden.

Die Privilegierung stieß auf Widerstand, insbesondere bei den in den Städten weiterhin wirtschaftlich und politisch mächtigen Zünften[1]. Das vielfach hohe Ansehen der Eingewanderten bei den Fürsten führte ebenso zu Missgunst wie der Reichtum, der sich bei einigen von ihnen rasch einstellte. Neben der wirtschaftlichen Besserstellung der Eingewanderten führten auch die gemeinsame Kirchen- und Friedhofsnutzung oder die Kompetenzen der eigenen Gerichte der Réfugiés zu Auseinandersetzungen.

Jochen Oltmer

32071-91

1. Erklären Sie, warum die Landesherren hinsichtlich der Réfugiés keine Integrationspolitik betrieben.
2. Nennen Sie die Konfliktfelder zwischen Eingewanderten und einheimischer Bevölkerung.

Gesamtbevölkerung Frankreichs um 1680	ca. 22 Millionen
Zahl der Reformierten um 1680	ca. 900 000
Reformierte, die in 1680er-Jahren emigrierten	ca. 150 000
Zum Katholizismus übergetretene Reformierte	ca. 700 000

Abwanderung und Übertritt zum Katholizismus.

INFO 4: Integration als lang andauernder Prozess

Im Laufe des 18. Jahrhunderts nahmen die Kontakte zwischen den Eingewanderten und der Ankunftsgesellschaft immer weiter zu. Die französische Sprache wurde zwar deutlich länger als 100 Jahre nach der Einwanderung weiterhin im Gottesdienst und in den Schulen der Réfugiés genutzt, im Alltag und in den Familien löste allerdings nach wenigen Jahrzehnten das Deutsche das Französische ab. Zunächst heirateten die Réfugiés nur untereinander. So fanden sich unter den 197 Eheschließungen in hugenottischen Familien, die bis in das Jahr 1700 geschlossen worden waren, nur vier Fälle, in denen eine Ehepartnerin oder ein Ehepartner nicht aus der Gruppe der Réfugiés stammte. Das änderte sich im 18. Jahrhundert. Auch der Wechsel der Konfession nach einer Eheschließung kam häufiger vor. Zudem lassen sich immer mehr Fälle beobachten, in denen die Familiennamen eingedeutscht oder deutsch ausgesprochen wurden. In der zweiten Hälfte des 18. Jahrhunderts und in der dritten Generation der Eingewanderten wies also im Wesentlichen nur noch die Gottesdienstsprache und die Konfession auf die Herkunft aus Frankreich hin – zumal auch die Bedeutung der Privilegien zurückging oder sie spätestens zu Beginn des 19. Jahrhunderts ihre Gültigkeit verloren.

Jochen Oltmer

32071-92

1. Skizzieren Sie den Prozess der Integration.
2. Erläutern Sie, warum die gesellschaftliche Sonderrolle der reformierten Réfugiés Integration langfristig nicht verhinderte.

[1] **Zunft**: Zusammenschluss von Menschen desselben Handwerks (z. B. Bäckerzunft, Weberzunft). Die Zünfte achteten auf die Interessen und Regeln ihrer Handwerker.

M1 Karte mit den Grenzen des heutigen Bayern mit Stand um 1700

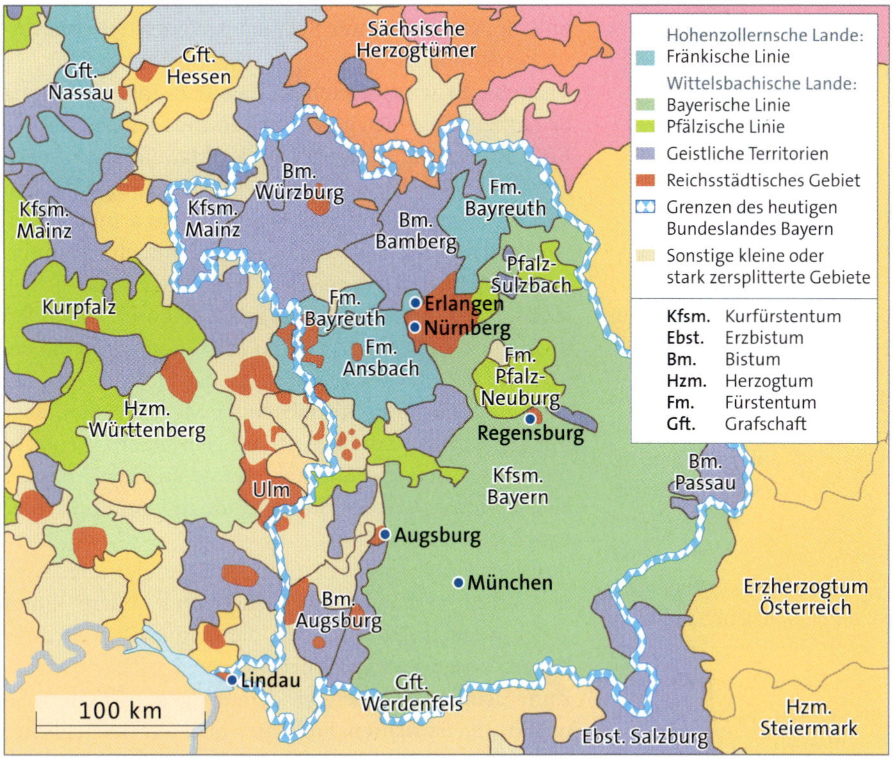

Hinweis: Über die Gebiete in den Grenzen des heutigen Bayern hinaus gehörten zum Kurfürstentum Bayern noch Territorien im heutigen Belgien und in Nordrhein-Westfalen.

M2 Die „neuen Missionare“

Ein französischer Dragonermissionar bedroht einen Hugenotten. Dragoner gehörten der berittenen Infanterie an. Das Wort lautet wörtlich übersetzt Drache.

Kolorierte Lithografie von Godefroy Engelmann (1788–1838) nach einer Zeichnung eines anonymen Künstlers aus dem Jahr 1686.

Die Texte lauten übersetzt:

Links Mitte: *Wer mir widerstehen kann, ist sehr stark.*
Oberhalb des Gewehrlaufs: *unbesiegbarer Grund*
Links vom Degen: *durchdringender Grund*
Ganz rechts: *Die Gewalt ist stärker als die Vernunft.*
Unten: *Dragonermissionar – evangelischer Aufruf – Häretiker [Abweichler vom „richtigen“ Glauben] unterschreibt seine Konversion*
Text oben: *Neue Missionare, die auf Befehl Ludwigs des Großen in das ganze Königreich Frankreich geschickt werden, um die Häretiker zum katholischen Glauben zurückzuführen, von der Societé des Herrn de St. Rut, Feldmarschall mit dem Beinamen der Missionar Gottes.*

32071-93

1. Beschreiben Sie die zentralen Bildelemente der Lithografie.
2. Die Rede ist von den „neuen Missionaren".
   a) Charakterisieren Sie diese „Mission".
   b) Beurteilen Sie die Folgen für die „Missionierten" der Karikatur zufolge.

M3 Fluchtversuch

Der reformierte Lehrer Jean Migault berichtet 1702 aus dem niederländischen Exil über einen ersten misslungenen Fluchtversuch aus Frankreich im Jahr 1685:

Gab es jemals eine unerträglichere Unterdrückung als die, welche wir erdulden mussten: bedrängt, bis wir unseren Verstand verloren, wenn wir in Frankreich blieben, und bestraft wie Verbrecher, wenn wir versuchten zu fliehen? Es mag Gott nicht gefallen, dass ich von meinem König in einer solch wenig respektvollen Art und Weise spreche; aber ich kann nicht umhin festzustellen, dass seine Motive in dieser Sache weder gerecht noch politisch [klug] gewesen sind. Es kann nicht gerecht sein, Untertanen zu verfolgen, die nichts getan haben, um eine solche Härte zu verdienen, und die nur darum baten, in ihrem friedvollen und unschuldigen Leben nicht gestört zu werden. Und es kann bei klugem politischen Verstand nicht [möglich] sein, eine [solch] große Gruppe von Menschen aufs Äußerste zu reizen und sie dazu zu bringen, eine Regierung zu hassen, die sie [eigentlich] verpflichtet sind zu lieben und zu unterstützen.

Yves Krumenacker (Hrsg.), Das Journal von Jean Migault. Leiden und Flucht einer hugenottischen Familie (1682–1689). Aus dem Franz. übertr. von Ursula Fuhrich-Grubert, Celle 2003, S. 91

32071-95

1. Zeigen Sie auf, warum Migault Flucht für die bessere Alternative hält.
2. Charakterisieren Sie Migaults Haltung dem König gegenüber.

M4 Das Bayreuther Privileg

32071-98

Erlassen wird es am 7. Dezember 1685 von Markgraf Christian Ernst von Brandenburg-Bayreuth. Darin heißt es:

Erstens nehmen wir kraft vorliegender Deklaration[1] unter unsern Schutz alle Franzosen und andere Angehörige der reformierten Religion auf, die sich in unseren Landen niederlassen, [und gewähren ihnen] alle Rechte, Vorteile und Privilegien, die unsere übrigen Untertanen genießen. Wir wünschen, dass alle die, die sich in unseren Landen niederlassen wollen, sich die für den Handel und die Ausübung ihrer Religion geeignetsten Orte aussuchen können. […]
Viertens. Es wird vereinbart, dass man ihnen auf gute Sicherheit hin[2] einen gewissen Vorschuss an dem für die Einrichtung und Vermehrung der Manufakturen[3] nötigen Geld geben kann. Zu deren Erleichterung wird man den bedürftigen Familien, Arbeitern und armen Handwerkern für die ersten drei Monate unentgeltlich Unterkünfte, Häuser und geeignete Wohnungen geben […]. Jedem wird die Erlaubnis gegeben, Häuser zu kaufen und bauen zu lassen. Zu deren Erbauung wird man denen, die mittellos sind, den Platz, das Holz, auch Kalk, Sand und Ziegel in ausreichender Menge geben, aber mit der Auflage, dass die einen und die andern verpflichtet sein werden, die Architekten und anderen Arbeiten zu entlohnen, wonach die Gebäude in ihrem und ihrer Erben Eigentum bleiben.
Fünftens erlauben wir den Angehörigen der reformierten Religion, Ländereien, adlige und andere Güter gleich welcher Art zu kaufen, die sie mit allen Vorrechten der Vorbesitzer genießen werden. […]
Zum Siebten gewähren wir denen, die bauen oder Manufakturen einrichten, Freiheiten aller Art und jeglicher Befreiung von Abgaben, Wegezöllen und anderen Lasten, zu denen unsere anderen Untertanen gehalten und verpflichtet sind; und das für zehn Jahre von der Zeit an, wenn sie begonnen haben, zu bauen und diese Manufakturen [einzurichten]. […]
Zum Achten ordnen wir an, dass sie in allen Orten unserer Herrschaft die Freiheit haben, ihre Waren abzusetzen, die Messen und Märkte zu besuchen, öffentlich und privat, en gros und en detail[4] zu verkaufen, ohne dass man sie während der zehn Jahre zwingen kann, Abgaben und Steuern zu bezahlen.

Zitiert nach: Theo Kiefner, Die Privilegien der nach Deutschland gekommenen Waldenser, Teil 1, Stuttgart 1990, S. 127–129

32071-99

1. Arbeiten Sie die wesentlichen Inhalte des Privilegs für die Réfugiés heraus. Erstellen Sie dafür eine tabellarische Übersicht mit den übergeordneten Aspekten materielle Hilfen bei der Ansiedlung, Religion, Handel und Autonomie.
2. Beurteilen Sie, welchen langfristigen Nutzen sich der Markgraf für sein Herrschaftsgebiet verspricht.

1 **Deklaration**: offizielle Erklärung

2 Meint, dass die Empfänger günstige Konditionen für den Vorschuss erhalten, um deren finanziellen Ruin zu vermeiden.

3 **Manufaktur**: Vorform einer Fabrik mit Arbeitsteilung, die im Zeitalter des Absolutismus entstand

4 **en gros**: in großen Mengen; **en detail**: einzeln, im Einzelnen

M5 Französisch-reformierte Kirche in Erlangen

Die Kirche, von den Hugenotten als „Temple" bezeichnet, wurde von 1686 bis 1693 in der damaligen Erlanger Neustadt errichtet, die als barocke Planstadt für die hugenottischen Neusiedler angelegt wurde. Für den Bau des Turms 1732 bis 1736 stellte der Markgraf Soldaten seiner Armee ab.

Foto von 2015.

M6 Folgen der Ansiedlung der Réfugiés in Erlangen: zwei unterschiedliche Positionen

a) Der Historiker Rudolf Endres schreibt 1985:

Die Hugenotten hatten nach Franken vor allem die bislang unbekannte Strumpfwirkerei[5], die Handschuhmacherei und die Hutmacherei gebracht, aber auch die Seidenweberei und Seidenfärberei sowie die Herstellung von Gobelins[6] und anderen Luxusgütern. [...]
Auch bewährte sich die von Max Weber [deutscher Soziologe 1864–1920] so bezeichnete „innerweltliche Askese[7]" der Kalvinisten, ihre Sparsamkeit, ihre Luxusfeindlichkeit und ihr hohes protestantisches Arbeitsethos. So zählte das Arbeitsjahr der Hugenotten 310 Tage und das der benachbarten Katholiken nur 260. Die Réfugiés brachten aber nicht nur neue Berufe, neue Techniken und neue Produkte mit, sie führten auch in Franken die neue, in die Zukunft weisende Produktionsform und Betriebsorganisation der Manufaktur ein, d. h. des zentralistischen gewerblichen Großbetriebs bei vorherrschender Handarbeit, aber mit Arbeitsteilung und schon ansatzweiser serieller Produktion[8].

Rudolf Endres, Das ‚Moderne' bei den hugenottischen Städtegründungen, in: Heinz Duchhardt (Hrsg.), Der Exodus der Hugenotten. Die Aufhebung des Edikts von Nantes 1685 als europäisches Ereignis, Köln 1985, S. 155–175, hier S. 162–164

b) Die Historikerin Ute Lotz-Heumann schreibt 2012:

Zugleich hat die Historiografie [= Geschichtsschreibung] der letzten Jahrzehnte deutlich gemacht, dass sich der wirtschaftliche Aufschwung durch die Ansiedlung hugenottischer Handwerker und Manufakturbetreiber in Grenzen hielt. Die Hugenotten waren häufig im Luxusgewerbe tätig, sodass die Auswirkungen ihrer Aktivitäten auf die Gesamtwirtschaft als eher gering eingeschätzt werden. Manufakturen, aber auch ländliche Kolonien, bedurften über längere Zeit finanzieller Zuschüsse durch die Regierungen und waren oft ökonomisch nicht überlebensfähig. [...]
Trotzdem ist Vorsicht geboten, um bei der Beurteilung der langfristigen Folgen der hugenottischen Migration für Europa nicht vorschnelle Urteile zu fällen. Auch wenn der wirtschaftliche Nutzen hinter den (hochgesteckten) Erwartungen zurückblieb, waren hugenottische Handwerker und Manufakturisten die zentralen Agenten[9] im Transfer[10] französischer Produktionstechniken und französischen Geschmacks – von der Tuchherstellung über Perücken- und Handschuhmacher, der Keramik- und Zinnproduktion, der Gold- und Silberschmiedekunst, der Uhrmacherei, bis hin zur Waffenherstellung. [...] Als Vermittler der hegemonialen [= vorherrschenden] französischen Kultur und Sprache hatten gerade die hugenottischen Eliten zum Teil großen Einfluss auf die Wissenschaft und Kultur ihrer Aufnahmeländer. In diesem Zusammenhang ist das ganz Europa umspannende Netzwerk der hugenottischen Eliten zu nennen, die sowohl Handels- als auch intellektuelle Netze bildeten.

Ute Lotz-Heumann, Reformierte Konfessionsmigration: Die Hugenotten, in: Europäische Geschichte Online (EGO), 31.05.2012, http://ieg-ego.eu/de/threads/europa-unterwegs/christliche-konfessionsmigration/ute-lotz-heumann-reformierte-konfessionsmigration-die-hugenotten [Zugriff: 06.04.2023]

▶ Rudolf Endres und Ute Lotz-Heumann argumentieren unterschiedlich im Hinblick auf die Bedeutung der Einwanderung der Réfugiés. Vergleichen Sie mithilfe einer tabellarischen Übersicht und folgender Kategorien: Wirtschaft, Innovation, Kultur.

[5] **Strumpfwirkerei**: frühe Form einer Fabrik (Manufaktur), in der Maschenwaren aus Stoffen gefertigt wurden (Strümpfe, Hosen etc.)
[6] **Gobelin**: wertvoller Wandteppich aus Seide mit Bildmotiven
[7] **Askese**: streng enthaltsame Lebensführung
[8] **serielle Produktion**: in Serie auf dieselbe Weise hergestellt
[9] Meint hier eine Person, die im Auftrag anderer Geschäfte vermittelt.
[10] **Transfer**: Übertragung

Wahlthema 2:

2.1.2 Migration und Neuansiedlung der „Salzburger Exulanten“ 1731/32

Bei den Geschehnissen um die evangelischen „Salzburger Exulanten“ wird nicht nur deutlich, wie sich macht- und wirtschaftspolitische Gesichtspunkte verschränkt haben. Sie führen die Sonderstellung der Reichsstädte im Heiligen Römischen Reich und die im 16. Jahrhundert einsetzende „Medienrevolution“ vor Augen.

Lernaufgabe

DiA

32071-90

Untersuchen Sie mithilfe der folgenden Arbeitsaufträge die religiös motivierte Migration der sog. Salzburger Exulanten. Verfassen Sie auf der Grundlage Ihrer Arbeitsergebnisse eine **Kurzreportage**, in der Sie insbesondere auf das Selbstbild der Salzburger Exulanten und deren Ankunft und Aufnahme im bayerischen Raum am Beispiel Augsburgs eingehen.

1. Arbeiten Sie aus M2 Motive für die Flucht heraus und skizzieren Sie die Routen der Exulanten (M1).
2. Erläutern Sie anhand von M3, inwiefern es sich um ein Beispiel für die sog. Konfessionsmigration handelt. Verwenden Sie dabei auch die Grundlegenden Daten und Begriffe „Neuzeit“ sowie „1517 Beginn der Reformation“.
3. Charakterisieren Sie das (Selbst-)Bild der Salzburger Exulanten (M4) und erschließen Sie sich die Bedeutung der Auswanderung für das Individuum.
4. Beurteilen Sie ausgehend von M5 sowie INFO 1 und 2 die Bedeutung der Salzburger Emigration für den bayerischen Raum.

Hinweis
Die Arbeitsaufträge auf den folgenden Seiten helfen, INFO-Texte und Materialien im Hinblick auf die Lernaufgabe zu erschließen.

INFO 1: Ausweisung und Einladung

Im Fürsterzbistum Salzburg wurde wie im benachbarten Herzogtum Bayern[1] die Reformation von Beginn an scharf bekämpft. Hartnäckige Neugläubige verwies die Obrigkeit des Landes. Dabei berief sie sich auf das im Heiligen Römischen Reich Deutscher Nation geltende Prinzip, dass die Untertanen dem Glauben des Landesherrn zu folgen hatten („cuius regio, eius religio“). Eine der umfangreichsten Vertreibungen aus dem Erzbistum Salzburg betraf in den 1680er-Jahren rund 1000 Bäuerinnen und Bauern, Tagelöhner sowie einige Dutzend Bergleute. Sie fanden meist Aufnahme in den evangelischen Reichsstädten Augsburg, Regensburg, Ulm und Nürnberg.

Diese Vertreibungen vertieften die Vernetzung zwischen den Anhängern der evangelischen Lehre Salzburgs sowie Frankens und Schwabens. Außerdem machten die vor allem in Augsburg angesiedelten zahlreichen Verlage und Druckereien als Zentren der evangelischen Publizistik die Salzburger Ereignisse im Reich bekannt und bekämpften sie mit Bildern und Texten in propagandistischer Absicht.

Den Höhepunkt der Aktivitäten gegen evangelische Gläubige im Erzbistum bildete ein „Emigrationspatent“, das am 31. Oktober 1731, also am Jahrestag des Thesenanschlags Luthers, der als Beginn der Reformation (1517) galt, erlassen wurde. Es vertrieb rund 20 000 Salzburger Lutheraner aus ihrer Heimat, etwa ein Fünftel der Gesamtbevölkerung des Fürsterzbistums.

Erst nach monatelangen Verhandlungen gewährte König Friedrich Wilhelm I. von Preußen am 2. Februar 1732 in einem „Einladungspatent“ den „Salzburger Exulanten“

[1] wurde 1623 Kurfürstentum

nicht nur die Aufnahme in seinem Land unter vorteilhaften Bedingungen, vielmehr wollte er auch den Transport organisieren. Er erwartete sich von der Einwanderung unter anderem eine Verbesserung der Wirtschaft und mehr Steuereinnahmen in Litauen. Dort war rund die Hälfte der 300000 Bewohnerinnen und Bewohner einer Pestepidemie 1709/10 zum Opfer gefallen.

Von den Salzburger Evangelischen folgte der allergrößte Teil der Besitzenden, Handwerker und Bauern, dem Einladungspatent und siedelte sich in Preußisch-Litauen an. Besitzlose (ca. 4000 bis 5000 Menschen) wurden hingegen bereits im Winter 1731/32 mit militärischer Gewalt aus Salzburg vertrieben. Nach langen Verhandlungen ließ sie das Kurfürstentum Bayern passieren, damit sie in evangelischen Gebieten Süddeutschlands und hier insbesondere in den Reichsstädten Schwabens bzw. Oberschwabens und Frankens (vor allem Ulm, Memmingen, Augsburg, Nürnberg) vorläufig oder dauerhaft Aufnahme finden konnten. Etwa 200 bis 300 von ihnen zogen zwischen 1734 und 1741 in die 1732 gegründete britische Kolonie Georgia in Nordamerika.

Jochen Oltmer

32071-102

1. Arbeiten Sie die Verbindungen der Salzburger Emigrantinnen und Emigranten zu Städten im heutigen Bayern heraus.
2. Entwickeln Sie eine Hypothese, warum die Ausweisung der Salzburger Protestantinnen und Protestanten in zwei Wellen erfolgte.

INFO 2: Salzburger Exulanten in Preußisch-Litauen

Ab Anfang Mai 1732 zogen ca. 14000 bis 16000 Salzburgerinnen und Salzburger Richtung Ostseeküste in die spätere preußische Provinz Ostpreußen. Rund 2000 Besitzlose, die zunächst Aufnahme in Süddeutschland gefunden hatten, schlossen sich den ehemaligen besitzenden Bauern an. Insbesondere in Territorien und Städten mit protestantischer Bevölkerung wurden sie als freiheitsliebende und glaubenstreue Märtyrer[2] gefeiert und unter großen Opfern der Einheimischen beherbergt und bewirtet.

In Litauen wurden ihnen Höfe zugewiesen, die wegen der Pest nicht mehr genutzt wurden, oder das Material zum Bau von Häusern und Ställen sowie landwirtschaftliches Gerät, Vieh und Saatgut zur Verfügung gestellt. Außerdem gewährte die Obrigkeit eine Freiheit von der Zahlung von Abgaben für mehrere Jahre. Dennoch stellten die anderen Klima- und Bodenverhältnisse große Herausforderungen dar.

Die „Exulanten" pflegten die Erinnerung an die Verfolgung und ihren erfolgreichen Widerstand gegen die Zwangs-Katholisierung. So entwickelte sich unter ihnen die Vorstellung, eine homogene, mit ganz eigenen Merkmalen ausgestattete Gruppe zu sein, die sich von der umgebenden Bevölkerung unterschied. Obgleich aufgrund von Flucht und Vertreibung mit dem Ende des Zweiten Weltkrieges keine Salzburgerinnen und Salzburger in Ostpreußen mehr leben, wird diese Vorstellung zum Teil bis heute bei den in ganz Deutschland lebenden Nachkommen gepflegt.

Jochen Oltmer

32071-104

1. Diskutieren Sie, ob beim Weg der Salzburger Protestantinnen und Protestanten Richtung Ostseeküste von einem „Triumphzug" gesprochen werden kann.
2. Arbeiten Sie heraus, wie sich unter den Emigrantinnen und Emigranten trotz der Ansiedlung an verstreut liegenden Orten ein Zusammengehörigkeitsgefühl entwickelte.

---

[2] **Märtyrer**: Christen, die standhaft zu ihrem Glauben stehen und sogar bereit sind, dafür zu sterben

M1 Migration der Salzburger Exulanten

Hinweis: In der Karte ist das Territorium des Kurfürstentums Bayern vereinfacht dargestellt; vgl. M1 auf S. 81.

32071-103

1. Beschreiben Sie die Migrationsrouten der Salzburger Protestanten.
2. Erklären Sie den Verlauf der Migrationsrouten auf heutigem bayerischen Gebiet.

M2 Befehl zur Auswanderung

32071-105

Auszug aus dem Emigrationspatent des Salzburger Erzbischofs Leopold Anton von Firmian vom 31. Oktober 1731:

Wir, Leopold von Gottes Gnaden Erzbischof von Salzburg, geben hiermit bekannt, dass Wir eine Kommission in den Landesteil Innergebirg entsandt haben, nachdem Uns völlig überraschend gemeldet worden war, dass ein großer Teil Unserer dort ansässigen und wohnhaften Untertanen – unter dem Vorwand und Deckmantel, von Unseren Beamten religiös unterdrückt und auch anderweitig drangsaliert worden zu sein – sich gegen Uns, als ihrem ihnen von Gott vorgesetzten Landesfürsten, gegen Naturrecht und Reichsrecht höchst strafwürdig empört und einen eigenmächtigen Aufstand angezettelt hatten. […]

Dessen ungeachtet haben Wir, entgegen aller Erwartung, zu Unserem Missfallen erfahren müssen, dass […] die Rebellen so vermessen waren, sich an verschiedenen Orten […] und wiederholt sowohl öffentlich zusammenzurotten als auch heimlich zusammenzukommen, vor zahlreichen Versammelten aufwieglerische Ansprachen zu halten, Katholiken mit Feuer und Schwert zu bedrohen, geistliche und weltliche Vorgesetzte, ja sogar Unsere höchste Person in Wort und Tat vermessen herabzusetzen sowie unterschiedliche streng zu bestrafende Verbrechen und Mutwilligkeiten zu verüben. […]
Und zwar sollen alle [Einwohner des Erzstiftes Salzburg, die weder Haus- noch Grundbesitzer sind, egal, ob Männer oder Frauen], die das zwölfte Lebensjahr erreicht haben und wie erwähnt einer der genannten Religionen angehören und dies auch in der beschriebenen Weise er-

klärt haben, innerhalb von 8 Tagen (nach Veröffentlichung des Patentes) mit allem, was sie tragen können, wegziehen. […]
Bauern mit eigenem Grund und Boden und andere Einwohner Unseres Erzstiftes, Männer und Frauen, die Immobilien („unbewegliche Güter") und Häuser besitzen, können wählen, ob sie sich, wie es sich gehört, zu der in Unseren Landen allein üblichen römisch-katholischen Religion […] bekennen oder aber ihren Besitz verkaufen und anschließend aus unserem Erzstift auswandern wollen.

Zitiert nach: http://repertorium.at/qu/1731_salzburg_emigrationspatent.html [Zugriff: 26.04.2023; normalisiert von Dieter Brückner]

32071-106

1. Fassen Sie die Argumente für die Austreibung der Protestanten zusammen.
2. Arbeiten Sie heraus, wie die Protestantinnen und Protestanten charakterisiert werden.

M 3 Der Begriff der „Konfessionsmigration"

Der Augsburger Historiker Ulrich Niggemann erläutert:

Insbesondere [der Historiker] Heinz Schilling (geb. 1942) hat den Begriff der „Konfessionsmigration" geprägt und damit einen eigenständigen Typus von frühneuzeitlicher Migration zu fassen versucht. Zwar kannte auch das Mittelalter bereits religiöse Verfolgungen und daraus resultierende Flucht- und Wanderungsbewegungen, doch erst mit der Reformation nahmen solche Phänomene eine neue Dimension an. Einer der wichtigsten Unterschiede zwischen dem Mittelalter und der beginnenden Neuzeit ist sicher die Tatsache, dass als häretisch [= ketzerisch] verurteilte Bewegungen im Mittelalter im gesamten Wirkungsbereich der universal verstandenen lateinischen Kirche als häretisch und verdammt galten. Sie hatten also zumindest theoretisch keine Zuflucht, die sich mit ihnen solidarisierte bzw. ihre Lehren teilte […]. Mit der Reformation und ihrer Durchsetzung in verschiedenen Städten und Territorien änderte sich dies. Es bildete sich eine konfessionell strukturierte Landschaft heraus, die es Minderheiten und Dissidenten [= in religiöser Hinsicht Abweichende] ermöglichte, in einem anderen Gebiet unterzukommen und dort ihre religiösen Überzeugungen offen zu leben.

Ulrich Niggemann, Christliche Konfessionsmigration, , in: Europäische Geschichte Online (EGO), 24.09.2019, http://ieg-ego.eu/de/threads/europa-unterwegs/christliche-konfessionsmigration/ulrich-niggemann-christliche-konfessionsmigration [Zugriff: 06.04.2023]

▸ Definieren Sie den Begriff der Konfessionsmigration in eigenen Worten. Berücksichtigen Sie dabei auch insbesondere die Bedeutung der Frühen Neuzeit.

M 4 Trostlied

32071-109

Joseph Schaitberger, ein Bergmann und überzeugter Lutheraner, wird 1686 aus dem Erzbistum Salzburg als Ketzer ausgewiesen und siedelt sich in Nürnberg an. Das folgende von ihm verfasste Trostlied wird auf dem Weg der Auswandernden oft gesungen:

Ich bin ein armer Exulant,/also muss ich mich schreiben./
Man tut mich aus dem Vaterland/um Gottes Wort vertreiben.
Doch weiß ich wohl, Herr Jesu mein/es ist dir auch so gangen/ […]
Ein Pilgrim[1] bin ich auch nunmehr,/muss reisen fremde Straßen/ […]
Ach, steh mir bei, du starker Gott,/dir hab ich mich ergeben;/
verlass mich nicht in meiner Not,/wann's kosten soll mein Leben.
Den Glauben hab ich frei bekennt;/des darf ich mich nicht schämen;/
Ob man mich einen Ketzer nennt/und tut mirs Leben nehmen.
Muss ich gleich in das Elend fort,/so will ich mich nicht wehren./ […]
Nun will ich fort, in Gottes Nam'./Alles ist mir genommen./
Doch weiß ich schon, die Himmelskron[2]/werd ich einmal bekommen.
So geh ich heut von meinem Haus,/die Kinder muss ich lassen./
Mein Gott, das treibt mir Tränen aus/zu wandern fremde Straßen.
Ach führ mich, Gott, in eine Stadt,/wo ich dein Wort kann haben,/ […]
Wer dieses Liedlein hat gemacht,/der wird hier nicht genennet,/
des Papstes Lehr hat er veracht,/und Christum frei bekennet.

Zitiert nach: Gerhard Florey, Geschichte der Salzburger Protestanten und ihrer Emigration 1731/32 (Studien und Texte zur Kirchengeschichte und Geschichte, Erste Reihe, Bd. II), Wien/Köln/Graz 1977, S. 63

1. Arbeiten Sie heraus, wie in dem Lied das schwere irdische Schicksal der Ausweisung dargestellt wird.
2. Erklären Sie, was mit einer Stadt gemeint ist „wo ich dein Wort kann haben" (Z. 27 f.).

[1] **Pilgrim**: Pilger; Person, die aus Glaubensgründen in die Fremde zieht
[2] Die Wendung meint göttlichen Lohn im Jenseits.

M5 Die Salzburger Emigration als Medienereignis

a) Zug der Salzburger Emigranten durch Augsburg auf ihrem Weg nach Preußisch-Litauen 1732

Aquarellbild eines vermutlich Augsburger Künstlers aus einem Album von 1732, das in Bild und Text über die Zwischenaufenthalte der Salzburger im Augsburgischen berichtet.

Der handschriftliche Text unterhalb des Bildes lautet: „Hier wird gezeigt, wie die Salzburger Emigranten auf dem Territorium der Stadt Augsburg beim Oberen Gottesacker [Friedhof] 1 vorbeigeführt und zu ihren Quartieren gebracht werden. Es wird dabei dargestellt, wie ein Salzburger Emigrant mit einem Esel 2 vorausging, der zwei nur wenige Wochen alte Kindlein getragen hat. Das haben die Hunderten von Zuschauern nicht ohne Tränen angesehen und zugleich gedacht, wie hart und unbarmherzig man mit denselben bei ihrer Emigration umgegangen ist. 3 zeigt den Amtsdiener des Bürgermeisters, der diese Emigranten an den Ort geführt hat, wo sie dann einquartiert wurden. 4 sind die Zuschauer der Stadt".

Angelika Marsch, Die Salzburger Emigration in Bildern, Weißenhorn 1977, Tafel 15 [Text normalisiert]

b) Die Regensburger Historikerin Harriet Rudolph ordnet die Ereignisse von 1731/32 mediengeschichtlich ein:

Die Salzburger Emigration wurde vor allem in den südlichen und östlichen, von Permigrationen [= Durchwanderung] betroffenen Territorien des Reiches zu einem Medienereignis par excellence[1]. Nie zuvor hatte der den Zeitgenossen bereits vertraute Vorgang der religiösen Zwangsmigration eine derartige Medienflut ausgelöst. […] Denn die Salzburger Emigration fiel in eine historische Phase, in der sich ein funktionierendes System periodischer und nichtperiodischer[2] Printmedien

[1] **par excellence** (frz.): in mustergültiger Form

[2] Periodische Medien erscheinen unter dem selben Namen regelmäßig in mehreren Ausgaben.

herausgebildet hatte, das die Infrastruktur für eine derartige Medienoffensive bereitstellte. Vertreter von weltlicher wie geistlicher Obrigkeit nutzten die Chance, ihre Stadt vor einer medialen Reichsöffentlichkeit als Ort wahren Glaubens und guter Ordnung zu inszenieren, wobei sich die moralische Überlegenheit des Luthertums über den Katholizismus gerade auch im teils selbstbeweihräuchernd herausgestellten Ausmaß christlicher Nächstenliebe gegenüber den Emigranten dokumentieren sollte. [...]
Jene Drucke, die den Aufenthalt von Emigrantengruppen in einzelnen Orten thematisierten, fungierten als Medien lokaler Erinnerungskulturen. Da die Routen der Züge variiert wurden, kamen viele Reichsbewohner direkt mit Emigranten in Berührung. [...] Insgesamt erschienen rund 500 Einblattdrucke, Flugschriften, Faltbriefe und Bücher, darunter Suppliken [= Bittschriften], Edikte, Einzugsberichte, Willkommensreden, Predigten, Trost- und Streitschriften, Sammlungsaufrufe, [...] Namenslisten von Emigranten, Landkarten, historische Darstellungen, Abhandlungen und Gespräche über den evangelischen Glauben sowie juristische Traktate.

Harriet Rudolph, Vom Märtyrer zum leidenden Opfer? Umrisse einer historischen Opferforschung am Beispiel der Salzburger Emigration (1731/32), in: Historische Zeitschrift 310, 2020, S. 622–653, hier S. 632–634

1. Beschreiben Sie das Aquarell unter Berücksichtigung der Texte a) und b).
2. Charakterisieren Sie die Darstellung der durchziehenden Salzburger Protestanten und der Augsburger Zuschauenden.
3. Geben Sie die wesentlichen Hinweise von Harriet Rudolph (Text b) über die mediengeschichtliche Bedeutung der Salzburger Emigration wieder.
4. Harriet Rudolph berichtet in Z. 11–14: „Vertreter von weltlicher wie geistlicher Obrigkeit nutzten die Chance, ihre Stadt vor einer medialen Reichsöffentlichkeit als Ort wahren Glaubens und guter Ordnung zu inszenieren." Prüfen Sie dieses Urteil mit Bezug auf das Aquarell aus Augsburg.

Umgang mit geschichtswissenschaftlicher Literatur

Historikerinnen und Historiker erarbeiten geschichtswissenschaftliche Literatur, nachdem sie sich mit Quellen (Schriftgut, Gegenstände oder anderes Material, wie Bilder oder Interviews, aus denen sich Informationen über die Vergangenheit erschließen lassen) und wissenschaftlichen Texten anderer Autorinnen und Autoren beschäftigt haben. Bei der geschichtswissenschaftlichen Literatur kann es sich sowohl um Monografien (ausführliche Darstellung eines Themas) als auch um Aufsätze, gedruckte Vorträge, Lexikonartikel oder Buchbesprechungen (Rezensionen) handeln. Alle diese Forschungsbeiträge sind durch unterschiedliche wissenschaftliche Vorstellungen, aber auch durch die soziale Prägung der Autorinnen und Autoren und damit durch die Zeit, in der die Menschen leben, beeinflusst. Geschichtswissenschaftliche Literatur ist folglich nicht für immer gültig und verbindlich. Gleichwohl sind die Ergebnisse der Forschung auch nicht völlig willkürlich. Wissenschaft bedeutet, dass verschiedene Forscherinnen und Forscher trotz unterschiedlicher Ansätze und sozialer Hintergründe im Allgemeinen zu ähnlichen Ergebnissen kommen. Denn wenn man alle verfügbaren Quellen einbezieht und diese möglichst neutral betrachtet, dann kann man zwar bei einzelnen Fragen unterschiedliche Akzente setzen, man kommt jedoch nicht zu völlig gegensätzlichen Erkenntnissen. Die historische Forschung verändert sich aber, wenn neue Quellen entdeckt werden oder aber neue Ansätze gewählt werden, die einen anderen Blick auf Geschichte zulassen.

Die wissenschaftlichen Erkenntnisse sind insgesamt abhängig von

- der Person der Forscherin oder des Forschers, die durch Herkunft und Prägung einen bestimmten Blick auf das Thema hat,
- der Auswahl der verwendeten Quellen und Beiträge aus der Fachliteratur,
- den wissenschaftlichen Themen, Fragen und theoretischen Ansätzen und
- den gesellschaftlichen Debatten, die zum Zeitpunkt der Entstehung des geschichtswissenschaftlichen Textes geführt wurden.

Im Folgenden ein Beispiel für einen geschichtswissenschaftlichen Text, den Sie ggf. mithilfe der Methodenkarte auf Seite 176 auswerten können.

Hintergrundinformationen

Professor Gerhard Florey, 1897 geboren, 1996 gestorben, arbeitete über viele Jahrzehnte wissenschaftlich zur Salzburger Emigration und wurde für seine Forschungen unter anderem von der Stadt Salzburg ausgezeichnet. Florey stammte aus Deutschland, wirkte aber seit den frühen 1920er-Jahren als evangelischer Pfarrer in Salzburg.

M1 Salzburger Exulanten und ihre Wirkung auf die Protestanten im Reich

Eines der immer noch sehr häufig zitierten wissenschaftlichen Werke zur Geschichte der Salzburger Protestantinnen und Protestanten stammt von Gerhard Florey. Es folgt ein Auszug aus einem Kapitel über die Wirkung der Vertreibung der Salzburger Emigranten auf die Entwicklung des Protestantismus im Heiligen Römischen Reich Deutscher Nation:

Die Nachricht von der im Lande Salzburg begonnenen Unterdrückung so vieler evangelischer Untertanen brachte ein Erwachen des protestantischen Selbstbewusstseins und führte zur völlig unerwarteten Bildung einer Art evangelischen Einheitsfront. […] Wir haben ja schon früher gesehen, welche Wirkung der Zug der Emigranten in allen Orten hervorbrachte, die er berührte. Dass es Menschen gab, die in einer im Glauben so lau[1] gewordenen Zeit für ihre evangelische Überzeugung solchen Bekennermut bewiesen und für ihren Glauben solche Opfer brachten, rüttelte die Gleichgültigen auf und erinnerte sie an die unvergänglichen Werte einer echten religiösen Haltung. Der Zug der Emigranten brachte allerorten eine Belebung der Frömmigkeit und ließ die Laugewordenen ihres evangelischen Glaubens wieder bewusst und froh werden.

Wirkung der Emigrantenzüge auf andere Protestanten

Davon zeugt die begeisterte und rührende Aufnahme, welche die Salzburger überall fanden und über die fast jeder größere Ort einen Bericht drucken ließ. Diese Schriften fanden weite Verbreitung, wurden überall mit Anteilnahme gelesen und trugen so auch das Ihre dazu bei, die Leser im Glauben zu stärken.

Folgeerscheinungen der größeren Frömmigkeit dieser Menschen

Davon zeugt auch die Überfülle von Emigrantenbildern, die vor allem von Augsburg und Nürnberg aus im ganzen Reiche verbreitet wurden und begeisterte Abnehmer fanden. Sie stellten geschichtliche Ereignisse der Auswanderung, des Zuges durch Deutschland und die Aufnahme in den einzelnen Städten dar. […] Diese Bilder sind auch kulturgeschichtlich wertvoll, denn sie zeigen die damaligen Salzburger Volkstrachten, bringen Städtebilder und machen den Zug der Emigranten mit ihren Fuhrwerken und Wanderstäben anschaulich.

Informationen aus Emigrantenbildern

Gerhard Florey, Geschichte der Salzburger Protestanten und ihrer Emigration 1731/32, Wien/Köln/Graz 1977, S. 218–220

[1] **lau**: nachlässig

- Untersuchen Sie die Begriffe, mit denen Gerhard Florey die Protestantinnen und Protestanten im Salzburgischen und im Reich charakterisiert.
- Bewerten Sie die Darstellung Gerhard Floreys.

32071-110

DiA Vorwissen aktivieren: 19. Jahrhundert

A

1. Welches waren zentrale Forderungen in der Revolution 1848/49?
   a) Gründung eines deutschen Nationalstaates
   b) Einführung des Frauenwahlrechts
   c) Verabschiedung einer liberalen Verfassung mit Grundrechtekatalog

2. Warum wurden diese Ziele nicht erreicht?
   a) Uneinigkeit der Revolutionäre (u. a. zwischen Bürgertum und Unterschichten)
   b) Ablehnung der Verfassung durch den preußischen König Friedrich Wilhelm IV.
   c) Hinrichtung der führenden Revolutionäre in ganz Deutschland

3. Was konnte die Revolution in Deutschland erreichen?
   a) Abschaffung der Monarchie und Einführung einer Republik
   b) Konstitutionelle Monarchien in allen deutschen Staaten (außer in Österreich)
   c) Aufhebung der Zensur und Einführung der Pressefreiheit

31000-105

1. Wählen Sie bei den Fragen zur Revolution 1848/49 in Deutschland die jeweils richtigen Antworten aus.

B

Kennzeichen der Industrialisierung	Faktoren
1) Innovation	a) Eisenbahn
2) Neue, kostengünstige Transportmittel	b) Maschinen
3) (Über-)Angebot an Arbeitskräften	c) Wissenschaftliche Forschung
4) Entstehung von Industriezentren	d) Vereinheitlichung von Maßen und Gewichten
5) Massenproduktion	e) Gewerbefreiheit
6) Vergrößerung des Wirtschaftsraums	f) Ausbau von Verkehrswegen (vor allem Schienennetz, Kanäle, Binnenhäfen)
	g) Bevölkerungswachstum
	h) Bauernbefreiung
	i) Fabriken
	j) Bergbau
	k) Vorhandensein von Rohstoffen (u. a. Baumwolle, Kohle, Eisen)
	l) Deutscher Zollverein
	m) Dampfschiffe

31000-106

2. Ordnen Sie hinsichtlich der Industrialisierung in Deutschland deren Kennzeichen den einzelnen Faktoren zu.
Hinweis: Die Faktoren a), b) und k) können sinnvollerweise jeweils zwei Kennzeichnen zugeordnet werden.

Nehmen Sie im Buch bitte keine Eintragungen vor, sondern lassen Sie sich von der Lehrkraft ggf. Kopien aushändigen.

C

1. Welche staatlichen Maßnahmen begünstigten die Industrialisierung in Deutschland?
   a) Ende des Zunftzwangs und Einführung der Gewerbefreiheit
   b) Förderung der Grundherrschaft
   c) Aufhebung der Leibeigenschaft
   d) Ausbau der Infrastruktur

2. Was trug zur Industrialisierung Deutschlands bei?
   a) Technologietransfer
   b) Einfuhr preisgünstiger Rohstoffe aus den Kolonien (z. B. Baumwolle)
   c) Pioniergeist einzelner Unternehmer

3. Welche war die Leitindustrie der Industrialisierung in Deutschland?
   a) Chemieindustrie
   b) Textilindustrie
   c) Eisenbahnbau

4. Was kennzeichnete die Industrialisierung in Bayern?
   a) Bayern war Vorreiter innerhalb Deutschlands.
   b) Die Industrialisierung konzentrierte sich in Bayern auf Zentren wie Augsburg, Nürnberg und München.
   c) Bayern hatte besonders große Vorkommen an Rohstoffen (z. B. Kohle).

3. Wählen Sie bei den Fragen zur Industrialisierung in Deutschland die richtigen Antworten aus.

31000-108

D

Proletarier • Schlafgänger • Pauperismus • Soziale Frage • Zeche • Urbanisierung • Unternehmer • Landflucht

a Massenarmut des 19. Jh., die vor der Industrialisierung zur Verelendung und zu sozialen Unruhen führte

b Abwanderung der Landbevölkerung in die Städte zur Verbesserung der eigenen sozialen Lage

c Inhaber von Fabriken und Firmen

d Menschen ohne eigenen Wohnraum, die Schlafstätten mieteten, während die Vermieter arbeiteten

e Wachstum und Zusammenwachsen bestehender oder Gründung neuer Städte

f Fabrikarbeiter der Industriegesellschaft, die nichts außer ihrer Arbeitskraft besaßen; Kampfbegriff der Theorie des Kommunismus

g Stahl- oder Bergwerk

h Frage nach der Lösung der durch die Industrialisierung entstandenen sozialen Probleme, z. B. Wohnungsnot, Kinderarbeit und mangelnde soziale Absicherung

4. Ordnen Sie die Begriffe den Definitionen zu.

31000-109

32071-113 Lösung

2.2 Transatlantik-Migration und Binnenwanderungen im 19. Jahrhundert

Im 19. Jahrhundert kam es zu tief greifenden Veränderungen. Nach dem Beginn der Französischen Revolution 1789 erhielt das Bürgertum, das im Wesentlichen die gesamte Steuerlast trug, nicht nur in Frankreich, sondern auch in anderen Staaten Europas mehr Freiheitsrechte und größere Mitsprache in der Politik. Im Gegenzug verlor der Adel immer mehr seiner Vorrechte. Auch durch Abschaffung der Grundherrschaft und Einführung der Gewerbefreiheit in der ersten Hälfte des 19. Jahrhunderts wurde der in den 1830er-Jahren in Bayern beginnenden Industrialisierung der Weg bereitet. Für einen Teil der Bevölkerung bedeuteten die Reformen aber auch den Wegfall Sicherheit bietender Strukturen und infolgedessen sozialen Abstieg oder sogar Armut. Mit den vielfältigen Umbrüchen im 19. Jahrhundert gehen Binnenwanderungen sowie die Auswanderung in die USA einher.

Was es bei der Erstellung eines Podcasts zu beachten gilt, sowie hilfreiche Tipps finden Sie unter Mediencode 32071-117.

Lernaufgabe

32071-204

Mithilfe der folgenden Arbeitsaufträge setzen Sie sich mit der Auswanderung in die USA sowie mit den Binnenwanderungen auseinander. Erstellen Sie davon ausgehend in Kleingruppen einen **rund fünfminütigen Podcast** zu den Migrationsbewegungen des 19. Jahrhunderts. Legen Sie dabei einen Schwerpunkt auf die Bedeutung von Wanderungsbewegungen für das Individuum.

DiA

1. Erschließen Sie sich Motive der Auswanderung in die USA, indem Sie arbeitsteilig folgende Materialien auswerten:
   a) Ego-Dokument Matthäus Haßfurthers zu seiner bevorstehenden Auswanderung (M3)
   b) wissenschaftlicher Text zum Sozialprofil von aus Bayerisch-Schwaben Emigrierenden (M4)
   c) wissenschaftlicher Text zu den Motiven der Auswanderung von Jüdinnen und Juden (M5, M6)
   d) Lexikon-Auszug zu ausgewählten biografischen Daten von Emigrierten (M7)
2. Erläutern Sie an einem biografischen Beispiel die Bedeutung der Auswanderung in die USA für das Individuum. Werten Sie hierzu den Auswandererbrief M8 aus. Die Anleitung auf der Seite 174 kann Ihnen dabei helfen.
3. Vergleichen Sie die Emigration in die USA mit der Binnenwanderung im 19. Jahrhundert, indem Sie wesentliche Merkmale des Binnenwanderungsgeschehens herausarbeiten und die typische Binnenwanderin/den typischen Binnenwanderer charakterisieren (M9, M10, M11).
4. Recherchieren Sie zur Aus- und Binnenwanderung in Bayern heute. Diskutieren Sie Ähnlichkeiten und Unterschiede.

Hinweis
Die Arbeitsaufträge auf den folgenden Seiten helfen, INFO-Texte und Materialien im Hinblick auf die Lernaufgabe zu erschließen.

M1 Umfang der deutschen Auswanderung 1830 bis 1900

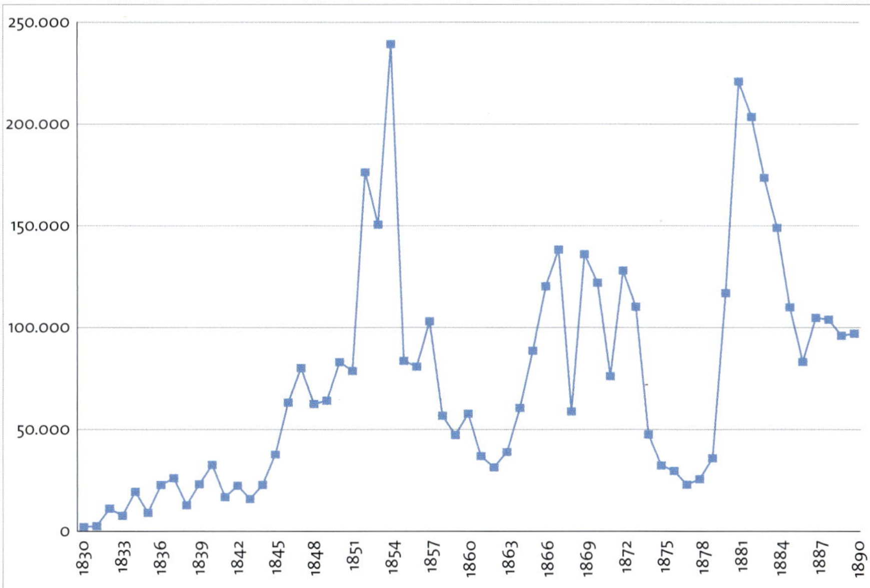

Jochen Oltmer, Migration. Geschichte und Zukunft der Gegenwart, Bonn [2]2020, S. 59

Detaillierte Angaben lassen sich für den Zeitraum 1846–1857 finden: Von den 140 000 Menschen, die damals aus Bayern in die USA gingen, stammten etwa 45 % aus der Pfalz. 17 % kamen aus Unterfranken, 15 % aus Oberfranken, 9 % aus Mittelfranken. Der Anteil der Oberpfalz (5 %), Schwabens (4 %), Niederbayerns (3 %) und Oberbayerns (2 %) blieb demgegenüber gering.

▸ Der Umfang der Auswanderung aus Deutschland verändert sich im 19. Jahrhundert von Jahr zu Jahr erheblich. Skizzieren Sie das Auf und Ab und arbeiten Sie die Hauptphasen der Auswanderung heraus.

INFO 1: Auswanderung aus Bayern

Zwischen 1815 und 1930 verließen 55 bis 60 Millionen Europäerinnen und Europäer ihren Heimatkontinent. Die deutsche Auswanderung umfasste wahrscheinlich rund sechs Millionen Menschen. Zu rund 90 Prozent gingen sie in die USA.

Aus dem Königreich Bayern stammten etwa zehn bis 15 Prozent aller deutschen Ausgewanderten. Insgesamt lag ihre Zahl zwischen den 1830er- und den 1890er-Jahren bei mehr als 600 000 (Gesamteinwohnerzahl 1864: ca. 4,8 Mio.). Zentren der überseeischen Auswanderung aus Bayern bildeten die damals dem Königreich zugehörige linksrheinische Pfalz sowie Franken. Unterdurchschnittlich blieb sie aus Schwaben, aus der Oberpfalz sowie aus Ober- und Niederbayern.

Überdurchschnittlich stark an der Transatlantik-Migration aus Bayern beteiligt waren Jüdinnen und Juden. Sondergesetze beschränkten ihre Bewegungsfreiheit und ihre wirtschaftliche Betätigung vor allem auf das Handwerk und den Handel. Darüber hinaus begegneten ihnen judenfeindliche Ressentiments und Diskriminierungen im Alltag. Jüdische Transatlantik-Migrantinnen und -Migranten kamen vor allem aus Franken, aber auch aus der Pfalz und Schwaben und hier insbesondere aus den ländlichen Gebieten. Angenommen wird, dass rund 20 000 bis 25 000 bayerische Jüdinnen und Juden das Königreich in Richtung USA verließen. Der bekannteste Auswanderer ist Levi Strauss. Er gilt als Erfinder der Jeans („Levi's"). Jochen Oltmer

Levi Strauss (1829–1902): stammte aus dem oberfränkischen Buttenheim und wanderte 1847 gemeinsam mit seiner verwitweten Mutter und zwei Geschwistern in die USA aus

▸ Charakterisieren Sie Umfang und Herkunftsräume der Auswanderung.

Das „Deutsche Auswandererhaus" in Bremerhaven und das Auswanderermuseum BallinStadt in Hamburg bieten vielfältige Informationen zu Immigration und Emigration. Zu ihren Webseiten führt Mediencode **32071-111**.

INFO 2: Steuerung der Auswanderung durch die deutschen Staaten

In den deutschen Staaten des 19. Jahrhunderts galt die Auswanderung als Lösung für die **Soziale Frage**, die als Folge der **Industrialisierung** entstanden war. Trotzdem erteilten die Regierungen in der Regel eine Erlaubnis zur Auswanderung erst dann, wenn die Antragstellerinnen und -steller nachweisen konnten, keinen privaten Verpflichtungen, wie beispielsweise Unterhaltszahlungen, nachkommen zu müssen, dass sie keine Schulden hatten und nicht militärpflichtig waren.

Zur Lösung der **Sozialen Frage** wurde Auswanderung zum Teil finanziell gezielt gefördert. Um ihre Armenkassen zu entlasten, übernahmen Gemeinden deshalb oft die Kosten für eine Schiffspassage nach Nordamerika für Personen, die dauerhaft der Armenfürsorge „zur Last fielen". Darüber hinaus wurden Kriminelle oder aus politischen Gründen unerwünschte Personen abgeschoben. Allerdings blieb die Zahl der Menschen, die mit einer finanziellen Unterstützung oder ganz auf Kosten des Staates nach Nordamerika auswanderten, insgesamt recht gering. Das lag nicht am fehlenden politischen Willen, sondern an den begrenzten Mitteln der Kommunen.

Jochen Oltmer

- Nennen Sie die drei Bereiche, in denen deutsche Staaten im Blick auf die Auswanderung aktiv wurden.

INFO 3: Flucht vor politischer Verfolgung

Wer in den Staaten des Deutschen Bundes[1] für politische Mitbestimmung, Freiheit und Bürgerrechte oder die Vereinigung der Einzelstaaten zu einem deutschen Nationalstaat eingetreten war, war insbesondere nach den **Revolution**en der Jahre 1830 und **1848/49** Repressionen durch die jeweiligen Regierungen ausgesetzt. Diese reagierten mit scharfen Zwangsmaßnahmen durch Polizei und Militär, mit der Rücknahme der Pressefreiheit, der Einschränkung von parlamentarischen Mitbestimmungsmöglichkeiten und mit zahlreichen Verhaftungen und politischen Prozessen.

Um der politischen Verfolgung zu entgehen, emigrierten politisch Aktive vor allem nach Frankreich, Belgien, Großbritannien und in die Schweiz. Außerhalb Europas waren die USA das wichtigste Ziel. Schätzungen gehen davon aus, dass 3000 bis 4000 Menschen, die in die Revolution von 1848/49 verwickelt waren, Deutschland in Richtung USA verließen.

Im Vergleich zur Gesamtauswanderung in die USA blieb die Zahl der politisch motivierten Migrantinnen und Migranten klein. Das sollte aber nicht darüber hinwegtäuschen, dass diese Gruppe dort häufig wichtige politische und kulturelle Aufgaben als „ethnic leader" bzw. Identitätsmanager für die deutsch-amerikanische Bevölkerung wahrnahm: z. B. in deutschen Vereinen, in den kirchlichen Institutionen, in den politischen Parteien oder im deutschsprachigen Zeitungswesen. Sie trugen auch in wesentlichem Maße dazu bei, dass sich die deutschen Einwanderinnen und Einwanderer in den USA im Laufe der zweiten Hälfte des 19. Jahrhunderts immer weniger auf eine regionale Herkunft beriefen, sondern sich als Deutsche verstanden und eine deutsch-amerikanische Identität entwickelten.

Jochen Oltmer

- Benennen Sie die Bedeutung der politischen Verhältnisse im Deutschen Bund für die Auswanderung.

[1] **Deutscher Bund**: loser Staatenbund (1815–1866) mit zunächst 34 Staaten und vier freien Städten

M2 Auswandererschiff in Hamburg

Holzstich, 1874 von Knut Ekwall nach einer Zeichnung etwa aus dem Jahr 1850

Seit 1840 verkehrten zunehmend Dampfschiffe zwischen Europa und Nordamerika. Sie konnten wesentlich mehr Passagiere fassen und die Überfahrt, wofür Segelschiffe zuvor bis zu 40 Tage benötigten, wesentlich schneller bewältigen. Die deutschen Häfen der Transatlantik-Routen waren Bremen und Hamburg. Große Schiffsunternehmen wie die Hamburg-Amerikanische Packetfahrt-Actien-Gesellschaft, kurz Hapag, und die Norddeutsche Lloyd in Bremen unterhielten auch in Bayern Agenturen, die bei der Organisation der Ausreise unterstützten.

- Analysieren Sie das Bild.
- Erschließen Sie sich die Reiseverhältnisse. Was sagen diese über die Ursachen und die persönliche Motivation der Auswanderung in die USA aus?

INFO 4: Industrialisierung und Binnenwanderungen

Lebten Anfang des 19. Jahrhunderts nur zwei Prozent aller Menschen in Deutschland in Städten mit mehr als 100 000 Einwohnerinnen und Einwohnern, waren es 1910 bereits mehr als 21 Prozent. 1800 gab es nur zwei Großstädte, nämlich Berlin und Hamburg, 1910 bereits 45.

Das Wachstum der einzelnen Städte war vor allem Ergebnis umfangreicher interregionaler Arbeitswanderungen. Von den rund 62 Millionen Menschen im Deutschen Reich lebte 1907 rund die Hälfte nicht mehr am Ort ihrer Geburt. Industrie und Dienstleistungen hatten im Zuge der Industrialisierung vor allem in der zweiten Hälfte des 19. Jahrhunderts rasch gegenüber der Landwirtschaft an Bedeutung gewonnen. In den rapide wachsenden Städten konzentrierten sich die industriell-gewerbliche Produktion, der Vertrieb der hergestellten Güter und das Angebot an Dienstleistungen. Die Folge waren Binnenwanderungen vom Land in die Stadt und von wirtschaftlich weniger entwickelten Regionen in die ökonomischen Kerngebiete.

Diese Urbanisierung bedeutete nicht nur einen Anstieg der Einwohnerzahl von Städten, sondern auch deren Flächenwachstum. Urbanisierung bezeichnet außerdem die Vernetzung, Verdichtung und Verknüpfung wachsender Siedlungen zu Ballungsräumen.

Jochen Oltmer

- Skizzieren Sie Ursachen und Folgen der Binnenwanderung im Deutschen Kaiserreich.

Ego-Dokumente analysieren

Ego-Dokumente geben Auskunft über Lebensverhältnisse, Erfahrungen, Wahrnehmungen, Wünsche, Hoffnungen und Ängste, aber auch Selbst-, Welt- und Fremdbilder von Menschen. Zu den Ego-Dokumenten zählen Selbstzeugnisse wie z.B. Autobiografien, Lebenserinnerungen, Tagebücher, Reiseberichte oder private Briefe. Diese sind selbst verfasst worden und aus eigenem Antrieb entstanden. Ego-Dokumente können aber auch von anderen verfasst worden sein und indirekt Auskunft über Personen, ihre Vorstellungen und Einstellungen geben, wie z.B. Zeugenbefragungen, Verhörprotokolle, Testamente oder Bittschriften. Sie sind besonders dann wertvoll, wenn über Menschen erzählt wird, die schriftunkundig waren oder die zu einer gesellschaftlichen Gruppe gehören, von der Selbstzeugnisse selten verfügbar sind, wie etwa im Falle von Besitzlosen oder Unterprivilegierten.

Der Verfasser bzw. die Verfasserin von Ego-Dokumenten gibt historische Fakten nicht unmittelbar wieder. Stattdessen vermittelt er bzw. sie vor allem in Autobiografien und Memoiren, aber auch in Briefen – bewusst oder unbewusst – ein bestimmtes Bild von sich selbst.

Auch Ego-Dokumente von Verwaltungen und Behörden müssen einer umfassenden Quellenkritik unterzogen werden. Denn nicht selten handelt es sich um Aussagen unter Zwang oder aus der Not heraus, z.B. im Kontext von Verhören oder Zeugenbefragungen.

Hintergrundinformationen

Hans Weinhardt aus Windsheim (heute Bad Windsheim im Landkreis Neustadt an der Aisch) schreibt am 12. Juni 1924 an seinen Onkel William J. Weinhardt in Lafayette/Indiana, USA. Hans Weinhardt wanderte einige Monate später, im Februar 1925, im Alter von 17 Jahren in die USA aus. 1930 erwarb er die US-amerikanische Staatsbürgerschaft. Die Familie seines Onkels war bereits 1848 aus dem mittelfränkischen Schwabach nach Indiana ausgewandert.

M1 Brief von Hans Weinhardt

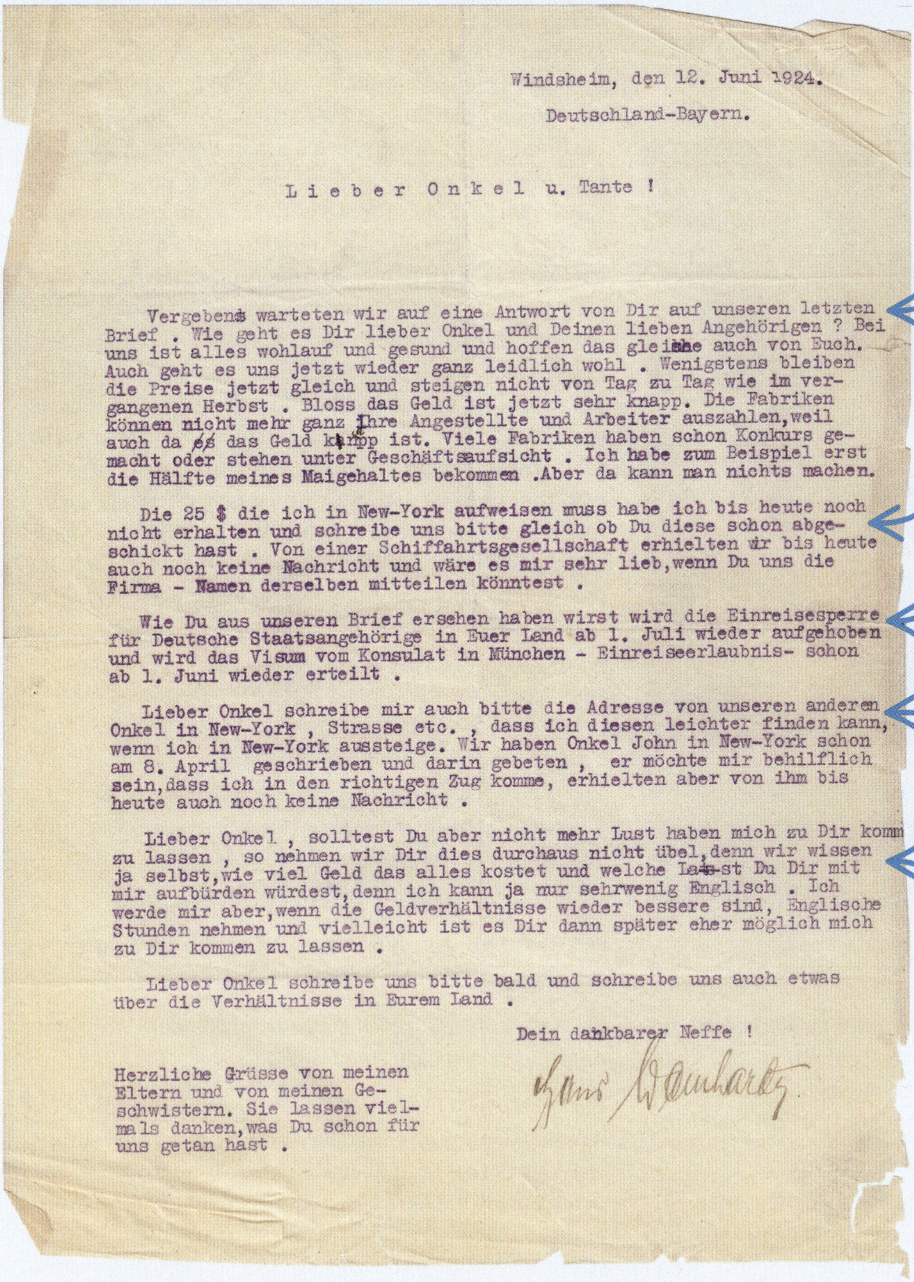

Windsheim, den 12. Juni 1924.
Deutschland-Bayern.

Lieber Onkel u. Tante !

Vergebens warteten wir auf eine Antwort von Dir auf unseren letzten Brief . Wie geht es Dir lieber Onkel und Deinen lieben Angehörigen ? Bei uns ist alles wohlauf und gesund und hoffen das gleiche auch von Euch. Auch geht es uns jetzt wieder ganz leidlich wohl . Wenigstens bleiben die Preise jetzt gleich und steigen nicht von Tag zu Tag wie im vergangenen Herbst . Bloss das Geld ist jetzt sehr knapp. Die Fabriken können nicht mehr ganz ihre Angestellte und Arbeiter auszahlen,weil auch da das Geld knapp ist. Viele Fabriken haben schon Konkurs gemacht oder stehen unter Geschäftsaufsicht . Ich habe zum Beispiel erst die Hälfte meines Maigehaltes bekommen .Aber da kann man nichts machen.

Die 25 $ die ich in New-York aufweisen muss habe ich bis heute noch nicht erhalten und schreibe uns bitte gleich ob Du diese schon abgeschickt hast . Von einer Schiffahrtsgesellschaft erhielten wir bis heute auch noch keine Nachricht und wäre es mir sehr lieb,wenn Du uns die Firma - Namen derselben mitteilen könntest .

Wie Du aus unseren Brief ersehen haben wirst wird die Einreisesperre für Deutsche Staatsangehörige in Euer Land ab 1. Juli wieder aufgehoben und wird das Visum vom Konsulat in München - Einreiseerlaubnis- schon ab 1. Juni wieder erteilt .

Lieber Onkel schreibe mir auch bitte die Adresse von unseren anderen Onkel in New-York , Strasse etc. , dass ich diesen leichter finden kann, wenn ich in New-York aussteige. Wir haben Onkel John in New-York schon am 8. April geschrieben und darin gebeten , er möchte mir behilflich sein,dass ich in den richtigen Zug komme, erhielten aber von ihm bis heute auch noch keine Nachricht .

Lieber Onkel , solltest Du aber nicht mehr Lust haben mich zu Dir komm zu lassen , so nehmen wir Dir dies durchaus nicht übel,denn wir wissen ja selbst,wie viel Geld das alles kostet und welche Last Du Dir mit mir aufbürden würdest,denn ich kann ja nur sehrwenig Englisch . Ich werde mir aber,wenn die Geldverhältnisse wieder bessere sind, Englische Stunden nehmen und vielleicht ist es Dir dann später eher möglich mich zu Dir kommen zu lassen .

Lieber Onkel schreibe uns bitte bald und schreibe uns auch etwas über die Verhältnisse in Eurem Land .

Dein dankbarer Neffe !

Hans Weinhardt

Herzliche Grüsse von meinen Eltern und von meinen Geschwistern. Sie lassen vielmals danken,was Du schon für uns getan hast .

1. Absatz:
Frage nach Befinden des Adressaten
Bericht über eigenes Befinden, die finanzielle Situation und die wirtschaftliche Lage im Land wie auch des eigenen Unternehmens

2. Absatz:
Sorge um Gelingen der Emigration in die USA

3. Absatz:
Aufheben der Einreisesperre seitens der USA

4. Absatz:
Weitere mögliche Kontaktperson in New York

5. Absatz:
Mögliche Aufnahme im Zielland durch den Adressaten

https://germanletters.org/files/original/ea529a4d2f5a644de0e00a1780199022.jpg

32071-201

- Geben Sie den Inhalt des Briefes wieder.
- Erläutern Sie die im Brief nur sehr kurz angesprochenen politischen, wirtschaftlichen, sozialen Verhältnisse in Deutschland zum Zeitpunkt des Verfassens des Briefes.
- Überprüfen Sie, ob der Verfasser für die Adressaten bewusst ein bestimmtes Bild von sich darstellen will.

M3 Ein Auswandererbrief ist aus Nordamerika eingetroffen

Gemälde von Berthold Woltze (1829–1869), das um 1860 in einer der Hochphasen der Auswanderung aus deutschen Staaten entstanden ist.

1. Analysieren Sie, wie der Maler das Lesen des Auswandererbriefes darstellt.
2. Suchen Sie mögliche Gründe für diese Art der Darstellung.

M4 Warum auswandern?

Matthäus Haßfurther aus dem unterfränkischen Humprechtshausen (heute Gemeinde Riedbach im Landkreis Haßberge) schreibt 1838 an seinen Freund Nikolaus Gerhard, der in Cincinnati im US-Bundesstaat Ohio lebt und dort als Schmied arbeitet:

Wie schön wäre es, wenn man sich manchen Abend besuchen und das Leben einander angenehm machen würde. Das war ja […] unser Wunsch im Stillen, wenn wir oft miteinander überlegten, wie bei uns alles drunter und darüber geht, alles verdorben und gestohlen wird und man das ganze Jahr über nur Ärger und Feindschaft hat, wo alles auf den Bauer stampft und tritt, wo erst kürzlich unser Herr Landrichter zu unserm Vorsteher sagte, es könnte nicht besser, sondern immer schlimmer werden, als es um das Tilgen von Schulden ging, weil der Befehl von der Staatsregierung gekommen ist, dass alle Gemeinde- und Contributionsschulden[1] bezahlt werden müssen. […] Der Ziegelmacher Kaspar Brückner lässt Dich auch schön grüßen. Er hat auch Lust mitzugehen, was mir nicht unangenehm ist […]. Ich habe mich freilich mit meinem Hausbau verschuldet. Mein Schuldenstand steht bei 1300 fl [= Gulden]. Mit 2500 fl rechne ich für den Verkauf und auch etwa 400 fl für Vieh und Hausrat. Bis Bremen rechne ich mit 100 fl, mit Fracht übers Wasser […] für jede Person 75 fl, also 535 fl und 175 fl bis Cincinnati […]. Selbst wenn es 1000 fl kosten sollte, würden mir ja doch noch einige hundert bleiben. Die würde ich Dir aber auch geben, falls Du unterdessen hier was kaufen solltest, und mich und alle Arbeitsfähigen einspannen, damit wir einen Anfang machen können. […] Ach Bruder, wann ich nur endlich von Gott aus dieser Martergrube[2] erlöst würde und mit meinem Kindern bei Dir wäre, wo man, wie man hört, nicht so viele Mastochsen fett zu füttern braucht und man das, was man mit schweißtreibender Arbeit erworben hat, mehr für sich verwenden kann. […] Abschließend wünsche ich, dass es unser gemeinsames Schicksal so einrichtet, dass wir uns bis Pfingsten 1839 in Amerika persönlich sprechen können.

Zitiert nach: Wolfgang J. Helbich, „Alle Menschen sind dort gleich ...“ Die deutsche Amerika-Auswanderung im 19. und 20. Jahrhundert, Düsseldorf 1988, S. 71 f. (gekürzt und vereinfacht)

▶ Arbeiten Sie die Motive für die Auswanderung heraus. Ordnen sie dabei in einer Tabelle nach politischen, wirtschaftlichen und sozialen Beweggründen ein.

M5 Das Sozialprofil von aus Bayerisch-Schwaben ausgewanderten Menschen

Marita Krauss und Ulrich Niggemann von der Universität Augsburg geben dazu einen Überblick:

Für rund 5000 Auswanderer aus Bayerisch-Schwaben ließ sich das Sozialprofil näher untersuchen: Sie stammten keineswegs aus übervölkerten, sondern eher aus den weniger industrialisierten Gegenden. Die Auswanderer, ob weiblich oder männlich, nahmen ein Durchschnittsvermögen von 200 bis 350 Gulden mit, waren also relativ wohlhabend; dies widerspricht der These, die Auswanderung habe vor allem als soziales Ventil gewirkt. Die Abschiebung von Besitzlosen kam zwar vor, fiel aber quantitativ kaum ins Gewicht. Bis 1860 wanderten fast zwei Drittel der bayerischen Schwaben im Familienverbund aus; erst danach gab es mehr junge und ledige Wanderer.

[1] **Kontribution**: Sonderzahlung zur Deckung von Kriegskosten

[2] **Martergruben** wurden in der Antike für Menschenopfer ausgehoben. „Marter“ ist ein Synonym für „Folter“, „Qual“.

Diese Auswanderer, so das Resümee, stammten aus einer liquiden[3] Schicht, deren Mobilität möglicherweise darauf zurückzuführen ist, dass sie am Ende der Wanderung ein Leben in hergebrachten Wirtschaftsformen erhofften: mit einem eigenen Hof auf eigenem Grund und Boden. Auch für Oberfranken gilt, dass bis 1870 über 40 % der erfassbaren männlichen Auswanderer aus dem landwirtschaftlichen Bereich kamen. Ein Großteil der Wandernden, für Oberfranken 64 %, war zwischen 16 und 40 Jahre alt; anfangs überwogen die Männer, zunehmend wanderten aber auch Frauen. Eine hohe vertikale, horizontale und schließlich geographische Mobilität[4] war für die ländliche Gesellschaft Bayerns im 19. Jahrhundert nicht die Ausnahme, sondern die Norm. [...] Im letzten Jahrhundertdrittel wuchs dann der Anteil der Auswandernden aus Handwerkerfamilien und der Fabrikarbeiter, die sich bessere Arbeitsbedingungen erhofften.

Marita Krauss und Ulrich Niggemann, Migration und Minderheiten in Mittelalter und Neuzeit, in: Werner Freitag, Michael Kißener, Christine Reinle und Sabine Ullmann (Hrsg.), Handbuch Landesgeschichte, Berlin 2018, S. 407–441, hier S. 416

32071-114

1. Geben Sie die wesentlichen Informationen über das Sozialprofil der Ausgewanderten wieder.
2. Erklären Sie, wie sich die Motivation für die Auswanderung verändert hat.

M 6 Rechtliche Stellung von Juden als Motiv für Auswanderung?

Der Historiker Tobias Brinkmann erläutert, inwiefern Benachteiligung die Emigration von Jüdinnen und Juden aus Bayern beschleunigt hat:

[1813] führte die bayerische Regierung sog. Matrikelnummern und -verzeichnisse ein. Damit wollte sie erreichen, dass sich weder nichtbayerische noch bayerische Juden ohne Weiteres an einem Ort niederlassen konnten. Nur bayerische Juden, die eine Matrikelnummer von einem anderen vorher ansässigen Juden erworben hatten, erhielten das Recht auf Niederlassung. [...] Das Matrikelgesetz zwang jüngere bayerische Juden in die Migration. Da die Anzahl der an einem Ort immatrikulierten Juden nicht zunehmen sollte, musste ein Teil des männlichen und weiblichen Nachwuchses in der Regel den Ort verlassen. Auch zeitgenössische Presseberichte deuten darauf hin, dass besonders viele Juden aus Bayern nach Nordamerika migrierten. [...] Die Verfasser der Artikel sahen die Auswanderung durchweg als Krisenphänomen, denn die Existenz jüdischer Gemeinden wurde durch die Auswanderung der jüngeren Generation ernsthaft gefährdet.

Tobias Brinkmann, Von der Gemeinde zur „Community“. Jüdische Einwanderer in Chicago 1840–1900, Osnabrück 2002, S. 50 f.

32071-115

1. Arbeiten Sie Motive für die Auswanderung von Jüdinnen und Juden heraus.
2. Weisen Sie nach, dass die soziale und rechtliche Position der Jüdinnen und Juden besonders prekär war.

M 7 Ökonomische und soziale Chancen von Jüdinnen und Juden aus Bayern in den USA

Die Münchner Historikerin Cornelia Wilhelm fasst dazu zusammen:

Die strikte Trennung von Kirche und Staat und das Verbot einer Staatskirche sicherten Juden das volle Recht der Religionsfreiheit; da Religion damit zur Privatsache erklärt wurde, waren Juden in der bürgerlichen Welt der USA gleichgestellt, konnten ein politisches Amt antreten und verfügten über alle Freiheiten eines Amerikaners. [...] Über diese grundlegenden Koordinaten hinaus boten die USA den jüdischen Einwanderern aber noch mehr: Durch die seit der Jahrhundertmitte stattfindende Besiedelung des Westens entstand eine ökonomische Situation, die eine Art „Gründerzeit“ einläutete. Diese „Gründerzeit“ erlaubte Juden, ihre erlernten Berufe oder traditionelles Know-how wie auch ihre Familienbande im Handel optimal zu nutzen und Teil eines ökonomischen Booms zu werden, der ohne diese Familien, ihre Motivation, in den Westen zu gehen und es in Amerika „zu schaffen“, so gar nicht möglich gewesen wäre. Diese Rolle erlaubte den bayerischen Juden Teil des amerikanischen Gründermythos im Westen zu werden und die eigene Geschichte tief in der Geschichte der nationalen Entwicklung Amerikas zu verwurzeln.

Cornelia Wilhelm, Die Emigration der fränkischen Juden im 19. Jahrhundert nach Amerika, in: Michael Brenner und Daniela Eisenstein (Hrsg.), Die Juden in Franken, München 2012, S. 169–180, hier S. 174

► Fassen Sie zusammen: Welche Chancen boten die USA den Jüdinnen und Juden?

[3] **liquide**: wörtlich „flüssig“; hier „zahlungskräftig“

[4] **Vertikale Mobilität** bedeutet, dass sich die soziale bzw. berufliche Position verbessert/verschlechtert, **horizontale M.**, dass sich bei einer in etwa gleich zu bewertenden Position die Berufsbranche ändert.

M8 Politische Flüchtlinge

Zwei Beispiele aus dem Lexikon der deutschen politischen Emigration 1815–1848 von Ulrich Klemke:

a) Molitor, Stephan, geb. 1806 in Scheßlitz (Oberfranken), gest. 1873 in Cincinnati (Ohio):

Stephan Molitor, stud. phil. und jur. in Würzburg, dann Angestellter bei der Polizei in München, wanderte 1836 nach Amerika aus, da er die Rolle, die die Polizei bei der Verfolgung der liberalen Opposition spielte, missbilligte. Zunächst arbeitete er als Redakteur der „New Yorker Staatszeitung", dann des „Freisinnigen" in Philadelphia, bis er 1837 zum „Weltbürger" nach Buffalo ging. Doch bereits 1838 zog es ihn nach Cincinnati, wo er als Redakteur beim „Volksblatt" tätig wurde. 1840 erwarb er die Zeitung und machte sie zu einem der bedeutendsten deutschsprachigen Organe der Vereinigten Staaten [...]. 1863 verkaufte er sein Unternehmen und zog sich auf seinen Landsitz in der Nähe von Cincinnati zurück.

b) Krämer, Friedrich August, geb. 1812 in Kleinlangheim (Unterfranken), gest. 1891 in Springfield (Ilinois):

Friedrich August Krämer, Student der Theologie in Jena und Erlangen, war Mitglied der dortigen Burschenschaft „Germania" und nahm 1833 am Frankfurter Wachensturm[1] teil. Nach seiner Verhaftung in Würzburg wurde er nach München gebracht, wo er 1839 zu fünf Jahren Festungshaft verurteilt wurde. Seine Strafe verbüßte er auf der Festung Oberhaus. Im Jahre 1845 wanderte er – vermutlich auch aus politischen Gründen – nach Amerika aus und lehrte hier als Professor für Theologie am lutherischen Seminar in Springfield (Illinois).

Ulrich Klemke, Die deutsche politische Emigration nach Amerika 1815–1848. Biographisches Lexikon, Frankfurt am Main 2007, S. 46, 48, 84, 100, 132

32071-119

1. Arbeiten Sie Motive für die Emigration in die USA heraus.
2. Stellen Sie Vermutungen an, warum diese Fälle eine Minderheit unter den Auswandernden waren.

M9 Brief der Auswanderin Beck aus Bayerisch-Schwaben (1854)

Die Auswanderin zieht mit ihrem Ehemann, einem Schneidermeister, in die Stadt Theresa im US-Bundesstaat Wisconsin. Von Süddeutschland aus macht sich das Paar auf nach Bremen, fährt mit dem Schiff nach New York und reist per Bahn und Dampfschiff weiter über Buffalo, Detroit, Chicago und Milwaukee nach Theresa. In einem Brief vom 25. September 1854 schreibt sie:

Wir fuhren die ganze Nacht, u. kamen morgens 5 Uhr nach Milwauke[e]. Auf diesem Schiff trafen wir den Rehklau von Steinheim mit 3 Kindern, u. den Zoller von Hausen mit 4 Kindern, welche sagten, dass sie auch mit uns zum Christian [dem Bruder der Auswanderin] reisten. [...]. Wir logierten nun in Milwauke[e] im Kussuth-Haus, aber kaum waren wir da, so kam der Seybold Bergbäck vorbei, er kannte meinen Mann gleich, und hatte halt eine solche Freude, dass wir alle mit ihm nach Hause mussten, er wohnt ungefähr ½ Std vor der Stadt draußen, hat ein schönes Landgütchen u. lebt äußerst glücklich u. zufrieden [...]. Ich besuchte noch die Tochter von Herrn Kerler, Veronika [...]. Um noch vollends unsre letzte Station zu beschreiben, so können wir euch mitteilen, dass wir ein eigenes Fuhrwerk nehmen mussten [...], da aber der Weg noch so ungeräumt ist, es nicht nur durch Wälder, sondern bergauf und -ab, durch Sümpfe u. Löcher, so mussten wir noch einmal, ungefähr 8–10 Meilen von Theresa übernachten, wo wir nun allesamt, Zollers, Rehklaus, und wir den 12. Juli, 11 Uhr endlich in Gottes Namen glücklich ankamen. [...]
[...] Auch haben wir schon immer Arbeit und guten Verdienst. Die Lebensmittel werden zwar teuer, aber das achtet man nicht; der Handwerksmann darf deswegen mit seinem Verdienst nicht zurückstehen, oder gar noch billiger arbeiten, wie es in Deutschland Mode ist. Schlagen die Lebensmittel hier auf, so schlägt der Handwerksmann auch auf, man hört nicht einen einzigen Menschen klagen, es hat alles zu leben, und hier lebt man noch besser als in Deutschland, man darf sich aber auch in nichts genieren[2], man kann gerade leben, wie man will, hat man kein Holz, geht man in den Busch und holt sich's, hat man kein Fleisch, so geht man auf die Jagd und schießt sich eins, ohne dass man vorher darum anhält beim Magistrat[3], und sich eine Karte löst, für welche man schon vorher 10 Gulden bezahlen muss.

Zitiert nach: Pankraz Fried (Hrsg.), „Hier ißt man anstadt Kadofln und Schwarzbrodt Pasteten ..." Die deutsche Überseewanderung des 19. Jahrhunderts in Zeitzeugnissen, Augsburg 2000, S. 144 f., 149

32071-122

1. Arbeiten Sie heraus, wie die Auswanderin ihre Ankunft in Milwaukee bzw. Theresa beschreibt.
2. Die Auswanderin vergleicht Bayern und die USA. Begründen Sie, warum sie auf die im Brief genannten Aspekte zu sprechen kommt.

[1] Versuch von ca. 100 Aufständischen, eine Revolution auszulösen

[2] **sich in nichts genieren**: keine Hemmungen haben

[3] **Magistrat**: Verwaltung

M10 Entwicklung der Bevölkerungszahl in den acht größten Städten Bayerns zwischen 1840 und 1890

32071-120

	1840	1855	1871	1880	1890	1890
München	96000	132000	170000	230000	351000	596000
Nürnberg	47000	56000	83000	100000	143000	333000
Augsburg	37000	41000	51000	61000	76000	123000
Würzburg	27000	33000	40000	51000	61000	84000
Ludwigshafen	1500	2300	7900	15000	33000	83000
Fürth	15000	17000	25000	31000	43000	67000
Kaiserlautern	8000	10000	18000	26000	37000	55000
Regensburg	22000	26000	29000	35000	38000	53000

Weitere Hinweise zur Urbanisierung in Deutschland während des 19. Jh. erhalten Sie mithilfe von Mediencode **32071-121**.

Norbert Götz, Stadt und „Verstädterung" seit der Mitte des 19. Jahrhunderts, in: Leben und Arbeiten im Industriezeitalter. Eine Ausstellung zur Wirtschafts- und Sozialgeschichte Bayerns seit 1850, Stuttgart 1985, S. 103–108, hier S. 106

1. Fassen Sie die in der Tabelle erkennbaren Entwicklungen zusammen.
2. Ziehen Sie weiteres Material heran: Diskutieren Sie, welche Gründe für das unterschiedliche Ausmaß des Bevölkerungsanstiegs sprechen.

M11 Binnenwanderung in Deutschland während des 19 Jahrhunderts

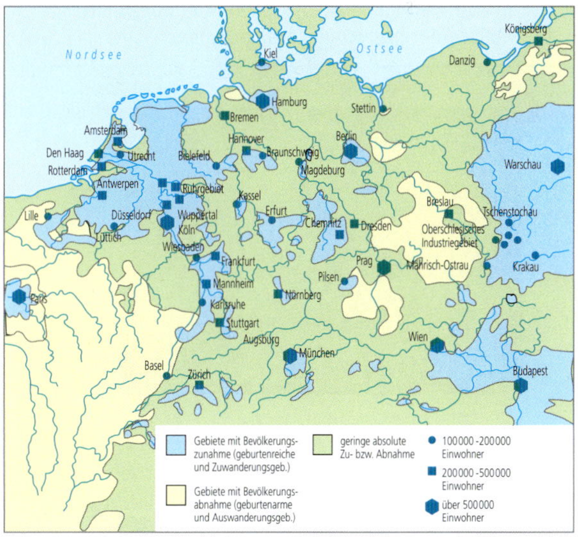

1. Arbeiten Sie die Veränderungen aus der Karte heraus.
2. Entwickeln Sie Hypothesen, um die Veränderungen zu erklären.

M12 Muster der Binnenwanderungen

Der Migrationshistoriker Jochen Oltmer verweist auf die hohe Bedeutung von Pendelbewegungen:

Das Wachsen der Städte kann nicht als bloße Bewegung vom Land in die Stadt verstanden werden. [...] Charakteristisch war vielmehr der „pulsierende Wechsel von Zu- und Abstrom zwischen Land und Stadt" (D. Langewiesche) als saisonale Wanderung aus ländlichen Gemeinden in regionale städtische Zentren, die Jahr um Jahr wiederholt wurden, etwa bei einer Beschäftigung in der Bauindustrie oder anderen witterungsabhängigen Gewerben. [...]
Charakteristisch für die Urbanisierung im 19. Jahrhundert war [...] außerdem ein hohes Mobilitätsaufkommen. Zu- und Abwanderungen von bis zu 30 % der Bevölkerung einer Großstadt waren keine Seltenheit [...]. Die höchsten Mobilitätsraten lassen sich für die Altersgruppe der 15- bis 30-Jährigen belegen. Auf den Abschluss der Schulausbildung folgte häufig ein Ortswechsel vom Land in die Stadt oder zwischen städtischen Zentren wegen der Aufnahme einer Beschäftigung, des Eintritts in ein Ausbildungsverhältnis, des Übergangs in eine höhere Schule bzw. Universität oder des Militärdienstes. Neben diese Arbeits- und Ausbildungswanderungen trat eine hohe Zahl von Heiratswanderungen, vor allem von Frauen von 20–30 Jahren.

Jochen Oltmer, Migration vom 19. bis zum 21. Jahrhundert, Berlin [3]2016, S. 25–27

32071-107

1. Nennen Sie die wesentlichen Merkmale von Binnenwanderungen.
2. Charakterisieren Sie den typischen Binnenwanderer und die typische Binnenwanderin.
3. Vergleichen Sie mit der Situation heute in Bayern. Diskutieren Sie Ähnlichkeiten und Unterschiede.

DiA Vorwissen aktivieren: Nationalsozialismus II

A

a

Auf dem „Reichsparteitag der Freiheit“ 1935 in Nürnberg wurden Gesetze erlassen, die das Leben der jüdischen Menschen in Deutschland massiv beeinträchtigten.

b

Das „Reichsbürgergesetz“ erklärte jüdische Deutsche zu deutschen Reichsbürgern und sicherte ihnen dadurch alle politischen Rechte zu. Es garantierte auf diese Weise die Gleichstellung jüdischer Menschen in Deutschland.

c

Auch Sinti und Sintizze, Roma und Romnia untersagten die Gesetze Liebesbeziehungen und Ehen mit „reinrassigen“ Deutschen.

d

Die „Nürnberger Gesetze“ schrieben den Menschen in Deutschland vor, mit wem sie eine Liebesbeziehung führen und wen sie heiraten durften. Auch konnte über die Einstellung von Hauspersonal nicht mehr frei entschieden werden.

e

Für jüdische Menschen in Deutschland gab es einen Ausweg aus der politischen und persönlichen Entrechtung – sie konnten aus ihrer Religionsgemeinschaft austreten.

31000-110

1. Richtig oder falsch? Begründen Sie Ihre Auswahl der Antworten zu den „Nürnberger Gesetzen“.

B

a

Ghettos existierten vor allem in Mittelosteuropa. In diesen streng bewachten Vierteln mussten Jüdinnen und Juden unter erbärmlichen, menschenunwürdigen Wohn- und Versorgungsbedingungen leben.
In Deutschland wurden zwar keine Ghettos errichtet. Allerdings sollten auch dort Jüdinnen und Juden nicht mit „Ariern“ zusammenleben. Zu diesem Zweck wurden sie in sogenannten „Judenhäusern“ separiert und zusammengepfercht.

1

2

b

Im Hebräischen wird für das Leiden und die Ermordung von etwa sechs Millionen Jüdinnen und Juden der Begriff Shoa („Großes Unheil“, „Katastrophe“) gebraucht. Meist wird der Begriff Holocaust verwendet, zumal dieser auch die Massenmorde an anderen Gruppen wie z. B. Sintizze und Sinti sowie Romnia und Roma oder sowjetische Kriegsgefangene einbezieht und den Holocaust in den Zusammenhang mit der NS-Gewaltpolitik in Europa (etwa im Rahmen von „Umsiedlungen“) stellt.

c

Doch nicht nur Jüdinnen und Juden waren Opfer der Vernichtungsaktionen. Insgesamt starben (teilweise in Vernichtungslagern) 200 000 Sintizze und Sinti sowie Romnia und Roma, eine Million nichtjüdische Polinnen und Polen, 2,8 Millionen sowjetische Kriegsgefangene sowie etwa drei bis vier Millionen sowjetische Zivilistinnen und Zivilisten.

31000-113

2. Ordnen Sie die Bilder zum Massenmord an den europäischen Jüdinnen und Juden den erklärenden Texten zu.

Nehmen Sie im Buch bitte keine Eintragungen vor, sondern lassen Sie sich von der Lehrkraft ggf. Kopien aushändigen.

B

3

d

Staatlich angeordneter Terror: In der Nacht vom 9. auf den 10. November 1938 wurden jüdische Wohnungen, Geschäfte und Synagogen geplündert und zerstört. Etwa 1300 Jüdinnen und Juden starben im Zusammenhang mit der „Reichspogromnacht“. Die deutsche Bevölkerung schaute in der Regel erschreckt zu, ein Teil beteiligte sich aber auch an diesen Gewalttaten. In der Folgezeit wurden etwa 27 000 Jüdinnen und Juden in Konzentrationslagern inhaftiert. Sie durften diese nur verlassen, wenn sie ihr gesamtes Eigentum an den deutschen Staat übergaben. Zugleich wurden Jüdinnen und Juden systematisch gezwungen, ihre noch bestehenden Betriebe weit unter Wert an Nichtjuden zu verkaufen („Arisierung“).

e

Jüdinnen und Juden jeden Alters wurden mit einem „Judenstern“ öffentlich gekennzeichnet, um sie aus der „Volksgemeinschaft“ auch optisch auszuschließen sowie leichter kontrollieren und verhaften zu können (in Deutschland seit dem 1. September 1941).

4

f

Am 20. Januar 1942 fand am Berliner Wannsee die „Wannsee-Konferenz“ statt. Vorausgegangen waren Massenmorde an Jüdinnen und Juden in der Sowjetunion. Der Holocaust war somit in Mittelosteuropa längst in vollem Gange. Nunmehr wollte das Reichssicherheitshauptamt (RSHA) auch die jüdische Bevölkerung aus den übrigen Teilen Europas in den Osten deportieren und dort ermorden. Diese Entscheidung teilte der Chef des RSHA, Reinhard Heydrich, den Vertretern der Reichsministerien auf der „Wannsee-Konferenz“ mit.
Die Anwesenden waren aber teilweise bereits in die Vorbereitungen der Deportationen einbezogen worden. Auf der „Wannsee-Konferenz“ wurde letztlich vor allem diskutiert, wie mit bestimmten Gruppen von „jüdischen Mischlingen“ im Deutschen Reich umgegangen werden sollte, d. h. zum Beispiel, ob diese sterilisiert oder ermordet werden sollten.

5

7

6

g

Auschwitz-Birkenau ist das bekannteste der sechs Vernichtungslager, die sich auf dem Gebiet des besetzten Polen befanden. Es wurde im Herbst 1941 mitsamt einer Gaskammer für das Giftgas Zyklon B errichtet, um so massenhaft Menschen industriell ermorden zu können. Der Grund für die Einrichtung der Vernichtungslager war, dass die Nationalsozialisten es zuvor trotz hunderttausendfachen Erschießungen nicht vermocht hatten, die gewünschte Anzahl an Menschen in kurzer Zeit zu ermorden. Bis Ende 1943 wurden allein in Auschwitz-Birkenau etwa 840 000 Jüdinnen und Juden aus allen Teilen Europas ermordet. Etwa die Hälfte der insgesamt etwa sechs Millionen ermordeten Jüdinnen und Juden kam in Gaskammern ums Leben. Die anderen wurden – vor allem in den besetzten Gebieten der Sowjetunion – erschossen oder erschlagen, verhungerten oder starben an Krankheiten.

2.3 Gewaltmigration im Nationalsozialismus (I): die jüdische Bevölkerung

Das menschenverachtende NS-Regime ist für verschiedene Ausprägungen von Gewaltmigration verantwortlich, von der insbesondere jüdische Bürgerinnen und Bürger betroffen waren. Welche Ursachen hatte die Gewaltmigration und was bedeutete sie für die jüdische Bevölkerung?

Lernaufgabe

DiA

32071-205

Erstellen Sie mithilfe der folgenden Aufgaben eine **(digitale) Mindmap** zu der vom NS-Regime erzwungenen Migration von Jüdinnen und Juden. Untersuchen Sie dabei insbesondere Ursachen und Motive für die Auswanderung bzw. Flucht sowie die individuellen Folgen der Gewaltmigration an ausgewählten Biografien.

1. Grundlage für die judenfeindliche NS-Politik bildete die menschenverachtende NS-Ideologie.
   a) Wiederholen Sie auf der Basis Ihres Wissens und ggf. mittels des Glossars den Grundlegenden Begriff des Antisemitismus.
   b) Der Antisemitismus bildet die Grundlage für die Vielzahl an Maßnahmen gegen Jüdinnen und Juden. Prüfen Sie, inwiefern sich diese bis 1939 auf die Emigration der jüdischen Bevölkerung auswirkten (M2, M3, M4).
2. Charakterisieren Sie die Situation der jüdischen Bürgerinnen und Bürger ab 1933 in Hinblick auf eine mögliche Auswanderung: Welche Faktoren bewogen zum Bleiben, welche zur Emigration? Werten Sie hierzu folgende Materialien arbeitsteilig aus: die wissenschaftlichen Texte M5 und M7b (bis Zeile 25) sowie die Einreisebestimmungen für Australien (M6).
3. Zehntausende Jüdinnen und Juden konnten rechtzeitig aus Deutschland fliehen.
   a) Erläutern Sie anhand von M8 und M9 Schwierigkeiten und Hürden für Jüdinnen und Juden, die aus NS-Deutschland zu fliehen versuchten.
   b) „Es war nie Auswanderung, immer nur Flucht." Verdeutlichen Sie an der Aussage einer in die USA emigrierten jüdischen Schriftstellerin sowie der Zeitzeugeninterviews die Bedeutung der Emigration für den einzelnen Menschen.
4. Die schrecklichste Ausprägung der Gewaltmigration stellt die Deportation und systematische Vernichtung der Jüdinnen und Juden durch die Nationalsozialisten dar.
   a) Setzen Sie sich mit dem Holocaust/der Shoa in Bezug auf Bayern auseinander, indem Sie M1 und M11 analysieren.
   b) Werten Sie das Interview mit Frau Dr. Eva Umlauf (M10) sowie mindestens einen weiteren Zeitzeugenbericht (siehe Mediencodes in der Randspalte) aus. Beurteilen Sie die Folgen der erlittenen Gewalt.
5. Diskutieren Sie Möglichkeiten und Maßnahmen, dem auch heute noch in Deutschland existierenden Antisemitismus entgegenzutreten und diesem vorzubeugen.

Zeitzeugeninterviews mit jüdischen Emigrantinnen und Emigranten unter Mediencode 32071-123

Interviews von deportierten Zeitzeuginnen und Zeitzeugen unter Mediencode 32071-124

Hinweis
Die Arbeitsaufträge auf den folgenden Seiten helfen, INFO-Texte und Materialien im Hinblick auf die Lernaufgabe zu erschließen.

INFO 1: Anfänge von Ausgrenzung und Repressalien

Ein Grundpfeiler der Ideologie des **Nationalsozialismus** war ein radikaler und menschenverachtender **Antisemitismus**. Er erklärte Jüdinnen und Juden aufgrund ihrer Zugehörigkeit zu einer angeblich „schädlichen Rasse" pauschal zu Feinden der **„Volksgemeinschaft"**, die es zu bekämpfen und letztendlich zu vernichten galt. Die **Ernennung Hitlers zum Reichskanzler am 30. Januar 1933** und die in der Bevölkerung weit verbreiteten Vorurteile gegen die jüdischen Mitbürgerinnen und Mitbürger waren Voraussetzungen dafür, dass die Nationalsozialisten ihren Antisemitismus in konkretes Handeln umsetzen konnten.

1933 lebten etwa 525 000 Jüdinnen und Juden im Deutschen Reich, davon etwa 42 000 in Bayern. Ab dem Frühjahr 1933 wurden sie schrittweise ausgegrenzt und entrechtet. Gewaltsame Übergriffe, Boykotte, Repressalien von Behörden und die dramatische Einschränkung der beruflichen Möglichkeiten setzten bereits kurz nach der „Machtübernahme" 1933 die Verdrängung der Jüdinnen und Juden aus der Wirtschaft in Gang. In den **„Nürnberger Gesetzen"** wurden ihnen die staatsbürgerlichen Rechte faktisch aberkannt. Zahlreiche Parteimitglieder und Günstlinge nutzten die Notlage jüdischer Gewerbetreibender aus und erwarben oder erpressten in sogenannten „wilden Arisierungen" jüdisches Eigentum deutlich unter Wert. Ab 1937 setzte die systematische, von staatlichen Stellen und der Partei organisierte Enteignung jüdischer Betriebe ein.

Etwa 20 Prozent der jüdischen Bevölkerung besaßen keine deutsche Staatsbürgerschaft. Die meisten von ihnen waren Menschen, die angesichts massiver antisemitischer Gewalt seit dem ausgehenden 19. Jahrhundert vor allem aus dem Russischen Reich bzw. der UdSSR oder aus Polen geflohen waren. Die Nationalsozialisten versuchten seit Frühjahr 1933, diese „Ostjuden" in ihre Herkunftsstaaten abzuschieben. Das gelang aber nur in Einzelfällen. Wenn osteuropäische Jüdinnen und Juden angesichts der zunehmenden Ausgrenzung und der Gewaltmaßnahmen des NS-Regimes auswandern wollten, erhielten sie vielfach kein Einreisevisum in andere Staaten. Und wenn sie illegal ins Ausland flohen, wurden sie von dort regelmäßig wieder zurückgeschoben. Nichtdeutsche Jüdinnen und Juden aus Deutschland überlebten deshalb den **Holocaust** deutlich seltener als deutsche Jüdinnen und Juden, die aufgrund ihrer deutschen Staatsangehörigkeit eher auswandern konnten. Michael Mayer und Dieter Brückner

32071-125

1. Erklären Sie, warum jüdische Menschen aus Osteuropa im Deutschen Reich lebten.
2. Charakterisieren Sie ihre Situation in Bezug auf Gewaltmigration und Auswanderung.

INFO 2: Bleiben oder auswandern?

Angesichts der sich abzeichnenden Bedrohung stellte sich für Jüdinnen und Juden schon im Frühjahr 1933 die Frage, ob sie bleiben oder auswandern sollten. Für die meisten von ihnen blieb trotz Ausgrenzung, Entrechtung und Aberkennung der Staatsbürgerschaft Deutschland ihre Heimat, die sie nicht verlassen wollten. Sie hofften, dass das NS-Regime nur eine vorübergehende Erscheinung sein würde. Die 1933 gegründete „Reichsvertretung der Deutschen Juden" (Präsident: Leo Baeck) bemühte sich darum, das Leben von Jüdinnen und Juden in NS-Deutschland so erträglich wie möglich zu machen, damit diese dauerhaft in ihrer Heimat bleiben konnten.

Jüdinnen und Juden ohne deutsche Staatsbürgerschaft, die zum Teil noch nicht lange in Deutschland lebten, hatten weniger enge Bindungen an dieses Land. Ihnen fiel eine Auswanderung emotional leichter. Die beliebtesten Auswanderungsziele waren

Westeuropa und die USA. Für manche Jüdinnen und Juden erschien ein dauerhaftes jüdisches Leben in Europa und anderswo aufgrund des grassierenden **Antisemitismus** unmöglich. Ihr Auswanderungsziel war deshalb Palästina, wo für die weltweit verstreute jüdische Nation ein jüdischer Staat gegründet werden sollte. Jüdische Organisationen bildeten deshalb vor allem junge jüdische Menschen als Handwerker oder Landwirte aus, um sie auf ein Leben in Palästina vorzubereiten.

Die aufeinanderfolgenden Wellen der Ausgrenzung, Entrechtung und Verfolgung hatten Schübe der Auswanderung zur Folge. Bis 1937 hatten 125 000 jüdische Menschen Deutschland verlassen. Doch die Auswanderung aus Deutschland bedeutete für Jüdinnen und Juden immer stärker den Verlust eines erheblichen Teils ihres Vermögens. Die „Reichsfluchtsteuer“, mit der 1931 während der Weltwirtschaftskrise der Kapitalfluss ins Ausland unterbunden werden sollte, betrug seit 1934 ein Viertel des gesamten steuerpflichtigen Vermögens. Das noch verbliebene Kapital musste auf sogenannte „Sperrmarkkonten“ eingezahlt werden. Der Abschlag darauf stieg von 20 Prozent im Jahr 1933 auf 90 Prozent ab Juni 1938.

Das NS-Regime befürchtete einerseits eine Agitation der Ausgewanderten gegen Deutschland. Andererseits sah es die Auswanderung als Lösung der „Judenfrage“ an und förderte sie. Nach dem „Anschluss“ Österreichs an das Deutsche Reich im März 1938 wurden Behörden für jüdische Auswanderung eingerichtet, die die Auswanderung von Jüdinnen und Juden forcieren und koordinieren sollten. Dabei wurde von den jüdischen Gemeinden die Erfüllung von Auswandererquoten verlangt. Noch vorhandene finanzielle Mittel von Jüdinnen und Juden dienten der Auswanderung Mittelloser. Die mittlerweile ausgebeuteten deutschen Jüdinnen und Juden hatten jedoch in der Regel gar nicht mehr die finanziellen Möglichkeiten zur Emigration. Schon seit Ende 1938 wurden jüdische Familien gezwungen, ihre Wohnungen zu verlassen, und zwangsweise in sogenannten „Judenhäusern“ und „Judensiedlungen“ umgesiedelt und zusammengefasst, um sie besser unter Kontrolle zu haben. Ein endgültiges Verbot der Auswanderung wurde aber erst am 23. Oktober 1941 erlassen.

Nach dem **Novemberpogrom vom 9. November 1938** radikalisierte sich die NS-Politik gegen Jüdinnen und Juden und vielen wurde deutlich, dass es für sie keine Zukunft mehr in Deutschland gab. Nun versuchten vor allem Jüngere das Land zu verlassen. Zurück blieben in der Regel Alte und Kranke. Die britische Regierung, die die Einwanderung von erwachsenen Jüdinnen und Juden in der Regel nicht beförderte, erklärte sich hingegen bereit, jüdische Kinder und Jugendliche unter 17 Jahren, nicht aber deren Eltern, für eine zunächst begrenzte Zeit aufzunehmen, wenn die Kosten für Transport und Aufenthalt gesichert waren. Etwa 10 000 jüdische Kinder wurden so gerettet. Viele sahen ihre Eltern nie wieder.

Im Ausland waren jüdische Flüchtlinge nicht willkommen. Grund dafür war neben weit verbreiteter Judenfeindschaft auch die nach der Weltwirtschaftskrise in vielen Staaten immer noch angespannte wirtschaftliche Lage. Dementsprechend schlossen die meisten Staaten ihre Grenzen für Flüchtende vollständig oder öffneten sie nur phasenweise oder unter strengen Bedingungen.

Dieter Brückner

▶ Arbeiten Sie die Gründe heraus, warum Jüdinnen und Juden zögerten auszuwandern.

INFO 3: Deportation und systematische Ermordung

Eine weitere Eskalationsstufe der Gewaltmigration ermöglichte der vom NS-Regime entfachte **Zweite Weltkrieg (1939–1945)**. Bereits nach dem Überfall auf Polen wurde

M1 Deportation von Jüdinnen und Juden aus Regensburg

Foto vom 10. November 1938. Während des Novemberpogroms wurde die Regensburger Synagoge zerstört, Häuser und Wohnungen von Jüdinnen und Juden verwüstet oder zerstört. Am darauffolgenden Morgen wurden etwa 70 jüdische Jungen und Männer gequält und anschließend in das Konzentrationslager Dachau oder das Gefängnis Augustenburg verschleppt.

- Nennen Sie mögliche Gründe, warum die gewaltsame Vertreibung auf diese Weise durchgeführt wurde.
- Beschreiben Sie die Haltung der Zuschauerinnen und Zuschauer.

32071-139

dort die jüdische Bevölkerung in Ghettos deportiert. Und nach dem Überfall auf die Sowjetunion 1941 setzten die Nationalsozialisten ein gewaltiges Umsiedlungsprogramm in Gang, an dessen Ende eine „Neuordnung" Europas mit der Ermordung vermeintlich minderwertiger „Rassen" stehen sollte. In Polen und später in den besetzten Teilen Mittelosteuropas wurden Jüdinnen und Juden vielfach vor Ort ermordet bzw. in Ghettos umgesiedelt, wo die meisten von ihnen oftmals lange vor der gewaltsamen Auflösung der Ghettos an Krankheiten oder Hunger starben.

Die europäischen Jüdinnen und Juden sollten in die Konzentrations- und Vernichtungslager vor allem im besetzten Polen deportiert werden. Dabei sollte die Arbeitskraft der Kräftigen und Gesunden bis zu deren Tod ausgebeutet werden. Für Arbeitsunfähige, Kranke, Alte und Kinder sah der Plan die Ermordung in Konzentrationslagern vor, die zu diesem Zweck zu Vernichtungslagern umgebaut wurden und zu deren Inbegriff das Lager Auschwitz-Birkenau wurde. Am Ende des geplanten Völkermordes sollte das europäische Judentum „ausgerottet" sein.

Dem als **Holocaust/Shoa** bezeichneten Völkermord an den europäischen Jüdinnen und Juden, der eine „Endlösung der Judenfrage" zum Ziel hatte, fielen rund sechs Millionen Menschen zum Opfer. Etwa die Hälfte davon starb in den deutschen **Konzentrations- und Vernichtungslagern**, die andere Hälfte wurde in Mittelosteuropa in den Heimatorten der Menschen oder in Ghettos von Deutschen und ihren einheimischen Helferinnen und Helfern ermordet oder starb an Hunger oder Krankheiten.

Michael Mayer und Dieter Brückner

32071-126

1. Zeigen Sie auf, welche Rolle der Zweite Weltkrieg bei der Gewaltmigration von Jüdinnen und Juden spielte.
2. Oft wird der Holocaust ausschließlich in Verbindung gebracht mit Vernichtungslagern wie Auschwitz-Birkenau. Erläutern Sie, warum das nicht angemessen ist.

M 2 Maßnahmen gegen Jüdinnen und Juden

1933	
01.04.	Boykott jüdischer Unternehmen, Geschäfte und Praxen
07.04.	„Gesetz zur Wiederherstellung des Berufsbeamtentums“ Entlassung von „nichtarischen“ Beamten bzw. Versetzung in den Ruhestand
25.04.	„Gesetz gegen die Überfüllung der deutschen Schulen und Hochschulen“ Beschränkung des Zugangs an höhere Schulen für „Nichtarier“
1935	
15.09.	„Nürnberger Gesetze“ „Reichsbürgergesetz“ und „Gesetz zum Schutz des deutschen Blutes und der deutschen Ehre“
1938	
09./10.11.	Novemberpogrome Organisierte gewaltsame Ausschreitungen gegen die jüdische Bevölkerung
12.11.	Verbot des Besuchs von Theatern, Kinos, Konzerten oder Ausstellungen
15.11.	Verbot des Besuchs deutscher Schulen
30.11.	Verfügung über jüdische Bankguthaben nur mit Erlaubnis des Oberfinanzpräsidenten
02.12.	Zwang zur Abgabe von Führerscheinen und Kraftwagenzulassungsbescheinigungen
03.12.	Zwang zum Verkauf von Gewerbebetrieben und Grundbesitz
14.12.	Verbot der autonomen Führung eines eigenen jüdischen Unternehmens
1939	
01.01.	„Verordnung zur Ausschaltung der Juden aus dem deutschen Wirtschaftsleben“ Verbot zur Führung von Geschäften und Ausübung eines Handwerks
01.01.	Verbot des Verkaufs auf Märkten
Febr.	Verbot einer rechtsanwaltlichen Vertretung
20.05.	Verbot von pharmazeutischer Arbeit in Apotheken
16.08.	Zwang zum Einzahlen des Bargeldes auf Konten bei bestimmten Devisenbanken
01.09.	Ausgangsverbot nach 20:00 Uhr
20.09.	Verbot des Besitzes von Rundfunkempfängern
03.12.	„Verordnung über den Einsatz des jüdischen Vermögens“ Möglichkeit der Zwangsauflösung jüdischer Unternehmen
1940	**Abschluss der „Arisierung“ jüdischer Gewerbebetriebe bis Jahresende**
1941	
04.03.	Zwang arbeitsfähiger Jüdinnen und Juden zum Arbeitseinsatz
18.09.	Verbot des Verlassens des Wohnortes ohne polizeiliche Erlaubnis
19.09.	Zwang zum Tragen eines gelben Judensterns auf der Kleidung
1942	
20.01.	„Wannsee-Konferenz“: Diskussion von Fragen im Zusammenhang mit der „Endlösung der Judenfrage“

32071-128

1. Arbeiten Sie heraus, inwiefern sich die Situation der jüdischen Bevölkerung veränderte.
2. Erklären Sie, warum die Jahre 1938 und 1941/42 Zäsuren in der Verfolgung und Entrechtung der jüdischen Bevölkerung darstellten.

M3 Maßnahmen gegen ausländische Jüdinnen und Juden

a) Am 15. März 1933 schreibt Reichsinnenminister Wilhelm Frick an die Landesregierungen:

Zur ersten Einleitung einer bewusst völkischen Politik ist es zunächst erforderlich, 1. die Zuwanderung von Ausländern ostjüdischer Nationalität abzuwehren, 2. soweit solche Ausländer sich zur Zeit noch unbefugt im Inland aufhalten, sie zu entfernen, 3. von der Einbürgerung ostjüdischer Ausländer bis auf Weiteres abzusehen.

b) Der Sicherheitsdienst der SS will ausländische Jüdinnen und Juden zur Auswanderung zwingen. Bei einer Besprechung erklärt der Mitarbeiter im „Judenreferat" des SD-Hauptamtes, SS-Untersturmführer Theodor Dannecker, am 1. November 1937:

Keine Minute Ruhe geben, stets die führenden Juden durch Vermahnungen in Atem halten, auf jede unseren Grundsätzen zuwiderlaufende Regung, auch die kleinste, sofort reagieren, kurz: völliges Eindringen in das jüdische und insbesondere das jüdisch-politische Eigenleben. Dadurch wird zwangsläufig der Auswanderungsgedanke genährt und die Idee von einem vielleicht doch noch möglichen Weiterverbleiben in Deutschland immer mehr untergraben […].

a) Bundesarchiv Berlin, R 1501/3746b, Bl. 25. Von dieser Verordnung waren nur jüdische Menschen aus Polen und der Sowjetunion betroffen. Juden, die beispielsweise eine amerikanische Staatsangehörigkeit besaßen, waren von dieser Verwaltungsanordnung verschont, soweit sie nicht in Osteuropa geboren worden waren.

b) zitiert nach: Carsten Schreiber, Elite im Verborgenen. Ideologie und regionale Herrschaftspraxis des Sicherheitsdienstes der SS und seines Netzwerks am Beispiel Sachsen, München 2008, S. 233

32071-129

1. Arbeiten Sie heraus, welchen Zweck die Maßnahmen gegen sogenannte „Ostjuden" verfolgten.
2. Erklären Sie mithilfe von INFO 1, warum sich antisemitische Maßnahmen zunächst gegen die „Ostjuden" richteten.

M4 Jüdische Bevölkerung in Deutschland 1933–1943

	Bevölkerung am Jahresanfang	Auswanderung		Deportation		Bevölkerung am Jahresende
		im Jahr	seit 30.1.1933	im Jahr	seit 1.10.1941	
1933[1]	561 000[2]	63 400	63 400	–	–	492 600
1934	492 600	45 000	108 400	–	–	441 700
1935	441 700	35 500	143 900	–	–	400 600
1936	400 600	34 000	177 900	–	–	360 900
1937	360 900	25 500	203 400	–	–	329 500
1938	329 500	49 001	252 401	–	–	276 700
1939	276 700	68 000	320 401	–	–	201 174
1940	201 174	20 996	341 397	–	–	174 361
1941	174 361	11 056	352 453	27 146	27 146	131 828
1942	132 014[3]	81	352 534	73 370	100 516	51 327
1943[4,5]	51 327	12	352 546	18 975	119 491	31 910

Deutschland in den Grenzen von 1937, ab 1938 einschl. Sudetenland, ab 1942 einschl. Danzig. In der Auswanderungszahl für 1940 enthalten sind 1025 Deportierte aus dem Regierungsbezirk Stettin in das Generalgouvernement und 6721 Deportierte aus Baden, der Pfalz und dem Saargebiet nach Frankreich. Die Auswanderungszahl für 1941 enthält 5110 Nachmeldungen für jüdische Emigranten mit unbekanntem Jahr der Auswanderung.

BA R 8150/26, 8150/27, 8150/31, NS 19/1570, StadtA Mainz NL Oppenheim 52/28

1. Erläutern Sie die zahlenmäßige Entwicklung der Emigration.
2. Versuchen Sie mithilfe Ihres Grundwissens den starken Anstieg der Auswanderungszahlen zwischen 1937 und 1939 und die starke Abnahme 1940 zu erklären.

[1] 30.01.–31.12.1933
[2] Jüdische Bevölkerung am 30.01.1933, einschl. 178 000 in Berlin
[3] Einschl. 186 Juden in Danzig am 01.01.1942
[4] 01.01.–31.03.1943
[5] Jüdische Bevölkerung am 31.03.1943, einschl. 18 515 in Berlin

M5 Gehen oder bleiben?

a) Zur Frage, welche Motive Jüdinnen und Juden in Deutschland dazu bewogen, (nicht) zu emigrieren, schreibt die US-amerikanische Professorin für moderne jüdische Geschichte Marion A. Kaplan im Begleitband zur Ausstellung „Heimat und Exil" in Berlin 2006/07:

Manche setzten alles daran, in den von den Nazis immer enger gezogenen Grenzen ein „normales" Leben aufrechtzuerhalten. Manche wollten schlicht nicht wahrhaben, was sie mit eigenen Augen sahen. Viele verdrängten die Bedrohung aus dem Bedürfnis heraus, mit ihren Familien auch unter schwierigen Umständen weiter in ihrem Heimatland leben zu können. In den ersten Jahren der NS-Herrschaft schien es ab und an auch Zeichen der Hoffnung zu geben. Oft waren es Erfahrungen der Loyalität – der Freund, der demonstrativ zu Besuch kam, die alte Schulkameradin, die sich in einem überfüllten Geschäft den Weg zu einer jüdischen Frau bahnte, um sie zu begrüßen –, die die verfolgten Juden darin bestärkten auszuharren. Fast jeder kannte „einen anständigen Deutschen", und nicht wenige waren überzeugt, wie sich Else Gerstel erinnert, „die radikalen Nazi-Gesetze würden niemals angewandt werden, weil sie dem maßvollen Charakter der Deutschen nicht entsprachen". Von widersprüchlichen Erfahrungen berichtet auch Inge Deutschkron: 1933 verlor ihr Vater durch das „Gesetz zur Wiederherstellung des Berufsbeamtentums" seine Stellung, aber noch 1935 wurde er für seine Dienste im Ersten Weltkrieg ausgezeichnet. „Die Hoffnung, dass sich in nicht allzu ferner Zeit alles wieder zum Besseren wenden könnte, war keineswegs erloschen. Überdies galt auch für die Juden in Deutschland das Gesetz der Gewöhnung. Man gewöhnte sich an die Tatsache, als Jude diskriminiert zu werden."

Von den ersten antijüdischen Verordnungen und Boykotten bis zu den „Nürnberger Gesetzen" und der fortschreitenden „Arisierung"[1] versuchten deutsche Juden sich an die jeweilige Lage anzupassen und hofften nach jedem neuen Schlag doch wieder zu einer Normalität zu finden. Ihr Alltagsleben ging – mit immer stärkeren Einschränkungen – weiter. Die Schlinge zog sich enger, aber langsam und regelmäßig. Dieses Spannungsfeld zwischen Normalität und Ausnahmezustand, Verdrängung und Angst ist von zentraler Bedeutung, wenn man verstehen will, warum manche Juden blieben, während andere Deutschland verließen.

Meist waren es die Frauen, die inmitten der verwirrenden Signale als erste die Gefahr erkannten und ihre Männer, Brüder oder Väter dazu drängten, Deutschland zu verlassen. [...]

Neben der Geschlechtszugehörigkeit spielte das Alter eine entscheidende Rolle bei der Entscheidung, ob man fliehen oder bleiben sollte. Vor allem Jugendliche erkannten die Gefahr in ihrer Umgebung und drängten ihre Eltern zur Auswanderung. Der Zugang zu weiterführenden Schulen war ihnen größtenteils versperrt, sie hatten kaum Chancen auf einen aussichtsreichen Einstieg ins Berufsleben. So sahen sie in Deutschland keine Zukunft für sich, während ihre Eltern das Unbekannte fürchteten und sich an das klammerten, was sie noch hatten. [...]

Marion A. Kaplan, Gehen oder bleiben?, in: Cilly Kugelmann und Signe Rossbach (Hrsg.), Heimat und Exil. Emigration der deutschen Juden nach 1933. Begleitbuch zur Ausstellung „Heimat und Exil" im Jüdischen Museum Berlin. Aus dem Englischen von Michael Ebmeyer, Frankfurt am Main 2006, S. 31–33

b) Auszug aus dem Israelitischen Familienblatt vom 17. Februar 1938

Aufbruch der Jugend

Wenige Minuten noch, und alles liegt zurück: Das Elternhaus, die Schule, der Bund, der Spielplatz, — dann ist alles Vergangenheit und liebe Erinnerung. Dann fährt der Zug geradeaus, unaufhaltsam voran, in eine andere Welt, in einen Neubeginn. Jetzt stehen sie am Fenster, schauen noch einmal ihren Freunden in die Augen, tauschen einen letzten Händedruck. Freude und Schmerz kämpfen gegeneinander, Mut und Furcht, Trauer und Hoffnungsfreudigkeit. Die eine weint, die andere lacht. Hier ist der Schmerz der Trennung stärker, — dort überstrahlt das selbstgemalte Bild der neuen Zukunft alle Trauer des Abschieds. Nicht jedes Antlitz ist gleich beredt. Auf dem einen lesen wir Zuversicht und das Lächeln, das den Eltern gilt: „Nur keine Angst, ich werde es schon schaffen!" Und da ist das Lächeln, das den Sturm der Gefühle verdeckt. Das „mannhafte" Lächeln eines jungen Mädel. Ein Lächeln der Beherrschung und der Standhaftigkeit.

32071-131

1. Erklären Sie, warum die Entscheidung zur Flucht oft (zu) spät getroffen wurde.
2. Begründen Sie, warum das Geschlecht und das Alter einen Einfluss auf die Flucht hatten.
3. Arbeiten Sie aus dem Zeitungsartikel die Belastungen für Kinder und Eltern heraus.

Der Jüdische Nationalfonds gab im Jahr 1935 das „Alijah"-Spiel heraus, mit dem Kinder spielerisch auf die Auswanderung nach Palästina vorbereitet werden sollten; siehe Mediencode 32071-132.

[1] **Arisierung**: beschönigende Bezeichnung für den flächendeckenden Verkauf von Unternehmen und anderem Vermögen, das Jüdinnen und Juden gehörte, an „Arier" (weit) unter Wert. Er wurde u. a. durch massive Repressalien und Boykott erzwungen.

M 6 Bericht über Einreisebestimmungen für Australien

In einer Beilage der Mitteilungen aus dem Hilfsverein der Juden in Deutschland vom 20. Oktober 1938 wird über Einreisebestimmungen für Australien berichtet. Folgender Auszug daraus betrifft den Antrag für die Einreise:

Der Antrag zur Einreisegenehmigung (application) muß in englischer Sprache an die australische Regierung in Canberra auf einem Formular gerichtet werden, das beim britischen Konsulat erhältlich ist. Dem Antrag sind für jede Person beizufügen (wobei für die jeweils notwendige englische Uebersetzung eine notarielle Beglaubigung nicht erforderlich ist): polizeiliches Führungszeugnis oder Leumundszeugnis des zuständigen Rabbiners oder der zuständigen jüdischen Gemeinde des Antragstellers; ein Gesundheitszeugnis, das von einem beliebigen Arzt ausgestellt werden kann; ein Lebenslauf in englischer Sprache; Abschriften von Zeugnissen in englischer Uebersetzung; zwei Paßbilder; ein Begleitschreiben in englischer Sprache, in dem dargelegt werden muß, mit welchem Beruf und in welcher Weise der Antragsteller sich in Australien niederzulassen gedenkt. Ferner sind wenigstens eine, möglichst aber sechs internationale Antwortscheine beizulegen. Für den Versand dieser sechs Scheine ist behördliche Genehmigung erforderlich. Die Gebühr für das Permit von einem australischen Pfund ist — ebenfalls nach behördlicher Genehmigung — der australischen Regierung besonders zu überweisen. Das Permit gilt zur Einreise innerhalb von elf bis zwölf Monaten vom Ausstellungstage ab. Bei jedem Antrag nach Australien muß mit einer Wartezeit von mindestens drei Monaten gerechnet werden.

Die Wanderung.
Beilage der C.V. Zeitung vom 20. Oktober 1938

32071-133

1. Fassen Sie die erwähnten Voraussetzungen für die Einreisegenehmigung zusammen.
2. Erläutern Sie, welche Kenntnisse und Fähigkeiten Menschen für die Antragstellung haben müssen.

M 7 Auswanderung Münchner Jüdinnen und Juden

a) Überblick – die Lebenswege der Münchner Jüdinnen und Juden

Personen		Anzahl	Anteil in Prozent	Anzahl	Anteil in Prozent
Emigranten				6663	46,4
Binnenmigranten				677	4,7
Zurückbleibende				7009	48,8
	davon Deportierte	4033	28,1		
	„natürlicher" Tod in München	1555	10,8		
	Überlebende in München	516	3,6		
	Suizide in München	272	1,9		
	Überlebende der Deportationen	24	0,2		
	ungeklärtes Schicksal	609	4,2		
Der Forschung bekannte Münchner Juden				**14349**	**100**

b) Die Historikerin Katharina Bergmann schreibt in einem 2021 erschienenen Buch:

Mit dem Einsetzen einer unerbittlichen Verdrängung aus dem wirtschaftlichen Leben der Stadt und dem Beginn der „Arisierung" stieg der Druck auf die Münchner Juden maßgeblich. Das Jahr 1938 wurde somit zum „Entscheidungsjahr", nicht nur im Sinne einer Intensivierung der antisemitischen Politik der Reichsregierung, sondern auch bezüglich der Emigrationsentscheidungen, die Münchner Juden fällten. Dem Novemberpogrom, das oftmals als ein Wendepunkt der jüdischen Auswanderung gedeutet wird, kommt in München vielmehr eine Akzelerationsfunktion[2] zu : Nicht nur erhöhte sich die Zahl der monatlichen Emigrationen bereits ab dem Sommer 1938, sondern die biografischen Untersuchungen lassen erkennen, dass zudem ein Großteil derjenigen Emigrationen, die nach dem November 1938 durchgeführt wurden, bereits vor diesem Zeitpunkt geplant und vorbereitet waren. […] 1939 wurde schließlich zum Jahr der stärksten Auswanderung aus der Stadt. Diese

[2] **Akzeleration**: Beschleunigung

Auswanderungswelle war einerseits beeinflusst von der deutlichen Erhöhung des Verfolgungsdrucks seit November 1938, andererseits aber auch von neuen Immigrationsmöglichkeiten, die die wichtigsten Zielländer Großbritannien und die USA schufen. Insgesamt verließen in den zwei Jahren dieser Phase über 3300 Münchner Juden ihre Stadt.

[…] Der Kriegsausbruch unterbrach viele Emigrationsvorbereitungen der noch in der Stadt verbliebenen Juden. Doch nicht nur in München selbst waren Münchner Juden von den politischen Entwicklungen betroffen: Manche strandeten inmitten der Reisephase ihrer Emigration in Ländern, die nicht als ursprüngliches Zielland ausgesucht worden waren. Andere wiederum waren von dem sich in Europa ausweitenden Krieg insofern berührt, als sie Weiterwanderungen planen und durchführen mussten. Alle jedoch waren gleichermaßen von den Schwierigkeiten einer Emigration unter den Bedingungen des Krieges betroffen. Die für die Vorbereitungen der Emigration notwendige Kommunikation mit dem Ausland verlangsamte sich, Reisewege änderten sich oder wurden unbefahrbar, die Preise für Schiffstickets und andere Fahrkarten verteuerten sich schnell.

Katharina Bergmann, Jüdische Emigration aus München: Entscheidungsfindung und Auswandererwege (1933–1941), München/Wien 2021, S. 41 und 319

32071-134

1. Begründen Sie, warum 1938 zum „Entscheidungsjahr" wurde.
2. Arbeiten Sie heraus, inwiefern die Auswanderung nach Beginn des Zweiten Weltkrieges noch zusätzlich erschwert wurde.

M 8 Behördliche Voraussetzungen

a) Hildegard Levinger, 1918 in Augsburg geboren und seit 1936 wohnhaft in München, versucht mehrfach vergebens aus Deutschland auszureisen. Im Mai 1939 erhält sie das folgende Schreiben. Am 4. April 1942 wird Frau Levinger zusammen mit ihrem Mann deportiert und später ermordet.

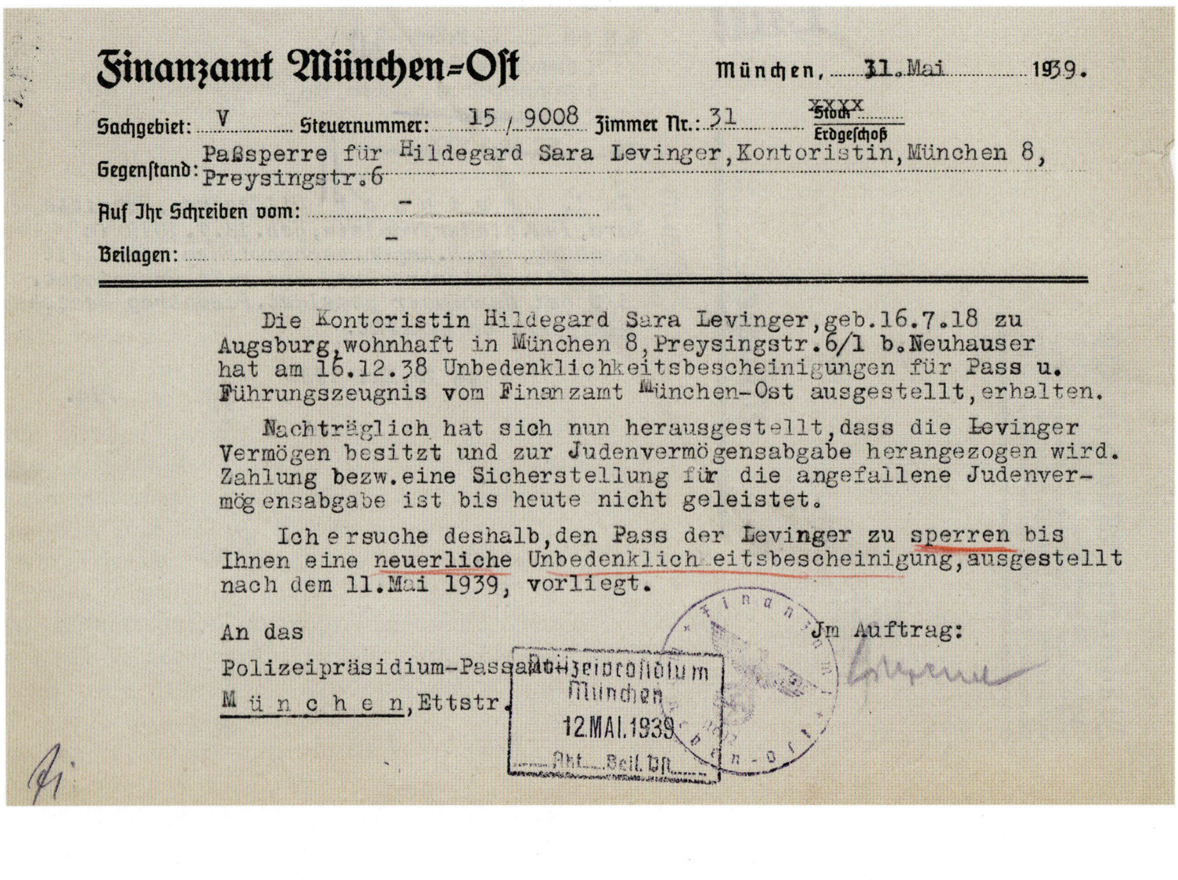

Finanzamt München-Ost

München, 31. Mai 1939.

Sachgebiet: V Steuernummer: 15 / 9008 Zimmer Nr.: 31 ~~Stock~~ Erdgeschoß

Gegenstand: Paßsperre für Hildegard Sara Levinger, Kontoristin, München 8, Preysingstr. 6

Auf Ihr Schreiben vom: –

Beilagen: –

Die Kontoristin Hildegard Sara Levinger, geb. 16.7.18 zu Augsburg, wohnhaft in München 8, Preysingstr. 6/1 b. Neuhauser hat am 16.12.38 Unbedenklichkeitsbescheinigungen für Pass u. Führungszeugnis vom Finanzamt München-Ost ausgestellt, erhalten.

Nachträglich hat sich nun herausgestellt, dass die Levinger Vermögen besitzt und zur Judenvermögensabgabe herangezogen wird. Zahlung bezw. eine Sicherstellung für die angefallene Judenvermögensabgabe ist bis heute nicht geleistet.

Ich ersuche deshalb, den Pass der Levinger zu sperren bis Ihnen eine neuerliche Unbedenklichkeitsbescheinigung, ausgestellt nach dem 11. Mai 1939, vorliegt.

An das
Polizeipräsidium-Passamt
München, Ettstr.

Im Auftrag:

Polizeipräsidium München 12. MAI 1939

b) Brief der 1942 in Theresienstadt ermordeten Jüdin Anna Samuel an ihre evangelische Freundin Else Schubert-Christaller über den gescheiterten Versuch ihrer Auswanderung nach Großbritannien vom 21. März 1938:

Meine liebe Else! Hab Dank für Dein so liebes Angebot, zur Reise zu helfen! Alles Überlegen zwecklos – so kurz noch geltendem Pass weigerten die Engl.[änder] das Visum – wir versuchen – gewiss vergeblich nach Ansicht der Polizeibeamten – Verlängerung – nächste Woche wohl verneinende Antwort. Es heißt sich mit der schlimmen Gewissheit abfinden. Kinder wiedersehen nur möglich, wenn sie zu uns kommen, auch das sehr wenig möglich. Ich mag nicht weiter davon schreiben – es bewegt mich – aber es macht mich nicht weich, wie sonst. Der Schmerz, er – so kommts mir vor – macht mich böse u. hart – doch man muss sich als alter Mensch abfinden, muss resignieren. [...] – Verzeih den unerquicklichen Brief, muss wieder ins Gleichgewicht zu kommen suchen. – Deine alte betrübte Freundin.

Quelle: Archiv Alte Synagoge Essen, Signatur AR 4730

32071-135

1. Arbeiten Sie die Gründe für die Passsperre bzw. die gescheiterte Ausreise heraus.
2. Bewerten Sie jeweils die Gründe.

M 9 Schwierigkeiten

32071-136

Siegfried Naumann wird während der Reichspogromnacht schwer misshandelt und anschließend zur „Schutzhaft" in das KZ Oranienburg gebracht. Seine Freilassung erreicht er nur unter der Bedingung, seinen Haus- und Grundbesitz zu einem diktierten Preis zu verkaufen. Von seiner Auswanderung berichtet er einige Jahre später:

Da ich wusste, dass mein Beruf als Rechtsanwalt, der ja von den Gesetzen des Landes abhängt, für die Auswanderung denkbar ungeeignet ist, begann ich noch in aller Eile umzusatteln. Ich lernte, kunstgewerbliche Damengürtel anzufertigen und die Herstellung flüssiger Seifen mit der dazugehörigen chemischen Theorie. Außerdem wurde fleißig englischer Unterricht genommen [...].
[...] Inzwischen war es höchste Zeit, bei der Devisenstelle die Packerlaubnis zu erreichen. Dazu musste ein Verzeichnis aller mitzunehmenden Sachen eingereicht werden, getrennt nach Anschaffungen vor und nach 1933. Jeder noch so geringfügige Gegenstand musste genau angegeben werden. Ohne diese Packerlaubnis konnte man nicht einmal einen Koffer mitnehmen. [...]
Es war schließlich kaum noch eine Woche, die uns von der Abreise trennte. Ich lief zur Devisenstelle, ich lief zur Zollfahndungsstelle. Endlich stellte sich heraus, der Beamte bei der Zollfahndungsstelle gäbe das Gutachten nicht heraus, bevor nicht die Silber- und Wertsachen abgeliefert seien. Meine Frau musste dann mit ihm zur Ablieferungsstelle gehen und alles, was uns noch von einigem Wert für die Auswanderung geblieben war, für ein nach Gewicht berechnetes Schandgeld abliefern, obwohl die Fristen noch gar nicht abliefen. Telefonisch – es war vier Tage vor unserer Abreise – erfuhr ich endlich, dass wir 5000 Mark Golddiskontabgabe zu zahlen hatten. Mit 1000 Mark hatte ich gerechnet. Ich hatte gar keine Zeit mehr zu Reklamationen. [...] Nun musste ich noch rasch die 5000 Mark aus Wertpapieren flüssig machen. Am Sonntag mussten wir Berlin verlassen, um unser Schiff in Genua zu erreichen. Am Freitag vorher erfuhr ich endlich auf der Devisenstelle, dass der genaue Betrag 5300 Mark sei. Schleunigst regelte ich noch die restlichen 300 Mark. [...]
Einige Wochen vorher hatten sich noch andere Schwierigkeiten ergeben. Meine Frau hatte natürlich auf den beträchtlichen Betrag für die Schiffskarten Genua-Shanghai für vier Personen nur eine Anzahlung leisten können. Die Devisenstelle hatte sofort aufgrund der Vorlage der Schiffsrechnung die Zahlung der Summe bewilligt. Die Wertpapierstelle verlangte aber plötzlich noch vorher die Einreichung der steuerlichen Unbedenklichkeitsbescheinigung. Die für die Fahrkarten unseres Schiffes gesetzte Zahlungsfrist drohte abzulaufen, etwa 6 Wochen vor der Abfahrt. Dann hätten wir unsere Fahrkarten eingebüßt und bei der starken Belegung aller Schiffe Schwierigkeiten gehabt, vor dem Herbst neue Fahrkarten zu erhalten. Beantragt hatte ich die Unbedenklichkeitsbescheinigung schon im Januar und die mir gemachten Auflagen erfüllt, vor allem die gesamten vier Raten der Judenabgabe voll bezahlt. Als ich jetzt das Finanzamt meines Heimatortes telefonisch erinnerte, stellte sich heraus, dass ich noch vorher die Einkommensteuer- und Umsatzsteuererklärung 1938 und 1939 abgeben müsse. Meine Kassabücher hatte ich in meinem Büro gar nicht mehr vorgefunden. Auf Anfrage bei der Polizei erhielt ich sie von dieser geschickt, bis auf eines, das gar nicht mehr aufzufinden war. Ich machte die Steuererklärungen fertig, fuhr noch am Abend in meinen Heimatort, um sie am nächsten Morgen gleich bei Dienstbeginn abzugeben.

Siegfried Neumann über seine Austreibung, in: Juden unterm Hakenkreuz, Bd. 1: Verdrängung und Verfolgung, ausgewählt von Hans-Dieter Schmid, Gerhard Schneider und Wilhelm Sommer (Geschichtsdidaktik, Bd. 16), Düsseldorf 1983, S. 130–133

▶ Weisen Sie nach, dass sich das NS-Regime skrupellos am Vermögen ausreisewilliger Jüdinnen und Juden bereicherte.

M10 Interview mit Frau Dr. Eva Umlauf

Dr. Eva Umlauf, geb. Hecht, ist eine slowakisch-deutsche Kinderärztin. Geboren wurde sie 1942 im Arbeitslager Nováky in der Slowakei. Am 2. November 1944 wurde sie mit ihrer Mutter ins Konzentrationslager Auschwitz deportiert. Sie überlebten, weil nur wenige Tage zuvor angesichts des Vorrückens der sowjetischen Roten Armee die Vergasungen eingestellt worden waren. 1967 siedelte sie mit ihrem Mann aus der Slowakei nach München über.

In einem Interview mit der Autorin Carla Schmidt berichtet die in München lebende Kinderärztin und Psychotherapeutin Eva Umlauf (siehe Foto) über das Schicksal ihrer Familie in den Jahren 1944 bis 1945:

Was wissen Sie über die Geschichte ihrer Eltern?
[...] Die Slowakei war selbstständig unter einem Präsidenten, der ein katholischer Priester war. [Er] hieß Tiso und der war faschistisch, mit Hitler verbunden, dadurch war die Slowakei ein Anhängsel von Deutschland und kein besetztes Land, zumindest bis 1944 nicht. [...] [Es gab] drei oder noch mehr Gesandte von den Deutschen, die das Schriftliche gemacht haben und unterschrieben haben, Deportationsbefehle und so weiter. Das waren die Deutschen. Die haben diese drei Arbeitslager für Juden gegründet: Sered', Nováky und Vyhne. [...] Von dort wurden die Juden zuerst nicht deportiert, sondern als Arbeitskräfte in verschiedenen Werkstätten für Näharbeiten und Schuhfertigung eingesetzt, und auch eine Fotowerkstatt [gab es] und daher haben wir die Fotos aus diesem Lager und die hat meine Mutter von dem Fotografen zurückbekommen, [...] aus diesem Lager Nováky, wo ich 42 geboren bin.

Das heißt, Ihre Eltern haben sich vor dem Lager kennengelernt?
Ja, die haben sich vor der Inhaftierung im Lager kennengelernt [...]. Meine Mutter war 18, als sie geheiratet hat, mein Vater war 12 Jahre älter, das heißt [er] war 30. [...] Es wurde gesagt, dass die Verheirateten nicht deportiert werden. Dann – hat meine Mutter gesagt – haben wir halt geheiratet. [...] Ich bin nicht sicher, ob das nicht eine arrangierte Ehe war. [...] Es war 42 im März, dann sind sie im Oktober ins Lager gekommen und da war meine Mutter schon schwanger, weil ich im Dezember geboren bin.

Durften die Familien im Lager [in Nováky] zusammen sein?
Ja, die Verheirateten durften zusammen sein, [...] das war ja kein Vernichtungslager, sondern ein Arbeitslager [mit] etwa 1200 Leute[n]. [...] Das Problem in dem Lager war „nur", dass von dort die Transporte nach Auschwitz gegangen sind.

Wann fand die Deportation statt, sind sie als Familie zusammen deportiert worden?
Doch, 1944; meine Mutter war schwanger. Meine Eltern waren im November 1944 nach Auschwitz deportiert worden, wurden voneinander getrennt und haben sich seitdem nicht mehr wieder gesehen. Sie müssen sich vorstellen, sie haben 42 im März geheiratet, also die Ehe war kurz und nur im Lager.

Und trotzdem sind zwei Kinder daraus hervorgegangen?
Ja, ja, ich habe darüber nachgedacht, auch als Frau [...]. Im Lager Nováky sind 5 Kinder geboren und ich bin die erste gewesen. [...]

Dann wurden sie, wie sie gerade gesagt haben, mit ihrer Familie nach Auschwitz deportiert, wie haben Sie, Ihre Mutter und ihre Schwester dort überlebt?
Meine Schwester war noch nicht geboren, die ist nach der Befreiung in Auschwitz geboren. Meine Mutter war schwanger im vierten Monat, als sie nach Auschwitz kam. [...] Wir haben nur überlebt, weil wir verspätet angekommen sind. Der Zug, die Lok war kaputt [...], es war ja kurz vor dem Januar, man hat schon die russischen Panzer gehört und wir kamen rein [...], als gerade ein oder zwei Tage nicht mehr vergast wurde. [...] Wir waren noch tätowiert. [...]

Wie war Ihr weiterer Weg, nachdem das KZ Auschwitz befreit worden war?
Kurz vor der Befreiung – also es war ja so, das Lager wurde auf den Todesmarsch geschickt. Denn man wollte die Spuren verwischen. Wir sind nicht auf den Todesmarsch gegangen, weil wir nicht transportfähig waren, meine Mutter und ich und ungefähr einige hundert weitere (ich weiß es nicht), sind im Lager geblieben, weil man sagte, die werden sowieso krepieren. Also die können wir gar nicht schicken. Dann kam die Rote Armee. Die hat auch Ärzte gehabt und Krankenschwestern und die haben in der Baracke im Lager 1 ein Lazarett errichtet – Krankenhaus ist übertrieben – und die haben uns aufgepäppelt. Am 27. Januar war die Befreiung [des Konzentrationslagers Auschwitz] und danach

wurden wir in dieses Lazarett gebracht, wo dann später im April 1945 meine Schwester auf die Welt gekommen ist.

Wir waren ausgemergelt, todkrank. Es gibt Krankenakten von mir, welche Krankheiten ich hatte. Denn ich war auf der Kinderstation von Mengele[1]. Der hat schon am 18. Januar das Lager verlassen und ist mit sehr vielen Unterlagen geflüchtet. Wegen meines schlechten Gesundheitszustandes und der kürzlich zurückliegenden Geburt meiner Schwester war meine Mutter mit uns bis ungefähr Juni 45 in Auschwitz – da war schon kein Krieg [mehr] – und dann ist sie, als meine Schwester 6 Wochen alt war, mit mir und noch einem Kind, das sie mitgenommen hat, nach Trenčín, 280 km – und zwar zu Fuß und mit Autostopp, Lastwagen und so weiter. Es gab Stationen mit Essen und Listen. Wissen Sie, es gab keine Handys oder Ähnliches. Da war alles geschrieben, der und der von dort und dort, bitte melden, und wer überlebt hat und so weiter, das waren schon so Suchzentren.

Und letztlich ist ja Ihre Mutter dann mit Ihnen wieder zurückgegangen in ihre Heimat, nachdem sie aus Auschwitz weg konnte?

Ja, an den Platz, wo sie zuletzt gewohnt haben. Mit der Idee, schauen wir mal, wer noch kommt.

Wie ist dann Ihre Geschichte weitergegangen, also von Ihnen und Ihrer Mutter?

Also in Trenčín, da war Joint, das ist eine amerikanische Hilfsorganisation und meine Mutter hat ein Zimmer bekommen für uns, mit einer Küche, wo man für uns gekocht hat, das war die erste Zeit, [da] hat man geschaut, was man kriegt. Mein Vater ist nicht zurückgekommen. [...]

Also wir wohnten nach dem Krieg in einem Haus, wo meine Mutter Zimmer hatte mit uns beiden und auf dem gleichen Korridor hat dieser Ján Karšai gewohnt, das ist der, der dieses Gedicht geschrieben hat, woher der Titel von meinem Buch [„Die Nummer auf deinem Unterarm ist blau wie deine Augen"] herstammt. Wir kennen uns seit 1945. [...]

Interview Carla Schmidt mit Frau Dr. Eva Umlauf (9. August 2021)

32071-140

1. Analysieren Sie die Erinnerungen von Eva Umlauf an die Deportation und die Befreiung.
2. Beurteilen Sie die Folgen der erlittenen Gewalt.

Das vollständige Interview erreichen Sie mithilfe des Mediencodes **32071-141**.

M 11 Systematische Ermordung bayerischer Jüdinnen und Juden in Konzentrationslagern

Datum	Deportierte Jüdinnen und Juden	Ziel
20.11.1941	1000 aus Altbayern und Schwaben	Riga
27.11.1941	535 aus Nürnberg, 202 aus Würzburg, 106 aus Bamberg	Riga
24.03.1942	650 aus Nürnberg, 335 aus Würzburg	Izbica bei Lublin
03.04.1942	433 aus Schwaben, 343 aus München, 213 aus Sammelstelle Regensburg	Piaski bei Lublin
25.04.1942	856 aus Würzburg, 105 aus Bamberg	Izbica bei Lublin
03.06.1942–23.02.1945	1674 bei 40 Deportationen aus Sammelstelle München-Milbertshofen	Theresienstadt
Sept. 1942	884 aus Franken	Theresienstadt
13.03.1943	unbekannte Anzahl aus der Sammelstelle München-Milbertshofen	Auschwitz
17./18.06.1943	70 aus Nürnberg und Fürth, 57 aus Würzburg, 16 aus Bamberg	Auschwitz

Wolfgang Benz, Deportation und Ermordung, in: Geschichte und Kultur der Juden in Bayern, Aufsätze, hrsg. von Manfred Treml; zitiert nach: https://www.br.de/themen/religion/juden-bayern-judentum118.html [Zugriff: 27.04.2023]

1. Erklären Sie, warum die Informationen, die solche Tabellen geben (können), die nationalsozialistische Mordmaschinerie nur ansatzweise erfassen.
2. In Bayern existierten keine Vernichtungslager, aber Konzentrationslager – in Dachau und Flossenbürg. Recherchieren Sie, wie viele Menschen in ihnen umkamen.

[1] Josef Mengele war als Arzt im Vernichtungslager Auschwitz einer der Hauptverantwortlichen für den Massenmord an hunderttausenden Jüdinnen und Juden. Berüchtigt sind seine Menschenversuche: Vor allem an Kindern, Zwillingen und Kleinwüchsigen führte er grausame medizinische Experimente durch. Er floh nach Südamerika, wo er 1979 starb.

2.4 Gewaltmigration im Nationalsozialismus (II): Zwangsarbeit

Das NS-Regime hatte den Zweiten Weltkrieg von vornherein als Raub- und Beutekrieg geplant und durchgeführt. Die mit Deutschland verbündeten Staaten sowie die ab 1939 eroberten Länder und Landesteile hatten dabei die Aufgabe, nicht nur mit ihrer landwirtschaftlichen und industriellen Produktion sowie mit ihren Rohstoffen, sondern auch mit ihrer Bevölkerung der deutschen Kriegswirtschaft zu dienen. Deshalb war Zwangsarbeit ein weiterer zentraler Aspekt bei den massenhaften Zwangswanderungen, für die das nationalsozialistische Deutsche Reich verantwortlich war.

DiA

Unterschiedliche Materialien zur Situation der Zwangsarbeiterinnen und Zwangsarbeiter, darunter weitere Zeitzeugeninterviews, sind zu finden mithilfe des Mediencodes **32071-147**.

Hinweis
Die Arbeitsaufträge auf den folgenden Seiten helfen, INFO-Texte und Materialien im Hinblick auf die Lernaufgabe zu erschließen.

Lernaufgabe

32071-142

Während des Zweiten Weltkrieges beutete der NS-Staat Millionen Menschen durch Zwangsarbeit aus. Von woher und wozu wurden die Menschen von den Nationalsozialisten nach Deutschland gezwungen? Wie behandelte das NS-Regime sie? Verfassen Sie hierzu mithilfe der folgenden Aufgaben einen **kurzen informierenden Text**, in dem sie auch insbesondere die Perspektive der Zwangsarbeiterinnen und Zwangsarbeiter berücksichtigen.

1. Arbeiten Sie aus M1 bis M3 die Herkunft und die Art und Weise der Rekrutierung von Zwangsarbeiterinnen und Zwangsarbeitern heraus.
2. Analysieren Sie ihre Situation (M6, M7, Erinnerungen der Zeitzeuginnen Jewgenija Michajlowna Grigorjewa und Iwona Zavadska in M9). Wie wurden sie behandelt? Beurteilen Sie, welche Rolle die NS-Ideologie dabei spielte.
3. Die Zwangsarbeiterinnen und Zwangsarbeiter sind im kollektiven Gedächtnis wenig verankert. Diskutieren Sie Möglichkeiten, wie an diese angemessen erinnert werden könnte. M10 kann Ihnen dabei als Anregung dienen.

M1 Abtransport sogenannter „Ostarbeiterinnen" nach Deutschland

Foto von 1942 oder 1943.

▶ Ordnen sie die Fotografie mithilfe von INFO-Text 1 historisch ein.

INFO 1: Zwangsarbeit

Insbesondere seit 1938 zwangen die Nationalsozialisten Menschen, die von ihnen verfolgt wurden, in Arbeits- bzw. Konzentrationslagern, aber auch in der Öffentlichkeit zu arbeiten, um sie zu demütigen und auszugrenzen. Das betraf vor allem Jüdinnen und Juden sowie Sintizze und Sinti, Romnia und Roma. Während des Zweiten Weltkrieges (1939 bis 1945) beutete das Deutsche Reich die besetzen Gebiete schonungslos aus, und da sich immer weniger Männer und Frauen freiwillig als Arbeitskräfte unter Vertrag nehmen ließen, setzte man immer stärker auf Zwangsarbeit. Schätzungen zufolge mussten insgesamt etwa 14 Millionen Zivilarbeiterinnen und -arbeiter, Kriegsgefangene und Häftlinge im Deutschen Reich und in den eroberten und besetzten Gebieten Zwangsarbeit leisten. Zivilarbeiterinnen und -arbeiter wurden oft in Razzien zusammengetrieben und nach Deutschland verschleppt. Mehr als die Hälfte der aus Osteuropa Verschleppten waren Mädchen und Frauen. Deren Durchschnittsalter betrug 20 Jahre. Die Zwangsarbeiterinnen und Zwangsarbeiter sollten in der Landwirtschaft und in der Industrie, aber auch in kleineren Betrieben die Männer ersetzen, die als Soldaten eingezogen worden waren, und die gesteigerte Produktion von Kriegsmaterial sowie den Bau von Schutzanlagen ermöglichen. Aber auch in kommunalen Einrichtungen und in Kirchengemeinden taten sie Dienst, und manche Haushalte beschäftigten auf diesem Wege ein Dienstmädchen. So gut wie alle Deutschen kamen also mit ihnen in Kontakt und wussten von deren größtenteils entwürdigender Behandlung. Carla Schmidt

- Verfassen Sie auf der Grundlage von INFO-Text 1 einen Lexikonartikel zum Begriff „Zwangsarbeiterinnen und -arbeiter in der NS-Zeit“.

INFO 2: Ideologische Grundlagen

Zum NS-Antisemitismus gehörten neben der Behauptung, es gäbe unterschiedlich „wertvolle Rassen“, auch stereotype Vorurteile wie das vom „arbeitsscheuen Juden“ oder das vom angeblich „kulturell und wirtschaftlich rückständigen Polen“ oder auch die Verunglimpfung „des Russen“ als „unzivilisierte asiatische Horden“ und „zähem, abgestumpftem sowjetischen Bauern“. Gleichzeitig wurde der angeblich wertvolleren „arischen Rasse“ das Recht zugebilligt, „Lebensraum im Osten“ zu erobern und die dortige Bevölkerung rücksichtslos als „Arbeitssklaven“ auszubeuten.

Entsprechend dieser Ideologie mussten die Zwangsarbeiterinnen und -arbeiter aus sogenannten „germanischen Völkern“, u. a. Dänen und Flamen (in Belgien) „lediglich“ ihren Arbeitsvertrag einhalten. Andernfalls drohten schwere Strafen. Relativ bevorzugt behandelt wurden Arbeitskräfte des Bündnispartners Italien. Es folgten Franzosen, dann die slawischen Völker aus Südosteuropa (z. B. Slowaken, Jugoslawen). Polinnen und Polen sowie „Ostarbeiter“ aus Russland, Belarus und der Ukraine wurden als besonders „minderwertige“ Volksgruppen eingestuft und daher meist ohne Rücksicht auf Gesundheit und Leben ausgebeutet. Ganz am unteren Ende der „Skala“ standen jedoch Sintizze und Sinti, Romnia und Roma sowie Jüdinnen und Juden. Sie waren grundsätzlich zur „Vernichtung durch Arbeit“ vorgesehen. Entsprechend menschenverachtend, ohne ausreichende Verpflegung, Unterkunft und medizinische Versorgung, wurden sie in den Konzentrations- und Vernichtungslagern und auf dem Weg dorthin behandelt, nicht selten auch systematisch gedemütigt und misshandelt.

Untergebracht wurden die Zwangsarbeiterinnen und -arbeiter zumeist in einfachen Baracken, in denen sie auf engstem Raum bei mangelhafter medizinischer Versorgung und meist schlechter Ernährung hausen mussten. Allein in München waren über 400 Lager und Unterkünfte über die Stadt verteilt. Für die Zwangsarbeit von Häftlingen der Konzentrationslager in (Rüstungs-)Betrieben wurden in deren Nähe zahlreiche Außenlager errichtet. Verlassen durften die Zwangsarbeiterinnen und -arbeiter die Lager nur zur Arbeit. Dazu wurden sie von den Lagerverwaltungen in geordneten und streng abgeschirmten Kolonnen zu den Arbeitsstätten getrieben.

Die Situation der in Landwirtschaft, Kommunen, Kirchengemeinden oder Haushalten eingesetzten Menschen hing stark von den Arbeitgebern ab. Einige berichteten auch von einem guten Umgang und einer recht guten Versorgung, die aber nicht darüber hinwegtäuschen dürfen, dass die Menschen unter Zwang Arbeiten verrichten mussten und von ihrer Heimat gewaltsam ferngehalten wurden.

Die Furcht des NS-Regimes vor Aufruhr und Sabotage durch Zwangsarbeiterinnen und -arbeiter war groß. Die Folge waren besonders strenge Kontrollen und brutale Strafen zur Abschreckung. Gegen Kriegsende radikalisierte sich dieses Vorgehen noch. Allein von Oktober 1944 bis Mai 1945 fielen mindestens 10 000 zivile Zwangsarbeiterinnen und -arbeiter Massenerschießungen und Erhängungen zum Opfer. An den Verfolgungen beteiligten sich auch zahlreiche deutsche Zivilisten. Carla Schmidt

▶ Zeigen Sie, wie die NS-Ideologie den Umgang des NS-Staates mit Zwangsarbeiterinnen und -arbeitern beeinflusste.

INFO 3: Anerkennung und Entschädigung

Insbesondere die ehemaligen Zwangsarbeiter und Zwangsarbeiterinnen aus Osteuropa litten nach der Rückführung in ihre Heimat nicht nur unter den körperlichen und seelischen Folgen, sondern auch unter bitterer Not. In der UdSSR galten sie als „Kollaborateure“ (Personen, die mit dem Kriegsgegner zusammengearbeitet haben), wurden diskriminiert, teilweise jahrelang inhaftiert und zur Arbeit gezwungen. Aber auch in anderen Heimatländern wurden sie als Menschen zweiter Klasse behandelt und waren oft überhaupt nicht oder nur unzureichend sozial abgesichert.

Von deutscher Seite sollten zunächst nur individuelle Entschädigungen an Menschen erfolgen, die ihren Wohnsitz in Deutschland hatten und die „Eingriffe in ihre Lebenschancen wie den Verlust an Freiheit, Gesundheit und beruflichem Fortkommen“ erlitten hatten. Einerseits gab es einen Unwillen, die Opfer zu entschädigen, andererseits wollte man im Kalten Krieg keine Gelder in den sowjetischen Machtbereich überweisen. Erst im Kontext der Entspannungspolitik in den 1970er- und 80er-Jahren leisteten einzelne Wirtschaftsunternehmen Einmalzahlungen an Hilfsprojekte für NS-Verfolgte. Aus sogenannten Globalzahlungen der Bundesrepublik an mehrere Staaten sollten Zwangsarbeiterinnen und -arbeiter entschädigt werden. Im Jahr 2000 gründeten Bundesregierung und etwa 6500 deutsche Unternehmen die Stiftung „Erinnerung, Verantwortung und Zukunft“ (EVZ). Aus ihrem Kapital sollten Zwangsarbeiterinnen und -arbeiter einmalig bis zu 7665 Euro (Kategorie A: KZ- und Ghetto-Häftlinge) erhalten. Durch die verzögerte Anerkennung des Verbrechens der Zwangsarbeit erhalten jedoch nicht wenige Betroffene bis heute keinerlei Zahlungen, viele sind unterdessen verstorben.

Carla Schmidt

32071-143

1. Zeigen Sie auf, wie ehemalige Zwangsarbeiterinnen und -arbeiter in ihren Heimatländern behandelt wurden, und erklären Sie diese Behandlung.
2. Bewerten Sie die Haltung der Bundesrepublik zur Frage der Entschädigung von Zwangsarbeiterinnen und -arbeitern.

M2 Kategorien der Zwangsarbeit

1	**Ausländische Zivilarbeiterinnen und Zivilarbeiter** zwischen 1939 und 1945 aus nahezu allen besetzten Gebieten nach Deutschland gebracht; im Volksmund „Fremdarbeiter" genannt.
2	**Ausländische Kriegsgefangene** vornehmlich aus Polen, der Sowjetunion und Frankreich, ab 1943 auch aus Italien, nachdem das Land aus dem Bündnis mit dem Deutschen Reich („Achse") ausgeschieden war. Gemäß den völkerrechtlichen Bestimmungen durften sie nicht in der Kriegsproduktion eingesetzt werden.
3	**Häftlinge der Konzentrations-Stammlager oder Außenlager der SS im Reichsgebiet** Es ist davon auszugehen, dass nahezu jeder KZ-Häftling während seiner Haftzeit für kurze oder lange Zeit zur Arbeit gezwungen wurde, in sehr unterschiedlicher und sich wandelnder Weise.
4	**Europäische Jüdinnen und Juden**, die in ihren Heimatländern, vor allem nach ihrer Deportation für kürzere oder längere Zeit Zwangsarbeiten verrichten mussten, zunächst in Polen, in Ghettos, Zwangsarbeitslagern oder KZ-Außenlagern. Es ist davon auszugehen, dass mindestens zwei Drittel der Häftlinge – also fast alle Menschen im arbeitsfähigen Alter – davon betroffen waren.
5	**Menschen, die in ihren Heimatländern für deutsche Institutionen, Behörden und Unternehmen in unterschiedlichen Graden und Formen Zwangsarbeit leisten mussten**
6	**Menschen, die von Deutschen in dritten Staaten zur Zwangsarbeit herangezogen wurden** z. B. Zivilarbeiter und Kriegsgefangene aus der Sowjetunion, die in Frankreich, Holland, Skandinavien oder Ungarn eingesetzt wurden, vorwiegend zum Befestigungsbau

Nach: Ulrich Herbert, Zwangsarbeit im 20. Jahrhundert. Begriffe, Entwicklung, Definitionen, in: Dieter Pohl und Tanja Sebta (Hrsg.), Zwangsarbeit in Hitlers Europa. Besatzung – Arbeit – Folgen, Berlin 2013, S. 23–61, hier S. 31–33

▸ Bewerten Sie den Erkenntniswert dieser (und ähnlicher) Übersicht(en).

M3 Anwerbung?

a) In eine bessere Zukunft?

Plakat, um 1942
1942/43 war klar, dass der deutschen Wehrmacht kein schneller Sieg über die Sowjetunion gelingen würde. Vor allem um die deutschen Männer zu ersetzen, die als Soldaten eingezogen wurden, und die Rüstungsproduktion zu sichern, wurden Zwangsarbeiterinnen und Zwangsarbeiter eingesetzt. Mit dem Plakat in russischer Sprache sollten Arbeitskräfte aus den besetzten sowjetischen Gebieten angeworben werden. Die fett gedruckte Parole lautet übersetzt: „Wir gehen nach Deutschland, um für den Frieden und eine bessere Zukunft zu arbeiten."

b) Razzia in Warschau

Um vor allem junge Menschen aus ihren Heimatländern gewaltsam zu verschleppen, werden in Städten Razzien durchgeführt. Von einer berichtet Stanislaw Masny, der bei einer Razzia in Warschau 1944 verhaftet und nach München verschleppt worden ist:

Das Pech wollte es, dass ich an dem für mich tragischen Freitag, dem 19. Mai 1944, […] in den Paderewski-Park fuhr, um mich ein bisschen vom alltäglichen Tumult zu erholen. Ich setzte mich gemütlich auf eine hinter Büschen versteckte Bank […]. Nach knapp zwanzig Minuten hörte ich Schüsse und Gebrüll in deutscher Sprache. Schnell wurde mein verborgener Platz in den Büschen entdeckt und mit Tritten und Schlägen mit dem Gewehrkolben trieb man mich zum Tor auf der Seite des Rondo Waszyngtona. Dort teilten die Gendarmen die Leute ein. Unter den Zusammengetriebenen sah ich einen Kameraden aus der Berufsschule. Wir hatten die gleichen Dokumente: Kennkarten, Schulbescheinigungen und Bescheinigungen, dass wir ein Berufspraktikum in der deutschen Fabrik „Brunwerke" absolvieren. Wir machten aus, dass, falls einer von uns freigelassen wird, er die Eltern des anderen informiert. Und so kam es. Ihn schickten sie zu der Gruppe, die freigelassen wurde, und mich luden sie zusammen mit den anderen Festgehaltenen auf Lastwagen und brachten uns in die Skaryszewska Straße.

Erinnerungsbericht Stanislaw Masny, © Archiv der Stiftung „Polnisch-deutsche Aussöhnung", Warschau

32071-144

1. Analysieren Sie das Plakat und erklären Sie mithilfe der INFO-Texte 1 und 2, warum das Plakat zynisch ist.
2. Erläutern Sie den Ablauf einer Razzia.

M4 Allgegenwart von Zwangsarbeiterinnen und Zwangsarbeitern

Zu den alltäglichen Kontakten von Deutschen und Zwangsarbeiterinnen und Zwangsarbeitern erläutert die Historikerin Christine Glauning:

Im Straßenbild waren die Zwangsarbeiter – zum Beispiel auf dem Weg zu den Arbeitseinsatzorten – unübersehbar, vor allem die gemäß der rassistischen NS-Ideologie besonders gekennzeichneten Polen. […] Aber auch die vielen jungen westeuropäischen Männer, die mehr Bewegungsspielraum als die Osteuropäer hatten, fielen in der Öffentlichkeit auf, da ihre deutschen Altersgenossen mehrheitlich an der Front waren. Als im Kriegsverlauf die Luftangriffe zunahmen, sahen die Deutschen immer mehr Zwangsarbeiterinnen und Zwangsarbeiter, die zum Trümmerräumen eingesetzt wurden. Die vom NS-Regime beabsichtigte Trennung der Zwangsarbeiter von den Deutschen konnte dementsprechend im Alltag aus praktischen Gründen kaum umgesetzt werden.

Christine Glauning, Mittendrin und außen vor: Zwangsarbeit in der NS-Gesellschaft, in: Zwangsarbeit in München. Das Lager der Reichsbahn in Neuaubing, hrsg. von Winfried Nerdinger unter Mitarbeit von Angela Hermann, Paul-Moritz Rabe und Sibylle von Tiedemann, München 2018, S. 12–27, hier S. 15

▶ Erklären Sie, warum Zwangsarbeiterinnen und Zwangsarbeiter für Deutsche allgegenwärtig und sichtbar waren.

Karte mit Lagern und Unterkünften von Zwangsarbeiterinnen und Zwangsarbeitern in München (erstellt vom Dokumentationszentrum München) siehe Mediencode **32071-127**.

Verzeichnis von Haftstätten für Zwangsarbeiterinnen und -arbeiter unter Mediencode **32071-148**

M5 Anteil der Ausländer und Kriegsgefangenen an den Gesamtbelegschaften in verschiedenen Wirtschaftszweigen (1942 bis 1944)

	1942	1943	1944
Bau	47,0	50,0	52,1
Metall	17,4	31,0	37,6
Eisen und Stahl	15,4	28,7	33,0
Bergbau	14,0	25,0	32,8
Maschinenbau	15,1	29,4	32,0
Chemie	15,4	26,3	30,2
Elektro	13,9	19,3	23,5
Textil	7,1	12,3	13,0
Gewerbliche Wirtschaft insgesamt	14,8	25,0	28,8
Landwirtschaft	53,0	58,1	51,4

Ulrich Herbert, Fremdarbeiter. Politik und Praxis des „Ausländer-Einsatzes" in der Kriegswirtschaft des Dritten Reiches, Berlin/Bonn 1985, S. 229

1. Arbeiten Sie heraus, in welchen Wirtschaftszweigen es den höchsten bzw. den geringsten Zuwachs gab.
2. Nennen Sie mögliche Gründe für die unterschiedlichen Entwicklungen.

M 6 Die Situation der Zwangsarbeitskräfte

a) Schlaf- und Essraum für „Ostarbeiter"-Familien
Foto von 1944

Der Raum diente zuvor dem Deutschen Museum in München als Bibliothek. In diesem mussten die Insassinnen und Insassen auch ihre „Freizeit" verbringen und wurden dabei von vier deutschen Männern bewacht.

b) Kennzeichen für Zwangsarbeiterinnen und Zwangsarbeiter aus Polen und aus Teilrepubliken der Sowjetunion (Ukraine, Weißrussland, Russland)

c) Alltag im Kriegsgefangenenlager
BMW war der größte private Arbeitgeber im Großraum München. Der Anteil von Zwangsarbeitskräften an der Belegschaft betrug am Kriegsende etwa 90 Prozent. Etwa ein Viertel aller 120 000 Zwangsarbeiter, die im Großraum München arbeiten mussten, arbeiteten für BMW.
Der französische Kriegsgefangene Jacques Leperc, der im BMW-Werk in Allach Zwangsarbeit leisten musste, erzählt aus seiner Erinnerung über die Bedingungen in dem Lager, in dem er untergebracht war:

In der Baracke, wo ich einquartiert wurde, herrschte eisige Kälte. Ich nahm meine Arbeit auf: 12 Stunden täglich im wöchentlichen Wechsel mit der zwölfstündigen Nachtschicht, die von zahlreichen Luftangriffen unterbrochen wurde. Durch den allmorgendlichen Marsch und die Arbeit in der eisigen Kälte wurde ich schnell krank. Obwohl ich sehr schwach war und quälenden Husten hatte, bekam ich keine Möglichkeit, mich auszukurieren. […] Meine Kräfte schwanden, bis ich schließlich nicht mehr in der Lage war, in die Fabrik zu gehen. Jede Abwesenheit zog aber eine Strafe nach sich, eine Geldbuße im Gegenwert von 1–4 Arbeitstagen, die vom Lohn abgezogen und auf das Konto des Deutschen Roten Kreuzes überwiesen wurde.

Bericht von Jacques Leperc, um 2000, © Stiftung „Erinnerung, Verantwortung und Zukunft"

32071-146

1. Arbeiten Sie den Umgang mit Zwangsarbeiterinnen und Zwangsarbeitern heraus (a–e).
2. Erklären Sie mithilfe des INFO-Textes 2 (Abschnitte 1 und 2), warum Zwangsarbeitskräfte aus Osteuropa eine Kennzeichnungspflicht hatten.

M 7 Verhältnis zur deutschen Bevölkerung

a) „Bestimmt und zurückhaltend"
Aushang der Propagandawandzeitung „Parole der Woche" vom 18. April 1943.

Insbesondere für Zwangsarbeitskräfte aus Osteuropa, in diesem Fall für Polen, die gekennzeichnet wurden (siehe M 6 b), gab es besondere Umgangsregeln:

b) Anordnungen von 1941 für polnische Arbeitskräfte (zweisprachig verfasst)

Jedem Arbeiter polnischen Volkstums gibt das Großdeutsche Reich Arbeit, Brot und Lohn. Es verlangt dafür, dass jeder die ihm zugewiesene Arbeit gewissenhaft ausführt und die bestehenden Gesetze und Anordnungen sorgfältig beachtet. […]

1. Das Verlassen des Aufenthaltsortes ist streng verboten.
2. Während des von der Polizeibehörde angeordneten Ausgehverbotes darf auch die Unterkunft nicht verlassen werden.
3. Die Benutzung der öffentlichen Verkehrsmittel, z. B. Eisenbahn, ist nur mit besonderer Erlaubnis der Ortspolizeibehörde gestattet.
4. Alle Arbeiter und Arbeiterinnen polnischen Volkstums haben die ihnen übergebenen Abzeichen stets sichtbar auf der rechten Brustseite eines jeden Kleidungsstückes zu tragen. Das Abzeichen ist auf dem Kleidungsstück fest anzunähen.
5. Wer lässig arbeitet, die Arbeit niederlegt, andere Arbeiter aufhetzt, die Arbeitsstätte eigenmächtig verlässt usw., erhält Zwangsarbeit im Arbeitserziehungslager. Bei Sabotagehandlungen und anderen schweren Verstößen gegen die Arbeitsdisziplin erfolgt schwerste Bestrafung, mindestens eine mehrjährige Unterbringung in einem Arbeitserziehungslager.
6. Jeder gesellige Verkehr mit der deutschen Bevölkerung, insbesondere der Besuch von Theatern, Kinos, Tanzvergnügungen, Gaststätten und Kirchen, gemeinsam mit der deutschen Bevölkerung, ist verboten. Tanzen und Alkoholgenuss ist nur in den von den polnischen Arbeitern besonders zugewiesenen Gaststätten gestattet.

Zitiert nach: DHM, Dok. 2, Inv.-Nr. 99/597

c) Hinrichtung eines polnischen Zwangsarbeiters

Der polnische Zwangsarbeiter Julian Majka wurde am 18.4.1941 in Michelsneukirchen (Landkreis Cham) wegen einer Liebesbeziehung zu einer deutschen Frau erhängt. Zur Abschreckung musste eine Gruppe „Ostarbeiter" zusehen.

1. Charakterisieren Sie, wie das Verhältnis zwischen Zwangsarbeitskräften einerseits und Deutschen andererseits nach den Vorstellungen des NS-Regimes geprägt sein sollte.
2. Reflektieren Sie Gründe, warum Verstöße gegen die Vorschriften streng bestraft wurden.

M8 „Wir werden niemals roh und herzlos sein"

Heinrich Himmler in Poznan/Posen (Polen) in einer Ansprache am 4. Oktober 1943 vor SS-Gruppenführern:

Ob die anderen Völker im Wohlstand leben oder ob sie verrecken vor Hunger, das interessiert mich nur soweit, als wir sie als Sklaven für unsere Kultur brauchen, anders interessiert mich das nicht. Ob bei dem Bau eines Panzergrabens 10 000 russische Weiber an Entkräftung umfallen oder nicht, interessiert mich nur insoweit, als der Panzergraben für Deutschland fertig wird. Wir werden niemals roh und herzlos sein, wo es nicht sein muss; das ist klar. Wir Deutsche, die wir als einzige in der Welt eine anständige Einstellung zum Tier haben, werden ja auch zu diesen Menschentieren eine anständige Einstellung einnehmen […].

Zitiert nach: www.1000dokumente.de/pdf/dok_0008_pos_de.pdf [Zugriff: 27.04.2023]

1. Analysieren Sie den Redeauszug. Inwiefern spiegelt er (auch sprachlich) die NS-Ideologie wider?
2. Bewerten Sie die Rede vor dem Hintergrund unserer freiheitlich-demokratischen Grundordnung.

M9 Berichte von Zeitzeuginnen

Hinweise: Die folgenden Texte sind Übertragungen von Interviews (siehe Mediencode). Die Angaben zwischen den Rauten (#) beziehen sich auf die Stelle im jeweiligen Video.

a) Jewgenija Michajlowna Grigorjewa, 1922 geboren, 1942 aus der Ukraine nach Deutschland verschleppt, erzählt 1997 über ihre Zwangsarbeit in einem Krankenhaus in München-Schwabing:

Wir fuhren damals und wussten nicht wohin, was mit uns passieren würde und welches Schicksal uns erwartet. #00:00:15#
Später dann bei der Einteilung, hat sich diese deutsche Frau uns drei ausgesucht […]. #00:00:24#
Als sie uns nach München brachte, kamen wir in das Krankenhaus Schwabing. Dort gab es bereits andere Mädchen aus der Ukraine. Wir wurden umgezogen. Man hat uns Arbeitskittel gegeben. #00:00:47#

[…] Wir arbeiteten 12 Stunden am Tag, ab 7 Uhr morgens bis 7 Uhr abends. Wir wurden unter Bewachung zur Arbeit gebracht und von der Arbeit abgeholt. Und dann wurden wir eingesperrt. #00:01:10#

b) Iwona Zavadska, geboren 1926 in Warschau, wird 1944 nach Mittweida, ein Außenlager des Konzentrationslagers Flossenbürg deportiert. Über ihre Zwangsarbeit in einer Kriegswaffenfabrik erzählt sie 1999:

Wir waren nur Frauen, ich kann eigentlich von Mädchen sprechen. Wir arbeiteten von sechs Uhr morgens bis sechs Uhr abends. Zwölf Stunden täglich, in zwei Schichten. Eine Woche lang arbeiteten wir in der Tagesschicht, die nächste Woche in der Nachtschicht. Nachts kam die andere Schicht, die von sechs Uhr abends bis sechs Uhr morgens arbeitete. #00:00:23#
Nachts war es schwer zu arbeiten. Vor allem weil man Hunger hatte und nicht ausgeschlafen war und die Aufseherinnen aufpassten und zuschlugen, sobald jemand den Kopf etwas senkte. Der Schlag auf den Kopf war so heftig, dass die Lust zu leben und zu schlafen sofort verging. Wir arbeiteten, machten diese Teile, egal wie die Qualität war. #00:00:45#
Die Norm konnten wir, nicht nur ich, aber auch die anderen Mädchen, nie erfüllen. Die Schachtel mit den Teilen war ziemlich groß und man musste eine bestimmte Menge machen. Aber es war nie der Fall und auch unmöglich, dass man wirklich die Norm eingehalten hätte. #00:01:00#
In die Baracken kehrten wir nur zum Schlafen zurück. Was heißt aber schon schlafen: Aufräumen, Schreie und so weiter. Es konnte auch nicht immer vom Schlafen die Rede sein, daher war es nachts noch schlimmer. #00:01:14#
Was das Essen betrifft: Zum Mittagessen bekamen wir irgendwelche Schalen in Wasser. Abends bekamen wir ein Stück Schwarzbrot mit Margarine. Das war alles. #00:01:37#
Als bereits der Frühling kam und wir beim Arbeiten im Wald eingesetzt waren, brachten wir immer Brennnessel mit. Sie hatten noch Wurzeln, waren voll Sand, mit trockenen Blättern und Staniol[1] von amerikanischen Luftangriffen. Diese haben wir in Wasser gekocht und es war bis zum Ende unsere Ernährung. Und auch ein Stück Brot, bei dem wir nicht wussten, ob wir es überhaupt essen sollten. #00:02:02#
Es war alles viel zu wenig, viel zu wenig. Alle anderen Arbeiter, Deutsche oder Belgier, die in der freien Arbeit eingesetzt waren, hatten sonntags frei. Unterdessen mussten wir beim Appell draußen stehen, von sieben Uhr morgens bis fünf Uhr abends. #00:02:28# Wir standen in Fünfer-Reihen. Wenn es gerade Winter war, trugen die Deutschen Uniformen, Ohrenschützer, auf den Stiefeln hatten sie zusätzlich Auflagen aus Stroh. Sie hatten alles Erdenkliche, was man nur brauchte. Wir waren aber nackt, ganz nackt. Wir hatten keine Unterwäsche, keine Strümpfe, keine Unterhose, nichts. Nur barfuß. Ich hatte Sandalen an, von wem sie waren, weiß ich nicht. Es waren nur Sandalen, nicht mal Schuhe. Wir haben so fürchterlich gefroren und baten Gott, uns stehend sterben zu lassen. Je schneller, desto besser. Aber es passierte nicht. Wir sind nicht gestorben. #00:03:07#

Transkriptionen von Interviews [Zugriff: 22.02.2023]

Erster Text: https://www.hdbg.eu/zeitzeugen/detail/zwangsarbeit/jewgenija-michajlowna-grigorjewa/97

Zweiter Text: https://www.hdbg.eu/zeitzeugen/detail/kz-flossenbuerg/iwona-zavadska/293 © Haus der Bayerischen Geschichte (Georg Schmidbauer M. A.)

▶ Arbeiten Sie heraus, wo den Zwangsarbeiterinnen über die schon grundsätzlich menschenverachtende Behandlung hinaus zusätzliche Grausamkeiten drohten.

Zu den Videos mit den Zeitzeuginneninterviews des Hauses der Bayerischen Geschichte und zusätzlichen Informationen gelangen Sie mithilfe von Mediencode 32071-130.

M 10 Umgang mit der Geschichte

Als einzige von ehemals acht Baracken zur Unterbringung von Zwangsarbeiterinnen und -arbeitern im Zwangsarbeitslager Neuaubing ist sie noch erhalten. Sie wurde umfassend saniert und soll als Außenstelle des NS-Dokumentationszentrums in München genutzt werden.

Informationen über das ehemalige Zwangsarbeitslager Neuaubing und die App „Orte Erinnern" hält die Webseite des NS-Dokumentationszentrums München bereit. Zu den Angeboten führt Mediencode 32071-145.

Schülerinnen und Schüler einer 11. Klasse in Gersthofen haben die Ergebnisse ihrer Studien zu Zwangsarbeit in ihrer Region veröffentlicht. Zu einem Bericht über das Projekt führt Mediencode 32071-150.

[1] **Staniol**: dünn ausgewalzte oder gehämmerte Folie aus Zinn

2.5 Immigration und Integration nach 1945

Bayern auf dem Weg zur „Migrationsgesellschaft"?

Auch nach dem Zweiten Weltkrieg blieben Migrationsbewegungen, wie die folgenden Schlaglichter zeigen, ein prägender Faktor für die Geschichte Bayerns:

- Bereits mit den militärischen Niederlagen gegen Kriegsende hatte die Flucht von Deutschen aus den deutschen Siedlungsgebieten in Osteuropa und schließlich aus den Ostprovinzen des Reiches eingesetzt. Von den geschätzt 18 Millionen Deutschen im östlichen Europa flohen ca. 14 Millionen Richtung Westen oder wurden nach Kriegsende dorthin vertrieben. In den drei westlichen Besatzungszonen, die 1949 die Bundesrepublik bildeten, zählte Bayern neben Niedersachsen und Schleswig-Holstein zu den wichtigsten Zielländern von Flüchtlingen und Vertriebenen.
- Kriegsfolgewanderungen ab 1945 betrafen auch die Menschen, die zuvor Opfer von Gewaltmigration durch die NS-Diktatur geworden waren: vor allem ehemalige Zwangsarbeiterinnen und -arbeiter, Kriegsgefangene sowie – als zahlenmäßig größte Gruppe – Überlebende der nationalsozialistischen Arbeits- und Konzentrationslager. Die alliierten Besatzungsmächte und internationale Hilfsorganisationen übernahmen die Verantwortung für die Versorgung der insgesamt zehn bis zwölf Millionen „Displaced Persons" (DPs), deren Rückführung in die Heimatländer oder die Auswanderung nach Übersee. Nur 150 000 DPs blieben in Deutschland zurück, überdurchschnittlich viele in Bayern.
- Je mehr sich die bipolare Weltordnung des „Kalten Krieges" verfestigte, desto mehr beschränkten sich Wanderungsbewegungen zwischen den beiden Blöcken bis in die späten 1980er-Jahre auf wenige Personenkreise wie z. B. auf Oppositionelle, die aus dem Osten in den Westen Europas flohen oder dorthin ausgewiesen wurden, oder auf nationale Minderheiten wie die sogenannten „Aussiedler".
- Als im Zuge des sogenannten „Wirtschaftswunders" Arbeitskräfte gesucht wurden, begann der Zuzug von „Gastarbeitern" aus dem Mittelmeerraum in die Bundesrepublik und damit eine Arbeitsmigration, die sich nach dem Fall des „Eisernen Vorhangs" und der Osterweiterung der EU als EU-Binnenwanderung fortsetzte und durch den Grundsatz der Freizügigkeit innerhalb der EU intensivierte.
- Nach dem Ende des „Kalten Krieges" und dem Zerfall der Sowjetunion wanderten rund 2,4 Millionen Menschen deutscher Abstammung aus den ehemaligen, auch asiatischen Republiken der UdSSR in das wiedervereinigte Deutschland ein. Sie werden oft pauschal als „Russlanddeutsche" oder „Spätaussiedler" bezeichnet.
- Darüber hinaus kamen seit 1990 rund 220 000 sogenannte jüdische Kontingentflüchtlinge aus der ehemaligen UdSSR nach Deutschland.
- Zahlreiche Bürgerkriege und Kriege in vielen Teilen der Welt trieben seit den 1990er-Jahren Millionen in die Flucht.

Als Folge all dieser Migrationsbewegungen entwickelte sich auch Bayern – wie die gesamte Bundesrepublik – zu einer „Migrationsgesellschaft". D. h. zu einer Gesellschaft, die zum einen Ziel umfangreicher Migrationsbewegungen wurde, da sie ihren Bürgerinnen und Bürgern Wohlstand, Freiheit, politische Stabilität und Sicherheit garantiert. Aber auch zu einer Gesellschaft, in der Zuwanderung immer wieder intensiv politisch und öffentlich debattiert wird – etwa darüber, wie viele Menschen immigrieren und integriert werden können oder wie mit Ängsten, aber auch mit Fremdenfeindlichkeit oder gar Rassismus umzugehen ist.

Jochen Oltmer und Dieter Brückner

Lernaufgabe

32071-206

DiA

Wählen Sie im Plenum zwei der folgenden Beispiele für Immigration und Integration nach 1945 aus:

- Heimatvertriebene
- „Gastarbeiterinnen" und „Gastarbeiter"
- Spätaussiedlerinnen und -aussiedler
- jüdische „Kontingentflüchtlinge"
- Kriegsflüchtlinge seit den 1990er-Jahren

Führen Sie eine **Podiumsdiskussion mit den entsprechenden Rollen zur Leitfrage „Aus der Geschichte lernen – Wie kann Integration gelingen?"** durch. Erarbeiten Sie sich hierzu arbeitsteilig in Kleingruppen (3–4 Schülerinnen/Schüler) und mittels der Rollenbeschreibung sowie der in den Kapiteln zur Verfügung gestellten Materialien die Ihnen zufallende Rolle, Position und Argumentation. Verfassen Sie ein kurzes Statement (rund zwei Minuten) zur Leitfrage der Podiumsdiskussion, das Sie jeweils zu Beginn vortragen.

Rollen unabhängig von den gewählten Beispielen:
- 2 Moderatoren/Moderatorinnen
- Migrationshistoriker/-in

Rollen zur Auswahl:
- Zum Thema „Heimatvertriebene" (S. 128–135):
  - Vertreter/-in des Bundes der Vertriebenen – Landesverband Bayern e. V.
  - Vertreter/-in des Bayerischen Staatsministeriums des Innern, für Sport und Integration
- Zum Thema „Gastarbeiter" (S. 136–141):
  - Enkel/-in von angeworbener Arbeitskraft
  - Vertreter/-in eines deutschen Automobilkonzerns
  - Vertreter/-in des Deutschen Instituts für Menschenrechte
- Zum Thema Spätaussiedlerinnen und -aussiedler (S. 142–148):
  - Tochter/Sohn aus Spätaussiedlerfamilie
  - Journalist/-in
- Zum Thema jüdische Kontingentflüchtlinge (S. 149–154):
  - Tochter/Sohn aus einer aus der Sowjetunion zugewanderten Familie
  - Vertreter/-in des Zentralrats der Juden in Deutschland
- Zum Thema Kriegsflüchtlinge (S. 155–159):
  - Tochter/Sohn einer geflüchteten Familie
  - „Experte" bzw. „Expertin" zu Jugoslawien

Im Rahmen der Diskussion soll ein Fokus auf folgende Aspekte gelegt werden:
- Was sind Motive für die Migration?
- Welche Folgen haben die Migrationen für die Region und/bzw. für Bayern?
- Was bedeutet Migration persönlich für die Immigrantin/den Immigranten?

Hinweise zu Kooperationsformen finden Sie mithilfe von Mediencode **32071-75**.

Rollenkarten finden Sie mithilfe von Mediencode **32071-151**

Webseiten zu den fünf Beispielen unter Mediencode **32071-152**

Hinweis
Die Arbeitsaufträge auf den folgenden Seiten helfen, INFO-Texte und Materialien im Hinblick auf die Lernaufgabe zu erschließen.

Tipps
- Hilfe zur Auswahl der Materialien finden Sie bei Bedarf bei den Rollenbeschreibungen.
- Gerne können Sie auch weitere Informationen und Hintergründe recherchieren. Hilfreiche Webseiten zu den einzelnen Beispielen finden Sie mithilfe des Mediencodes jeweils zu Beginn der Teilkapitel oder mit dem Mediencode **32071-152** hier auf der Seite.

Wahlthema 1:

2.5.1 Heimatvertriebene

Webseiten zu diesem Thema finden Sie mithilfe von Mediencode 32071-153.

INFO 1: Flucht und „wilde" Vertreibungen

Der Zweite Weltkrieg führte in Europa zu einer beispiellos hohen Zahl von Zwangswanderungen, die vor allem aus der Expansion und schließlich der Niederlage des nationalsozialistischen Deutschland resultierten. Zwischen 1939 und 1945 waren insgesamt 50 bis 60 Millionen Menschen von Massenzwangswanderungen betroffen: Flüchtlinge, Vertriebene und Deportierte.

Schätzungen zufolge waren nach dem Zweiten Weltkrieg weitere 25 Millionen Menschen Opfer von Zwangsmigrationen. Rund 14 Millionen von ihnen waren Deutsche, die östlich von Oder und Neiße ihre Heimat verloren.

Seit dem Rückzug der Wehrmacht an der Ostfront im Jahr 1944 flohen Tausende vor der vorrückenden Roten Armee, u.a. aus Angst vor Vergeltungsmaßnahmen für die Kriegsverbrechen der Nationalsozialisten. Der extrem kalte Winter 1944/45, aber auch militärische Angriffe auf Flüchtlingstrecks, Plünderungen, Brandschatzung, Massenvergewaltigungen und Mord durch sowjetische Soldaten kosteten Hunderttausende Hab und Gut oder das Leben.

Parallel zum Zusammenbruch der NS-Herrschaft kam es im Frühjahr und Frühsommer 1945 auf dem damaligen Gebiet Polens und der ehemaligen Tschechoslowakei zu Übergriffen auf Deutsche und zu sogenannten „wilden", d.h. ungeordneten und meist brutalen Vertreibungen. Diese wurden als spontane Reaktionen der Bevölkerung auf die Deutschen inszeniert, waren jedoch von staatlicher Seite her organisiert. Ziel der Regierungen war es, durch die Vertreibung von Minderheiten in ihren Staaten einen homogenen Nationalstaat zu begründen. Gleichwohl wirkten hier auch Wut und Verbitterung über die aggressive Besatzungspolitik des NS-Regimes und die von Wehrmacht und SS begangenen Gräueltaten. Darüber hinaus wirkte nach, dass sich Polen und Tschechen schon seit dem 19. Jahrhundert immer wieder als Opfer deutscher und österreichischer Übermacht und Fremdherrschaft erlebt hatten.

M1 Abtransport Sudetendeutscher

Foto vom 16. Mai 1946.
Die Transporte deutscher Vertriebener in den Güterwaggons dauerten oftmals wochenlang, da die Züge nur langsam fuhren oder vielfach standen. In der Regel erhielten die Menschen, überwiegend Frauen, Kinder und alte Männer, kaum Wasser oder Nahrung. Dabei starben viele bei Minustemperaturen in ungeheizten und überfüllten Güterwaggons. Frauen und Mädchen wurden regelmäßig vergewaltigt, auch wurden die Züge immer wieder von Banden überfallen und die Menschen beraubt. Die Männer wurden, soweit sie nicht in Kriegsgefangenschaft geraten waren, als Zwangsarbeiter zurückgehalten. Oft konnten sie erst zu Beginn der 1950er-Jahre ausreisen.

Die Vertriebenen wurden regelmäßig ausgeplündert, geschlagen, zusammengetrieben und interniert. Sie warteten in überfüllten Lagern beinahe ohne Versorgung auf den Abtransport mit Güterwaggons. Die arbeitsfähigen Männer wurden nicht vertrieben, sondern mussten in Polen oder der Tschechoslowakei Zwangsarbeit leisten.

Die organisierten Vertreibungen endeten 1949/50. Am Ende blieben nur wenige Deutsche zurück – in Polen z. B. zwischen 400 000 und einer Million Menschen.

Insgesamt erfolgte in Ostmittel- und Südosteuropa eine ethnische Homogenisierung. Der Anteil von nationalen Minderheiten war dort von nun an nur noch sehr klein.

Carla Schmidt und Dieter Brückner

- Erläutern Sie die Gründe für Flucht und Vertreibung von Deutschen ab 1944.

INFO 2: Ankommen und Aufnahme

Die angekommenen Flüchtlinge und Vertriebenen verteilten sich nicht gleichmäßig. Die meisten hielten sich in der sowjetischen und in den östlichen Teilen der amerikanischen und britischen Besatzungszonen auf. In Bayern kamen rund zwei Millionen Flüchtlinge und Vertriebene an. Die meisten von ihnen stammten aus dem Sudetenland (55 %), Schlesien (24 %) und Ostpreußen.

Die französische Militärverwaltung wollte in ihrer Besatzungszone zunächst überhaupt niemanden aufnehmen, da Frankreich nicht zur Potsdamer Konferenz eingeladen worden war.

Da viele Städte zerstört waren, wurde ein Großteil der Neuankömmlinge in ländlichen Gebieten untergebracht. Doch auch hier kam es häufig zu Konflikten mit der einheimischen Bevölkerung, die die Vertriebenen in der Regel nicht als „echte" Deutsche ansah und diesen normalerweise keine Hilfe zukommen lassen wollte. Oft waren Zwangseinweisungen in die Wohnungen der Altbürgerinnen und -bürger durch die Besatzungsmacht die Folge, was die Konflikte noch verschärfte. Und als selbst keine „Notwohnungen" wie Ställe und Abstellkammern mehr zur Verfügung standen, richtete man ab 1946, als die großen Vertriebenentransporte eintrafen, neben Erstaufnahme-, Durchgangs- und Quarantänelagern auch Wohnlager zur längerfristigen Unterbringung in ehemaligen Kriegsgefangenen- und Zwangsarbeiterlagern, Kasernen, Fabrikgebäuden und sogar in ehemaligen Konzentrationslagern wie z. B. in Dachau ein.

Ein großes Problem stellte in Zeiten der Mangelwirtschaft nach dem Krieg auch die Lebensmittelversorgung dar und ließ die Neuzuzügler in den Augen der Einheimischen als ungebetene und unliebsame Konkurrenten und „Schmarotzer" erscheinen.

Vor allem wer im ländlichen Bereich untergebracht war, hatte nur geringe Chancen, qualifizierte Arbeit zu finden, und musste sich fachfremd, in Gelegenheitsjobs oder als Hilfskraft verdingen. Kulturelle Unterschiede, die in den fremden Dialekten, Traditionen, Sitten, Bräuchen rasch erkennbar wurden, begünstigten Vorurteile unter den Einheimischen, die die Konfliktlage noch verschärften.

Carla Schmidt und Dieter Brückner

- Erklären Sie, warum es zu Spannungen zwischen den Neuankömmlingen und der einheimischen Bevölkerung kam.

INFO 3: Aufnahme und Integration

Die soziale Ungleichheit zwischen einheimischer Bevölkerung und Flüchtlingen bzw. Vertriebenen im Hinblick auf berufliche Position, Vermögen und Wohnverhältnisse blieb noch lange erhalten: 1950 war die Arbeitslosigkeit unter den Flüchtlingen noch dreimal höher als in der einheimischen Bevölkerung und erst 1960 hatten sich die Wohnverhältnisse durch staatliche Wohnungsbauprogramme, günstige Kredite und Steuervorteile, vor allem aber durch Eigeninitiative der Flüchtlinge und Vertriebenen, Eigenleistungen, Nachbarschaftshilfe und Siedlungsgenossenschaften angeglichen. In vielen Gemeinden wurden aber auch Baugebiete für Flüchtlinge und Vertriebene ausgewiesen. Sonderfälle stellen die sogenannten Vertriebenenstädte oder -gemeinden dar, von denen in Bayern mehrere entstanden (Neugablonz, Waldkraiburg, Traunreut, Geretsried, Neutraubling).

Umsiedlungsprogramme sollten dazu beitragen, Flüchtlinge und Vertriebene innerhalb der Bundesrepublik besser zu verteilen. Die meisten zogen der Arbeit aber auch freiwillig hinterher und verließen, sobald es ihnen gestattet wurde, z. B. die ländlichen Regionen, zumal viele von ihnen beruflich gut qualifiziert waren. Obwohl auch Flüchtlinge und Vertriebene an der Hochkonjunkturphase der 1950er-Jahre und am „Wirtschaftswunder" teilhatten, kam es trotzdem zum „Unterschichtungsphänomen", d. h., viele mussten statusniedrigere Positionen annehmen und bezogen daher auch geringere Einkommen. Umfangreichere Aufstiegsmöglichkeiten ergaben sich erst in den 1960er-Jahren, als statusniedrigere Positionen von den zugewanderten Arbeitsmigrantinnen und -migranten übernommen wurden.

In der Bundesrepublik schuf ein „Soforthilfegesetz" 1949 einen Rechtsanspruch auf finanzielle Unterstützung, und ein sogenannter „Lastenausgleich", der durch (sehr geringe) Vermögensabgaben der einheimischen Bevölkerung finanziert wurde, sollte ab 1953 für die Entschädigung von Vermögensverlusten sorgen. Beide Maßnahmen verbesserten die Situation der Flüchtlinge, stellten aber lediglich eine symbolische Anerkennung ihrer außergewöhnlichen Situation dar. Zudem sorgten solche Maßnahmen auch für eine verstärkte Ablehnung der Zugewanderten, da sie als Privilegierung wahrgenommen wurden.

Auch in der DDR gab es zu Beginn Hilfen und Kredite, jedoch keine Entschädigungszahlungen. Doch bereits in den 1950er-Jahren wurden alle Sonderregelungen zurückgenommen. In der DDR durften sich auch keine Vertriebenenverbände (Landsmannschaften genannt) bilden, wie sie in den westlichen Besatzungszonen ab 1948 als Interessensvertretungen zugelassen wurden. Diese erlangten in der Bundesrepublik vor allem in den 1950er-Jahren politischen Einfluss, stellten ab 1953 Bundesminister und setzten sich für Entschädigungsmaßnahmen ein. Carla Schmidt und Dieter Brückner

32071-155

1. Nennen Sie Faktoren, die die Integration der Flüchtlinge und Vertriebenen förderten.
2. Beurteilen Sie den Erfolg der Integration.

M2 Flüchtlinge und Vertriebene in Deutschland 1945 bis 1950

Artikel zu Flüchtlingen und Vertriebenen in Bayern mit weiteren Karten unter Mediencode **32071-157**

32071-156

1. Vergleichen Sie den Anteil von Flüchtlingen und Vertriebenen in Bayern mit dem in anderen Bundesländern.
2. Die meisten Flüchtlinge und Vertriebenen, die nach Bayern gelangten, stammten aus dem Sudetenland. Nennen Sie mithilfe von INFO 2 die Gebiete mit dem zweit- und dritthöchsten Anteil, aus denen in der vereinfachten Karte keine Pfeile nach Bayern verweisen.

M3 Ausweisungsbescheid

Die Sudetendeutschen aus Radisch, Kreis Kaplitz, erhalten im April 1946 folgenden Ausweisungsbescheid:

Sie sind zum Transfer in ihre Heimat (d.h. heim ins Reich) bestimmt worden und werden am 21.2.46 um 10 Uhr in die Sammelstelle in Kaplitz abtransportiert. Zum Mitnehmen sind: 2 Decken, 4 Wäschegarnituren, 2 gute Arbeitsanzüge, 2 Paar gute Arbeitsschuhe, 1 guter Arbeitsmantel (Winterrock), 1 Essschale, 1 Tasse und 1 Essbesteck, 2 Handtücher und Seife, Nähzeug (Nadel und Zwirn), Lebensmittelkarten und die amtlichen Personenausweise und Dokumente. Weiter können Sie Gegenstände Ihres Personenbedarfes, etwa unverderbliche Lebensmittel und Ähnliches mitnehmen. Alle Ihre Sachen dürfen das Gesamtgewicht von 50 kg pro Person nicht überschreiten. Sämtlicher Schmuck, Wertgegenstände, Geld und Einlagebücher (außer der Reichsmark) schreiben Sie auf und geben Sie in einem Sack mit Ihrem Namen und der Anschrift an dem Ort der Zusammenkunft ab. [...] Es wird dringendst darauf hingewiesen, dass nichts von Ihrem Eigentum verkauft, verschenkt, geborgt oder sonstwie veräußert werden darf. Die Nichtbefolgung dieser Anordnung wird bestraft.

Zitiert nach: Rolf Messerschmidt, „Wenn wir nur nicht lästig fallen ...“. Aufnahme und Eingliederung der Flüchtlinge und Vertriebenen in Hessen (1945–1955), Frankfurt am Main 1991, S. 41

32071-158

1. Beurteilen Sie, ob diese Anordnungen dem auf der Potsdamer Konferenz von den drei Siegermächten USA, Sowjetunion und Großbritannien beschlossenen Grundsatz einer „ordnungsgemäßen und humanen Überführung“ entsprechen.
2. Erklären Sie, warum Wertsachen weder mitgenommen noch veräußert werden durften.

M4 Fotos von Neuankömmlingen in Bayern

a) Matratzenlager in einer Turnhalle

Foto von 1945.

b) Essensausgabe in einem Durchgangslager (Ort unbekannt)

Foto von 1946.

In Durchgangslagern sollten die Flüchtlinge und Vertriebenen höchstens wenige Wochen bleiben, bevor sie auf private Quartiere verteilt wurden. Die meisten Lager wurden bis 1950 aufgelöst, andere allerdings zu Wohnlagern für einen längeren Verbleib der Zuwanderinnen und Zuwanderer ausgebaut.

c) Zimmer mit Flüchtlingsfamilie in München

Genaue Datierung des Fotos unbekannt.

32071-159

1. Charakterisieren Sie die abgebildeten Wohnsituationen sowie die Versorgungslage.
2. Diskutieren Sie Folgen und Auswirkungen der Gewaltmigration sowie der neuen Lebenssituation auf das Individuum.

M5 Offene Ablehnung

a) Fasnachtsumzug im badischen Lahr (um 1950)

b) Schmähgebete wie das folgende dokumentieren die Ablehnung der Neuankömmlinge durch die einheimische Bevölkerung:

Herrgott im Himmel, sieh unsere Not,
wir Bauern haben kein Fett und kein Brot.
Flüchtlinge fressen sich dick und fett
Und stehlen uns unser letztes Bett.
Wir verhungern und leiden große Pein,
Herrgott, schick das Gesindel heim.
Schick sie zurück in die Tschechoslowakei,
Herrgott, mach uns von dem Gesindel frei.
Sie haben keinen Glauben und keinen Namen,
die dreimal Verfluchten, in Ewigkeit Amen.

Zitiert nach: Mathias Beer, Flüchtlinge – Ausgewiesene – Neubürger – Heimatvertriebene. Flüchtlingspolitik und Flüchtlingsintegration in Deutschland nach 1945. Begriffsgeschichtlich betrachtet, in: Mathias Beer, Martin Kintzinger und Marita Krauss (Hrsg.), Migration und Integration. Aufnahme und Eingliederung im historischen Wandel, Stuttgart 1997, S. 145–167, hier S. 164

32071-161

1. Arbeiten Sie aus dem Schmähgebet heraus, wie Einheimische und Neuankömmlinge charakterisiert werden.
2. Widerlegen Sie mithilfe der INFO-Textes 3 die in dem „Schmähgebet" gemachten Behauptungen über die Situation der Neuankömmlinge.
3. Vergleichen Sie Haltung und Stereotype mit solchen über Migrantinnen und Migranten heute.

M6 Zeitzeugenaussagen

Hinweise: Die folgenden Texte sind Übertragungen von Interviews (siehe Mediencode). Die Angaben zwischen den Rauten (#) beziehen sich auf die Stelle im jeweiligen Video.

a) Ruth Pirzer, geboren 1933, wuchs in der Nähe von Breslau (Schlesien, heute Polen) auf und floh gegen Kriegsende mit ihrer Familie nach Pursrück (Landkreis Amberg-Sulzbach). Interview vom 13. Juli 2013:

Die Vorfahren, also die Eltern und die alten Leute, haben ja jeden Tag gewartet, dass sie zurückkönnen. Keiner hat sich mit der Zukunft beschäftigt. Keiner wollte wohin. Alle wollten wieder zurück. […] #00:00:41#
Wir hatten ja zwei Pferde, die plötzlich ohne Arbeit waren und froh waren, wenn sie raus durften. Also hat meine Mutter mit den Bauern Kontakt aufgenommen wegen Helfen. Wir mussten ja auch leben, wir hatten ja nichts zu essen. Und siehe da: Die hatten ja alle noch bis auf die Großbauern nur Kühe zum Ackern und für die Feldarbeit. Und das ging ja sehr langsam. Und die waren froh. Und meine Mutter war ja auch das älteste von zehn Kindern zu Hause und hat auch viel helfen müssen und hat ackern können. Und da hat sie die Felder im Schnelldurchlauf ackern können. Die Bauern waren heilfroh. Einer nach dem anderen ist gekommen und hat um Hilfe gebeten. So haben wir Butter und Brot und alles Mögliche gekriegt. Und es ging uns eigentlich gut. #00:01:40#
Als die Schule dann anfing – der Pole [der an der Räumung unsers Hauses in Schlesien beteiligt war] hat uns

ja alle Sachen draufgeworfen, auch die Kleiderschränke leergemacht. (Nur meine schöne Puppe hat er nicht draufgeworfen. Da habe ich ja lange geweint.) Wir hatten ja jede Woche was Frisches an, sag ich mal, oder noch öfter. […]. #00:02:20#
Und dann haben sie [die anderen Dorfbewohner] gesagt: „Ja, die Gawes [unv.] – also das waren wir – die haben schon was gehabt. Aber die anderen Flüchtlinge […], die sind alle arm. Die tun alle so. Die sind alle reich. Ach, waren die alle reich. Warum seid ihr denn nicht daheimgeblieben? Wenn ihr so reich wart, hättet ihr die bezahlen können. Und die hätten euch nichts getan. Am Anfang war's schon schlimm. Na ja. #00:02:50#
Katholisch waren wir auch noch. In die Kirche gegangen sind wir auch. Da haben sie uns dann angenommen. Wir waren zwar immer „die Flüchtlinge", aber wir, vor allem die Kinder haben sich wohlgefühlt. #00:03:07#

b) Die Familie von Maria Eichinger, geboren 1935 in Freudenthal im Sudetenland (heute Tschechien) wurde im Juni 1945 von Russen und Tschechen ausgewiesen. Nach ihrer Flucht kam sie nach Pocking. Interview vom 15. April 2013:

Wir sind ja „die Zigeuner"[1] gewesen und die Habenichtse und die Angeber und alles. Es ist also nicht einfach gewesen. Und man hat sich, wie soll ich sagen, unendlich bewähren müssen, dass man überhaupt anerkannt worden ist. Man hat fürchterlich viel leisten und viel mehr leisten müssen. […] #00:00:42#
Als Flüchtling in Bayern war es schlimm. Das war schlimm. Und es ist aber allen gleich gegangen. Man war halt „der Zigeuner". Man hat halt nichts gehabt. Und wenn nur jemand gesagt hat: „Also das haben wir auch gehabt." „Ja ja, ihr habt ja auch alles gehabt." Also, uns ist gar nicht geglaubt worden. Und ich glaube, dass es das Schlimmste ist, wenn man gar nicht ernst genommen wird. Man hat ja nichts dafür gekonnt. #00:01:10#
Ich habe das auch in meiner Familie noch lange, lange immer gehört von meiner Schwiegermutter: „Ja, das sind ja Flüchtlinge. Das sind ja Flüchtlinge." Und dann, ich glaube, nach 20 Jahren ist mir der Hut geplatzt. Dann habe ich gesagt: „Jetzt ist Ende. Ich bin ‚der Flüchtling'. Und ich bleibe es. Und ich habe hier gearbeitet, was ich konnte. Und jetzt will ich nichts mehr hören." Aber das war vielleicht im Jahr 1980, als man das noch immer gehört hat. Und 1945 ist man hergekommen. #00:01:49#

c) Der Kinderbuchautor und Volksschullehrer Otfried Preußler wurde 1923 in Reichenberg (Sudetenland) geboren. Nach seiner Kriegsgefangenschaft kam er 1949 nach Bayern. Interview vom 19. April 2000:

#00:00:24# Wir haben sehr gute Nachbarn kennengelernt, auch als wir dann in Schlossberg wohnten – hilfsbereite Nachbarn. Das war das Eine. Ich bin als Lehrer mit den bayerischen Kolleginnen und Kollegen … Wir haben keine Unterschiede mehr gemacht, ob einer von daher oder von dorther kam. #00:00:50#
Und was das Wirtschaftliche betrifft: Ich meine, dass ein großer Vorteil war, dass wir Industrien, Industriezweige hier begründet haben, die keine Konkurrenz für einheimische Betriebe dargestellt haben und dass wir auch der einheimischen Bevölkerung keine Arbeitsplätze weggenommen haben – im Gegenteil. Wir haben – ich spreche von „Wir", aber Sie wissen, wie's gemeint ist – Arbeitsplätze geschaffen. Und das ist doch, glaube ich, keine schlechte Voraussetzung dafür, dass man sich gegenseitig anerkennt. #00:01:35#
Auf kulturellem Gebiet – ich erinnere nur daran, dass der eine Zeitlang wohl berühmteste Rosenheimer Chor […] nicht ein Chor von Vertriebenen allein war, sondern eine Chor-Gemeinschaft, in die alle, die sangesbegeistert waren, hineingegangen sind. Es gab im Vereinsleben sehr viele Ebenen, auf denen das stattgefunden hat, was man Integration nennt. #00:02:08#
Ein wichtiger Punkt, eine wichtige Voraussetzung bestand sicherlich auch darin, dass sich keiner der Illusion hingegeben hat, man könnte mal wieder zurückgehen. Wir waren hierher verschlagen worden und wussten: Hier müssen wir weiterleben. Und da kann man sich nicht ständig als Fremdkörper stilisieren. Das halte ich also auch für eine wichtige Sache.

Transkriptionen von Interviews [Zugriff: 22.02.2023]

a) https://www.hdbg.eu/zeitzeugen/detail/vertreibung-und-integration/ruth-pirzer/631 © Haus der Bayerischen Geschichte (Georg Schmidbauer M.A.)

b) https://www.hdbg.eu/zeitzeugen/detail/vertreibung-und-integration/maria-eichinger/786 © Haus der Bayerischen Geschichte (Reiner Holzemer)

c) https://www.hdbg.eu/zeitzeugen/detail/vertreibung-und-integration/prof-otfried-preussler/206 © Haus der Bayerischen Geschichte (Georg Schmidbauer M.A.)

Zu den Videos mit den Zeitzeugeninterviews und zusätzlichen Informationen gelangen Sie mithilfe von Mediencode **32071-118**.

[1] **„Zigeuner"**: herabsetzende Fremdbezeichnung für die Volksgruppen der Sinti und Roma. Diesen wurde durchweg unterstellt, als „fahrendes Volk" nicht sesshaft zu sein. (Jedoch hatte und hat die Mehrheit der Sinti und Roma tatsächlich einen festen Wohnsitz.) Das Schimpfwort „Zigeuner" richtet(e) sich allgemein oft auch grundsätzlich gegen Menschen, die angeblich nicht sesshaft sind und auf Kosten anderer leben. Insbesondere auch wegen ihrer historischen Vorbelastung sollte diese Bezeichnung nicht mehr verwendet werden.

1. Arbeiten Sie gemeinsame und unterschiedliche Erfahrungen der Interviewten mit der einheimischen Bevölkerung heraus.
2. Erläutern Sie anhand der Interviews, was die Integration der Flüchtlinge und Vertriebenen erschwert bzw. begünstigt hat. Legen Sie dazu eine Tabelle an.

M7 Gelungene Integration?

32071-164

Der Historiker Andreas Kossert setzt sich in einem 2016 erschienenen Beitrag kritisch mit der Frage auseinander, inwieweit man in Bezug auf die Vertriebenen von einer Integration sprechen kann:

Mitnichten kamen […] Deutsche zu Deutschen, denn zu unterschiedlich waren kulturelle und mentale Prägungen. Bauern aus Galizien trafen auf urbane Württemberger, Prager Großbürger auf Oberfranken auf dem Land. Dialekte, Mentalitäten, Konfessionen und Sozialisationen – die Unterschiede konnten kaum größer sein. […]

[…] Zwangseinquartierungen von Vertriebenen in die Häuser der Einheimischen […] gefährdeten mancherorts die soziale Ordnung. Maschinenpistolen der Besatzungsmächte mussten häufig unter Androhung von Gewalt die Aufnahme der Obdachlosen erzwingen. […]

[…] Zusammenhänge […], die für die großen Nachkriegsnarrative von Wiederaufbau und Wirtschaftswunder, aber auch von Verdrängung und Verantwortung, schwere Kost waren. Die ihren Opferstatus herausstellenden Vertriebenenverbände hingen am Subventionstropf der von Einheimischen geprägten Landes- und Bundesregierungen und stimmten frühzeitig in den westdeutschen Hurrapatriotismus der „gelungenen Integration“ ein. […] [D]as war jedoch oft eine Reduzierung auf die materiellen Folgen der Vertreibung. Andere Dimensionen übersah man dabei häufig gern, sie passten nicht ins Bild der zupackenden Bundesrepublik. Insbesondere alten Menschen fehlte vielfach die Kraft zu einem Neuanfang. Auf den Friedhöfen in Deutschland künden Grabinschriften von dieser Sehnsucht der Flüchtlinge: die Heimatorte der Verstorbenen – Stettin, Waldenburg, Allenstein, Flatow, Glatz, Eger – unterstreichen in Stein gemeißelt ihre irdische Heimatlosigkeit.

Deutschland und seine Vertriebenen: Nach 1945 war ihre Anwesenheit die ungeliebte Mahnung an den gemeinsam verlorenen Krieg, den man am liebsten verdrängen und vergessen wollte. […] Frontal trafen zwei Welten aufeinander: Habenichtse und Besitzende. […] Dass es mit Soforthilfegesetz und Lastenausgleichsgesetzgebung materielle Möglichkeiten für einen Neuanfang gab, kann nicht darüber hinwegtäuschen, dass insbesondere in der Bundesrepublik eine wirkliche Entschädigung nie erfolgt ist, auch gar nicht erfolgen konnte. Im Nachgang darf man die geleistete Hilfe nicht verklären, denn es hat handfeste Verteilungskämpfe und Interessenkonflikte gegeben. Deutlich kritisierte Günter Grass die in seinen Augen ungerechte Verteilung der Kriegsfolgen. Insbesondere Verarmung und soziale Ungerechtigkeiten des Lastenausgleichs offenbarten, dass die Flüchtlinge aus dem Osten die Hauptlast für die deutsche Schuld bezahlt hätten. Eine wahre solidarische Umverteilung sei unterblieben, das westdeutsche Eigentum unangetastet geblieben. […]

Und dennoch: […] Die bloße Anwesenheit der Flüchtlinge stellte gewachsene Hierarchien und Traditionen in Frage. Kurzum: Flüchtlinge waren Motoren einer ungeahnten Modernisierung, sie brachen verkrustete Strukturen auf und trugen maßgeblich zum Wiederaufbau Deutschlands bei. Heimatlosigkeit und Obdachlosigkeit war für Millionen Deutsche eine Grunderfahrung, was nicht ohne Auswirkungen auf die Gesellschaft bleiben konnte. Auch die Einheimischen standen vor gewaltigen Herausforderungen. Zwei völlig unterschiedliche Erfahrungswelten trafen aufeinander, die häufig einem „cultural clash“ gleichkamen. Der große Unterschied liegt auf der Hand: Wer sich seiner Heimat stets sicher sein konnte, brauchte sich nie Fragen nach Identität zu stellen. Wer sie verloren hatte, musste das ständig tun. Erzwungener Heimatverlust bringt jedoch die Gewissheit vom geschützten Raum, vom Elternhaus, vom Dialekt der Kindheit, den Gerüchen der Küche, diese von frühester Kindheit geprägte Gewissheit von Zugehörigkeit durcheinander. Für Millionen Deutsche war das eine konkrete persönliche Erfahrung. […]

Andreas Kossert, Wann ist man angekommen? Flüchtlinge und Vertriebene im Nachkriegsdeutschland, in: Deutschland Archiv, 30.11.2016, www.bpb.de/238108 [Zugriff: 28.04.2023]

32071-167

1. Arbeiten Sie die Position und die Argumente des Autors zur Frage „Eine gelungene Integration?“ heraus.
2. Verfassen Sie auf der Grundlage der Analyse von M5 und M7 einen kurzen Kommentar, in dem Sie die Folgen der Immigration der Heimatvertriebenen für die Entwicklung Bayerns differenziert beurteilen.

Webseite der Bundeszentrale für politische Bildung zum Thema „Kollektive Erinnerung im Wandel“, insbesondere hinsichtlich Flucht und Vertreibung siehe Mediencode **32071-165**

Wahlthema 2:

2.5.2 Arbeitsmigration in die Bundesrepublik Deutschland von den 1950er- bis zu den 1970er-Jahren

Webseiten zu diesem Thema finden Sie mithilfe von Mediencode **32071-168**.

INFO 1: Anwerbung ausländischer Arbeitskräfte 1955–1973

In der Bundesrepublik führte das „Wirtschaftswunder“ nach 1955 zu Vollbeschäftigung. Da in einzelnen Wirtschaftsbereichen (Bergbau, Bauwirtschaft, Eisen- und Stahlindustrie) die Nachfrage nach Arbeitskräften das Angebot überstieg und die Löhne rasch wuchsen, vereinbarte die Bundesrepublik 1955 mit Italien sowie 1960 mit Griechenland und Spanien die Anwerbung von Arbeitskräften. Abkommen mit der Türkei (1961), Marokko (1963), Portugal (1964), Tunesien (1965) und Jugoslawien (1968) schlossen sich an. Die **„Gastarbeiter“** übernahmen meist un- und angelernte Tätigkeiten in der industriellen Produktion mit Akkord- und Schichtarbeit, hoher körperlicher Beanspruchung, gesundheitlicher Belastung und Lohnbedingungen, die viele Einheimische nicht (mehr) akzeptieren wollten.

Die Bundesrepublik erhoffte sich eine große Zahl flexibler junger Arbeitskräfte. Die Herkunftsländer wiederum wollten durch die Abwanderung ihre Arbeitsmärkte entlasten, die von Erwerbslosigkeit und Unterbeschäftigung gekennzeichnet waren. Hinzu trat hier die Erwartung, die eigene Wirtschaft voranbringen zu können: durch den Lohngeldtransfer der Angeworbenen und nach deren Rückkehr die Nutzung der im Zielland erworbenen Fähigkeiten und Kenntnisse. Alle Beteiligten gingen davon aus, dass die Angeworbenen nach wenigen Monaten oder Jahren in die Herkunftsländer zurückkehren würden. Doch schon bald klagten die Betriebe über hohe Kosten befristeter Beschäftigungen und eine starke Personalfluktuation (schneller Wechsel von bisherigen und neuen Beschäftigten). Das Interesse wuchs, die Angeworbenen längerfristig in den Unternehmen zu halten.

M1 Ankunft von Arbeitsmigranten am Münchner Hauptbahnhof

Foto von 1964.

- Analysieren Sie das Foto.
- Beurteilen Sie seine Wirkung.
- Die Neuankömmlinge hatten bis zu 70 Stunden Zugfahrt hinter sich und wurden danach in einen ehemaligen Luftschutzbunker unterhalb des Gleises geführt, wo sie ihre Arbeitsverträge erhielten. Beschreiben Sie mögliche Gedanken und Gefühle dieser Menschen.

32071-170

In Bayern setzte die Beschäftigung ausländischer Arbeitskräfte etwas später ein. Wegen der überdurchschnittlich hohen Zahl von Flüchtlingen und Vertriebenen sowie der verzögerten Industrialisierung standen zunächst noch genügend Arbeitskräfte zur Verfügung. Aber zwischen 1960 und 1972 verzehnfachte sich die Zahl der zugewanderten Erwerbstätigen und stieg von 36 979 auf 371 253. Damit wurde Bayern in den 1960er- und frühen 70er-Jahren nach Nordrhein-Westfalen und Baden-Württemberg zum drittwichtigsten Ziel für „Gastarbeiter“. Jochen Oltmer

32071-169

- Stellen Sie die unterschiedlichen Interessen in der Bundesrepublik und in den Herkunftsländern bezüglich der Arbeitsmigration einander gegenüber.

INFO 2: Schwierige neue Heimat

Entgegen allen ursprünglichen Erwartungen dehnten viele „Gastarbeiter“ ihren Aufenthalt in der Bundesrepublik immer länger aus und verlagerten ihren Lebensmittelpunkt hierher. Sie hatten soziale Kontakte im Zielland geknüpft, ihre Familien nachgeholt und sahen für sich und ihre Kinder hier bessere Chancen als in den Herkunftsgesellschaften. Das widersprach dem Selbstbild der Bundesrepublik als „Nichteinwanderungsland“. Ein Anwerbestopp sollte 1973 den Niederlassungstendenzen entgegenwirken. Allerdings verstärkte er diese noch, weil seither eine Rückkehr in das Herkunftsland eine erneute Einreise zu Erwerbszwecken nach Deutschland verhindert hätte. Die Zugewanderten und ihre Familien mussten sich also zwischen einem Aufenthalt in der Bundesrepublik oder im Herkunftsland entscheiden. Nicht selten fiel die Wahl auf Deutschland. Wegen des Anwerbestopps sank zwar die Zahl der ausländischen Erwerbstätigen von 2,6 Millionen 1973 auf 1,6 Millionen 1989. Die aus dem Ausland stammende Wohnbevölkerung aber wuchs auch wegen des Familiennachzugs im selben Zeitraum von 4 Millionen auf 4,9 Millionen.

Der Prozess der Niederlassung erwies sich für die zugewanderten Arbeitskräfte und ihre Familien in vielerlei Hinsicht als Herausforderung: Öffentlichkeit, Medien und Politik waren lange nicht bereit, die Veränderung der Zusammensetzung der Bevölkerung durch Migration zu akzeptieren. Zwar verbesserte sich der Aufenthaltsstatus der Eingewanderten im Laufe der Jahre. Einen Zugang zur deutschen Staatsbürgerschaft und damit zu besseren Teilhabechancen und zum Wahlrecht aber verhinderte das bis zum Jahr 2000 restriktive Staatsangehörigkeitsrecht. Zum Teil offen rassistische Vorbehalte von Vermietern gegen Eingewanderte erschwerten ihnen die Wohnungssuche. Häufig standen nur kleine, überteuerte und sanierungsbedürftige Wohnungen in Gebieten zur Verfügung, die über wenig Infrastruktur verfügten. Auch das Bildungssystem entwickelte nur langsam Konzepte und Praktiken des Umgangs mit der wachsenden Diversität (kulturellen und sozialen Vielfalt) an Schulen und Universitäten. Während viele Deutsche die Ausbildung von „Parallelgesellschaften“ der Eingewanderten kritisierten, beklagten diese die geringe Bereitschaft der Deutschen zu einer echten Integration. Jochen Oltmer

32071-171

1. Nennen Sie die Gründe für den „Anwerbestopp“.
2. Skizzieren Sie, inwiefern der Prozess der Niederlassung eine Herausforderung für die Immigrantinnen und Immigranten sowie für die Gesellschaft der Bundesrepublik war.

M2 „Als das mit Deutschland aufkam ..."

Gedicht aus dem Jahr 1973. Dessen Autor, der 1939 in Istanbul geborene Schriftsteller Aras Ören, lebt seit 1969 in Berlin.

Als das mit Deutschland aufkam,
sagte ich mir,
so wie jedermann, ich auch:
Deutschland ist ein kleines Amerika.
Gehst du dorthin, Niyazi[1],
lebst du dort wie die Reichen von Bebek[2].
Denn die Armen
können nur in Amerika oder in Deutschland
oder in einem anderen westlichen Land
leben wie die Amerikaner. Während
Das in unseren Ländern
nur die Sache der Reichen ist.
Und nur wenn man wie ein Amerikaner lebt,
kann der Mensch sagen, ich habe gelebt.
Dort hat jeder einen Wagen.
Moderne Wohnungen mit Bad,
stangenweise Anzüge,
Nylonhemden
und Geliebte, die er an den Straßenecken küßt,
genau wie im Film.

Zitiert nach: Friedrich Heckmann, Die Bundesrepublik, ein Einwanderungsland? Zur Soziologie der Gastarbeiterbevölkerung als Einwandererminorität, Stuttgart 1981, S. 243 f.

32071-172

1. Analysieren Sie das Gedicht in Hinblick auf die Vorstellungen von der Bundesrepublik Deutschland.
2. Erschließen Sie sich aus dem Gedicht Motive für die Emigration nach Deutschland.

M3 Anwerbestrategien von BMW in den 1960ern

Für BMW beginnt das „Wirtschaftswunder" Anfang der 1960er-Jahre, als neue Typen von Mittelklassewagen eingeführt werden. Zwischen 1960 und 1969 wächst die Produktion von jährlich rund 52 000 auf 145 000 Autos. Ein Hindernis für eine weitere Expansion bildet der Mangel an Arbeitskräften. Zunächst versucht man durch Werbekampagnen in Ober- und Niederbayern neue Arbeitskräfte zu gewinnen, entschließt sich aber im Herbst 1961, mit der Anwerbung ausländischer Arbeitskräfte zu beginnen. Die Münchner Historikerin Olga Sparschuh berichtet:

Besonders der Betriebsrat sah die Beschäftigung von Ausländern kritisch, er fürchtete, die Arbeitsmigrantenanwerbung sei schwierig und mit großen Aufwendungen „von DM 500,– je Mann und Jahr" verbunden. Doch mangels Alternativen und unter Verweis auf die bereits bei VW erfolgreich begonnene Praxis schob die Unternehmensleitung jegliche Zweifel beiseite und begann die nötigen Vorkehrungen für „die Anstellung von ausländischen Arbeitern" zu treffen, zu denen auch die Einrichtung einer eigenen Personalabteilung für ausländische Arbeitskräfte gehörte.

Nun stiegen die Ausländerzahlen bei BMW rasch. Bereits im ersten Jahr der Anwerbung 1962 waren [im Werk Milbertshofen] von 9189 Mitarbeitern 1709 Arbeitsmigranten. [...] Während der gesamten 1960er-Jahre wurden immer wieder Arbeitsmigranten angeworben. Kontinuierlich ging es in den Sitzungen von Vorstand und Aufsichtsrat, in Besprechungen der Personalabteilung und des Betriebsrats um die großen Schwierigkeiten bei der „Arbeitskräftebeschaffung" [...], das Problem des Mitarbeitermangels [schlug sich] unmittelbar in den Fertigungszahlen nieder und führte teilweise zu monatelangen Lieferfristen für fast alle Fahrzeugtypen. So ergab sich 1963 ein „Fehlbestand" von 3100 Arbeitern [...]. Auf diese Weise stiegen die Ausländerzahlen im Werk rasch weiter. 1966 lag ihr Anteil bereits bei 27,3 Prozent; bei einer Gesamtmitarbeiterzahl von 13 074 waren 3572 Mitarbeiter ausländischer Herkunft. [...]

Ein Blick auf die nationale Herkunft der Arbeitsmigranten zeigt, dass am 31.10.1963 nur 99 italienische Arbeitnehmer, aber bereits 1124 Griechen und 412 Türken im Unternehmen beschäftigt waren. [...] Die Anwerbeinteressen der bayerischen Wirtschaft hatten sich verschoben, so waren Italiener zwar nach wie vor für Saison- und Bauarbeiten gefragt, doch im industriellen Bereich genossen Griechen und Türken den Vorzug, das Landesarbeitsamt brachte diese Entwicklung auf die Formel der „nachlassenden Beliebtheit italienischer Arbeitskräfte". Denn die Italiener hatten durch die seit Jahren laufende Anwerbung mehr Erfahrungen und stellten entsprechend hohe Anforderungen an Lohn, Unterkunft, Verpflegung, Heimfahrten, Erzielung eines hohen Lohnsteuerausgleichs und Überstundenarbeit.

Olga Sparschuh, Fremd und fern der Heimat. Italienische Arbeitsmigranten in Turin und München, 1953–1973, Diss. FU Berlin 2019, S. 293–297

1. Fassen Sie die Hintergründe für die Anwerbung von ausländischen Arbeitskräften bei BMW zusammen.
2. Nennen Sie Gründe für die Abkehr von der Anwerbung italienischer Arbeitskräfte zugunsten solcher aus Griechenland und aus der Türkei.

---

[1] **Niyazi**: Vorname
[2] **Bebek**: Villenvorort von Istanbul

M4 Die Deutsche Verbindungsstelle in Istanbul

a) Anwerbeprozeduren

Aytaç Eryilmaz ist Mitbegründer und langjähriger Leiter des „Dokumentationszentrums und Museums über die Migration aus der Türkei" (DOMiT), später umbenannt in „Dokumentationszentrum und Museum über die Migration in Deutschland" (DOMiD). Der 1990 gegründete Verein bildet eine migrantische Initiative zur Sammlung, Bewahrung, Erforschung und Ausstellung von Material zur Migrationsgeschichte. Aytaç Eryilmaz berichtet über die Prozeduren, denen sich die Bewerberinnen und Bewerber in der Deutschen Verbindungsstelle in Istanbul unterziehen mussten. Die Deutsche Verbindungsstelle war vor Ort im Auftrag der Bundesanstalt für Arbeit in Nürnberg für die Anwerbung zuständig:

Als erstes ließ man sie dort ein, zwei Abschnitte des Informationsblattes vorlesen, um herauszufinden, ob sie des Lesens und Schreibens kundig waren. Sodann begann die eigentliche Prüfung, wobei der deutsche Vermittler dem Kandidaten mit Hilfe eines Dolmetschers Fragen zu seinem Beruf stellte. [...] Konnte dies bei der mündlichen Prüfung nicht ausreichend festgestellt werden, so wurde der Kandidat zu einem kleinen Betrieb gebracht, wo er seine Fähigkeiten praktisch unter Beweis stellen musste. [...] Wer die erste Stufe der deutschen Prüfung bestanden hatte, wurde zur Gesundheitsprüfung in den ersten Stock des Gebäudes geschickt. [...] Dies also war der Albtraum der Deutschland-Kandidaten aus allen Gegenden Anatoliens, die eine Unzahl von Hindernissen überwunden, Hab und Gut verkauft und alle Hoffnungen hierein gesetzt hatten. Denn hier entschied es sich, ob man für ungeeignet befunden wurde und in seine Heimat zurückkehren musste, wo man niemandem mehr hätte unter die Augen treten können, oder ob man auserlesen wurde und ein ganz neues Leben beginnen konnte. Bei der Gesundheitsprüfung wurde der Blutdruck gemessen und Blut- und Urinproben untersucht; sodann betrat man in Gruppen von 10–15 Personen das Arztzimmer. Vor dem deutschen Arzt und einer Arzthelferin, die gleichzeitig auch die Rolle der Dolmetscherin übernahm, musste die Gruppe, bis auf die Unterhose entkleidet, einige einfache körperliche Übungen vollführen. Man achtete darauf, ob die Personen irgendwelche körperlichen Behinderungen oder Operationsnarben hatten. Bei dieser körperlichen Untersuchung schaute man auch die Geschlechtsorgane und die Leistengegend an, was für viele Menschen aus Anatolien vielleicht das Schlimmste war. Man untersuchte Augen und Ohren und begutachtete die Röntgenaufnahmen. Wurden leichtere Beschwerden wie fehlende oder schlechte Zähne [...] festgestellt, so bekamen die Betroffenen einen Termin für eine erneute Vorstellung. Diejenigen, bei denen man ernstere Beschwerden feststellte, oder die Narben von anderen Operationen als einer Blinddarmentfernung aufwiesen, schwangere Frauen und Personen, auf deren Röntgenaufnahmen auch nur der kleinste Schatten zu sehen war, wurden für ungeeignet befunden und abgelehnt. Es gab keinerlei Widerspruchsrecht.

Aytaç Eryilmaz, Wie geht man als Arbeiter nach Deutschland?, in: Ders. und Mathilde Jamin (Hrsg.), Fremde Heimat. Eine Geschichte der Einwanderung aus der Türkei, Essen 1998, S. 93–122, hier S. 115

b) Ärztliche Untersuchung in der Deutschen Verbindungsstelle in Istanbul 1973

Foto von 1973.

32071-173

1. Beschreiben und bewerten Sie die Prozeduren, denen sich die Menschen unterziehen müssen, die sich für eine Beschäftigung in der Bundesrepublik anwerben lassen wollen.
2. Aytaç Eryilmaz spricht in Zeile 13 f. von der Gesundheitsprüfung als „Albtraum der Deutschland-Kandidaten aus allen Gegenden Anatoliens". Begründen Sie dieses Urteil.

M5 Gehen oder bleiben?

Selahattin Biner, 1964 aus dem europäischen Teil der Türkei nach Duisburg gekommen und seit 1968 in München lebend, erinnert sich an den Schritt, in der Bundesrepublik zu bleiben:

An dem Tag, an dem Göknil [die älteste Tochter der Familie] in die erste Klasse kam, haben wir gesagt: Jetzt müssen wir entscheiden, was wir wollen: Nach Hause? Oder hier bleiben? Wir mochten ja die Türkei, keiner von uns hatte je daran gedacht, ein ganzes Leben hier zu verbringen. Aber plötzlich lagen die Dinge anders. Die Älteste kam hier zur Schule, die Jüngere war gerade geboren. Und als wir auf dem Sofa saßen und überlegten, wurden wir uns schnell einig, dass eine Rückkehr nicht mehr infrage kommt. Die schulische und pädagogische Ausbildung, die unseren Töchtern hier bevorstand, hätte ihnen die Türkei nicht geboten, als Mädchen schon gar nicht. Für Kinder und besonders für Mädchen ist die Zukunft in Deutschland einfach eine bessere! Also haben wir entschieden: Wir bleiben. Noch am selben Tag sind wir in den Keller und haben aufgeräumt: All die Kartons, in die wir den Kühlschrank oder den Fernseher wieder einpacken wollten, flogen in den Müll. Alles, worin man etwas verpacken konnte, haben wir weggeschmissen.

Jeanette Goddar, „Das ist meine Welt! Da muss ich hin!" Von Kind auf Europäer: Salahattin Biner, in: Dies. und Dorte Huneke (Hrsg.), Auf Zeit. Für immer. Zuwanderer aus der Türkei erinnern sich, Bonn 2011, S. 29–39, hier S. 36

▶ Arbeiten Sie die Gründe heraus, die für Selahattin Biner und seine Ehefrau für oder gegen einen Verbleib in der Bundesrepublik sprechen.

M6 „Aber nun sage ich es doch einmal"

Das Foto von 2007 zeigt den Münchner Unternehmer Mahir Zeytinoğlu in seinem Hotel „Goethe". In einem Buch von 2011 spricht er über seine Rassismuserfahrungen:

Ich habe das nie gesagt, in Interviews mit der Presse, im Gespräch mit Politikern. Aber nun sage ich es doch einmal: Wir haben dieselbe Arbeit gemacht, wir haben in denselben Vierteln gelebt – aber gleich waren wir Gastarbeiter nie. Schon wenn wir mittags in die Kantine gingen, setzten sich die Deutschen an einen großen Tisch in der Mitte, und wir hockten irgendwo an der Seite. Nicht wenige, die eigentlich Kollegen hätten sein sollen, haben uns erniedrigt, nach dem Motto: Du bist Ausländer, hol, mach, tu, los! Gastarbeiter, das waren immer auch Arbeiter zweiter Klasse. Wir sollten schuften, aber wir durften uns nichts leisten. Als die ersten von uns, nach Jahren in Deutschland, auch einen Mercedes angeschafft haben, mussten wir uns aber etwas anhören: Was, du Gastarbeiter, du fährst jetzt auch schon Auto? Die Deutschen wollten Mercedes. Wir auch, na und? Meine Liebe, wir haben auch gelebt, natürlich!
Warum ich das nie gesagt habe? Ich wollte, dass wir hier in Frieden zusammenleben, niemanden aufhetzen und keine Angst schüren. Also versuche ich zu vermitteln, statt zu spalten. Der Klügere gibt nach, dachte ich immer, das ist so mein Naturell – und man kann ja auch nicht 80 Millionen Deutsche in einen Topf werfen. Ein gescheiter Deutscher wirft ja auch nicht alle Türken in einen Topf! Dennoch ist es an der Zeit, auch einmal zu sagen: Wir sind hier auch schlecht behandelt worden, und nicht nur wir Gastarbeiter, sogar unsere Ehefrauen. In den 90er-Jahren wurde es so schlimm, dass meine Frau einmal auf offener Straße angepöbelt wurde: Blöde Kuh, Ausländerin! Kein Deutscher hat etwas gesagt, Menschlichkeit gezeigt, sich gegen diese Ausländerfeindlichkeit aufgelehnt! Und es ist nicht vorbei, manchmal frage ich mich, ob es nicht immer schlimmer wird. […]
Zuweilen denke ich auch: Die Regierung hat das Volk zu wenig auf ein gemeinsames Zusammenleben vorbereitet. Wäre es sonst denkbar, dass es bei jeder kleinen Krise heißt: Ausländer raus! Bitte schön – erst holen sie uns hierher, dann sagen sie: Nun geht weg. Mein Gott, ich habe für Deutschland meine Heimat aufgegeben, nun ist das hier meine Heimat! Ich habe vier Geschäfte in München eröffnet – und drei bayerische Töchter.

Jeanette Goddar, „Atatürk, Ludwig, Goethe und ich – wir gehören zusammen!" Der bunte Hund des Münchner Bahnhofsviertels: Mahir Zeytinoğlu, in: Dies. und Dorte Huneke (Hrsg.), Auf Zeit. Für immer. Zuwanderer aus der Türkei erinnern sich, Bonn 2011, S. 131–140, hier S. 134

32071-175

1. Schildern Sie die Erfahrungen Mahir Zeytinoğlus in Deutschland.
2. Beurteilen Sie die Bedeutung der Migrationserfahrungen für Mahir Zeytinoğlu.
3. „Erst holen sie uns hierher, dann sagen sie: Nun geht weg" (Zeile 38 f.). Nehmen Sie Stellung.

M7 Pendeln zwischen Griechenland und Deutschland

Katerina Ioakimidou, geb. 1935, berichtet von ihren Erfahrungen:

Ich war verheiratet und hatte eine Tochter, als ich mit meinem Mann 1963 nach Hamburg ging. Dort waren bereits meine Mutter und ein Bruder von mir. […] In Hamburg blieben wir drei Jahre. Ich arbeitete in einer Fabrik, die Margarine herstellte, während mein Mann in einer OPEL-Werkstatt tätig war. Wir arbeiteten Schicht, d. h. einer morgens, der andere nachmittags. Wir legten das Kind zum Schlafen hin, dann ging der eine zur Arbeit und bis der nächste heimkam, blieb das Kind drei Stunden lang allein.

Als ich kurz vor der Geburt des zweiten Kindes war, wurde die Lage schwieriger und wir beschlossen, nach Griechenland zurückzukehren. Dort arbeitete mein Mann bei einem Taxiunternehmen, und ich war mit den Kindern zu Hause.

Als der Putsch 1967 kam, wurde mein Mann von der Polizei beobachtet, weil er gegen die Junta[1] war. Er bekam es mit der Angst zu tun, nachdem er erfahren hat, was anderen zugestoßen war, und so fuhr er nach Deutschland, nach München […]. Aufgrund der politischen Verhältnisse kam er nicht nach Griechenland, ich ging im Sommer für kurze Zeit nach München, ohne die Kinder. Ich ließ sie bei meiner Mutter, die inzwischen aus Hamburg zurückgekehrt war.

Mein Mann blieb vier Jahre allein in München und dann fand er zwei Zimmer und holte uns nach. Unsere kleine Tochter war inzwischen vier Jahre alt und da sah sie meinen Mann zum ersten Mal.

Als er uns im Kreisverwaltungsreferat anmelden wollte, gaben sie uns keine Aufenthaltserlaubnis, weil eins von den Kindern männlich war und – laut Aussage des Beamten – ein eigenes Zimmer benötigte. So sagten sie uns das. Wie aber eine größere Wohnung finden bei der damaligen Wohnungsnot in München, wo Mietwohnungen rar und teuer waren? Wir baten den Beamten, der zur Begutachtung des Zimmers kam, uns hier bleiben zu lassen, denn wir kamen damit zurecht und das Geld reichte nun mal für eine größere Wohnung nicht aus, da nur mein Mann berufstätig war. Der Beamte war nicht weich zu kriegen! „Gesetz ist Gesetz", sagte er. Aber wie war es denn damals, als wir zu sechst ein Zimmer im Heim[2] teilten? Warum ging das damals? Damals brauchten sie uns noch als Arbeitskräfte. […]

So nahm ich wieder die Kinder und wir kehrten nach Griechenland zurück. Mein Mann blieb vier weitere Jahre allein. Insgesamt also acht Jahre.

Eleni Delidimitriou-Tsakmari, Lebenswege. Zeugnisse griechischer Einwanderer in Deutschland, Thessaloniki 2005, S. 252 f.

1. Erläutern Sie die Gründe, die zur Pendelmigration und zur Trennung der Familie führten.
2. „Damals brauchten sie uns noch als Arbeitskräfte". Beurteilen Sie, inwieweit der Bericht von Katerina Ioakimidou Widersprüche der bundesdeutschen Migrationspolitik erkennen lässt.

---

[1] **Junta**: aus dem Militärputsch in Griechenland hervorgegangene Regierung

[2] Im Wohnheim der Margarinefabrik in Hamburg, in der Katerina Ioakimidou Mitte der 1960er-Jahre arbeitete.

Wahlthema 3:

2.5.3 Die Einwanderung von Spätaussiedlerinnen und Spätaussiedlern

M1 Grenzdurchgangslager Friedland

Foto von 1999. Grenzdurchgangslager Friedland. Das Grenzdurchgangslager Friedland (Landkreis Göttingen, Niedersachsen) war für einen Teil der Aussiedler die erste Station in der Bundesrepublik Deutschland. Errichtet im September 1945, diente es ursprünglich der Aufnahme von Heimkehrern aus sowjetischer Kriegsgefangenschaft. Seit den 1950er-Jahren nimmt es u. a. Aussiedler aus osteuropäischen Staaten auf. Heute ist es die bundesweit einzige Aufnahmeeinrichtung für Spätaussiedler und ihre Familienangehörigen.

Zur Homepage des Grenzdurchgangslagers Friedland führt **32071-177**.

Webseiten zu diesem Thema finden Sie mithilfe von Mediencode **32071-176**.

INFO 1: Die rechtliche Kategorie des (Spät-)Aussiedlers

(Spät-)Aussiedlerinnen und Aussiedler bilden eine der umfangreichsten Kategorien von Eingewanderten in der Bundesrepublik Deutschland. Seit Anfang der 1950er-Jahre sind mehr als 4,5 Millionen Menschen als (Spät-)Aussiedler in die Bundesrepublik gelangt. Der überwiegende Teil – rund drei Millionen – kam nach 1987, als der Niedergang der Sowjetunion und der sowjetischen Herrschaft in Osteuropa bereits eingesetzt hatte und die Ost-West-Migration erheblich an Bedeutung gewann.

Der Begriff Aussiedler (bzw. seit 1993 Spätaussiedler) stammt aus dem Bundesvertriebenengesetz von 1953. Er meint Menschen, die nach dem Ende von Flucht und Vertreibung aus Osteuropa oder der Sowjetunion in die Bundesrepublik kamen und eine deutsche Herkunft (als „deutsche Volkszugehörige") nachweisen konnten. Sie wurden als deutsche Staatsangehörige anerkannt. Aus Sicht der bundesdeutschen Gesetzgebung waren sie mit Vertriebenen der Nachkriegszeit gleichzusetzen und galten als Nachzügler von **Flucht und Vertreibung**. Damals waren nämlich nicht alle Deutschen geflohen oder vertrieben worden, beispielsweise Menschen, die in der Nachkriegszeit als wichtige Arbeitskräfte nicht ausreisen durften. Auch hatte nicht jeder osteuropäische Staat die deutsche Minderheit nach dem Ende des Krieges vertrieben. Das galt etwa für Rumänien. Einen besonderen Fall bildete die Sowjetunion. Hier waren Angehörige der deutschen Minderheit nach dem nationalsozialistischen Überfall 1941 als potenzielle Kollaborateure der vorrückenden Wehrmacht nach Sibirien oder nach Kasachstan verbannt und in ihren Bewegungsmöglichkeiten stark einschränkt worden.

Die Aufnahme als (Spät-)Aussiedler sollte vor diesem Hintergrund eine Wiedergutmachung leisten. Die Bundesrepublik bekannte sich gegenüber Deutschen in Osteuropa wegen deren „Kriegsfolgenschicksal" zu ihrer Verantwortung, diese durch eine großzügige Aufnahmepraxis und vielfältige Integrationsleistungen (deutsche Staatsangehörigkeit, Sprachkurse, finanzielle Leistungen) zu unterstützen.

Jochen Oltmer

▶ Erläutern Sie den besonderen Status der (Spät-)Aussiedlerinnen und Aussiedler gemäß dem Bundesvertriebenengesetz.

INFO 2: Bedingungen von Migration und Aufnahme

Von den frühen 1950er- bis zu den späten 1980er-Jahren hatte die Bundesrepublik nur wenig Einfluss darauf, wie viele Aussiedlerinnen und Aussiedler aus Osteuropa kamen. Der Umfang der Bewegungen war im „Kalten Krieg" abhängig von der Politik der Herkunftsstaaten und ihrem Interesse an guten politischen und wirtschaftlichen Beziehungen zur Bundesrepublik. Jugoslawien beispielsweise beschränkte die Ausreise kaum. Polen zeigte sich Mitte der 1950er-Jahre und nach der Verbesserung der Beziehungen zur Bundesrepublik Anfang der 1970er-Jahre bereit, einer größeren Zahl von Deutschen die Migration in den Westen zu gestatten und wurde so bis 1987 zum wichtigsten Herkunftsland. Rumänien wiederum trat Ende der 1960er-Jahre in Verhandlungen mit der Bundesrepublik ein. Ausreisen durften Deutsche seither dann, wenn die Bundesregierung bis zu 100 000 DM pro Person zahlte. Rumänien kam durch den „Verkauf" von Angehörigen der deutschen Minderheit an begehrte Devisen und versuchte in Einzelfällen sogar, mit der Verhaftung von Menschen Druck auf die Bundesrepublik auszuüben. Die Bonner Regierung war deshalb in der Zwickmühle: Einerseits wollte sie aus humanitären Gründen Zahlungen leisten, um die Menschen zu befreien. Andererseits befürchtete die Bundesrepublik aber, die rumänischen Behörden ggf. so zur Verhaftung von weiteren Angehörigen der deutschen Minderheit zu motivieren.

Die Sowjetunion, in der die deutsche Minderheit am größten war, ließ hingegen über viele Jahrzehnte nur selten eine Ausreise zu. Das änderte sich erst in der zweiten Hälfte der 1980er-Jahre, als im Rahmen einer Politik der Öffnung (russ. Glasnost) unter dem neuen Staatschef Michail Gorbatschow die Ausreisebeschränkungen gelockert wurden. War bis 1987 Polen das wichtigste Herkunftsland von Aussiedlerinnen und Aussiedlern, aus dem fast zwei Drittel der Gesamtzahl kamen, wuchs nun die Zuwanderung aus der Sowjetunion sehr rasch in bis dahin ungekannte Höhen. Auf den starken Anstieg der Zuwanderung reagierte die Bundesregierung Anfang der 1990er-Jahre mit verstärkten Kontrollen und Beschränkungen, die bald einen deutlichen Rückgang der Zuwanderung zur Folge hatten: Unter anderem wurde die Zahl der jährlich ausgestellten Aufnahmebescheide auf maximal 220 000 gedeckelt. Zu geringe deutsche Sprachkenntnisse führten zur Ablehnung einer Einreisegenehmigung. Nur noch Deutschen aus den Nachfolgestaaten der Sowjetunion, nicht aber mehr jenen aus anderen osteuropäischen Staaten, wurde pauschal ein „Kriegsfolgenschicksal" zugebilligt. Mit dem Zuwanderungsgesetz von 2005, das die Möglichkeiten der Einwanderung von Spätaussiedlerinnen und -aussiedlern in die Bundesrepublik weiter erschwerte, ist diese Migrationsbewegung faktisch ausgelaufen.

Jochen Oltmer

▶ Erklären Sie, wie es zu einem starken Anstieg der Zuwanderung kam und wie die Bundesregierung diesen bremste.

INFO 3: Bundesdeutsche Debatten um die Aufnahme von Spätaussiedlern

Während die Aussiedlermigration über Jahrzehnte kaum Gegenstand politischer und öffentlicher Debatten in der Bundesrepublik gewesen war, entwickelte sie sich angesichts des erheblichen Anstiegs seit den späten 1980er-Jahren zu einem zentralen Thema. Kontrovers wurde nun diskutiert, ob die Zugewanderten überhaupt „richtige Deutsche" seien, da viele von ihnen nur sehr geringe deutsche Sprachkenntnisse hatten, was ihre Chancen auf dem Arbeitsmarkt angesichts ohnehin hoher Arbeitslosenzahlen in den 1990er-Jahren ebenso verringerte wie die Wahrscheinlichkeit einer raschen und reibungslosen Integration.

Diskutiert wurde daher auch, ob die bundesdeutsche Gesellschaft in der Lage sei, diese starke Einwanderung zu verkraften. Die Spätaussiedlerinnen und -aussiedler wurden zwar nach einem festen Schlüssel auf die Bundesländer verteilt. Bayern hatte demnach rund 15 Prozent aller Eintreffenden aufzunehmen. Weil die Spätaussiedlerinnen und -aussiedler aber nach der Ankunft die deutsche Staatsangehörigkeit erhielten, waren die Möglichkeiten, ihre Freizügigkeit einzuschränken, begrenzt. Sie wählten vielfach Städte und Gemeinden als Wohnorte, in denen bereits Verwandte und Bekannte lebten. Denn sie erhofften sich Hilfe von ihnen, um die vielfältigen Anforderungen bei ihrer Ankunft in der bundesdeutschen Gesellschaft leichter zu meistern. Kritiker sahen in den so entstehenden „Einwandererghettos" ein hohes „Integrationshindernis". Noch dazu reagierte die Bundesregierung auf die gestiegene Zuwanderung mit einer Verminderung der finanziellen Leistungen für Sprachkurse. Das erschien deshalb vielen Zeitgenossinnen und Zeitgenossen für die Integration in den Arbeitsmarkt ebenso als schädlich wie die geringe politische Bereitschaft, die Anerkennung von im Ausland an Schulen, Universitäten und im Beruf erworbenen Qualifikationen zu erleichtern.

Obwohl also die Spätaussiedlerinnen und -aussiedler als der deutschen Nation zugehörig galten und deshalb in mancherlei Hinsicht privilegierten Einwanderungsbedingungen unterlagen, erwiesen sich Hoffnungen auf eine rasche gleichberechtigte gesellschaftliche Teilhabe als trügerisch.

Jochen Oltmer

- Erklären Sie, welche Faktoren die Integration der (Spät-)Aussiedlerinnen und Aussiedler erschweren.

M 2 Zuwanderung von Aussiedlerinnen und Aussiedlern 1950 bis 2015

a) Anzahl der Zuwanderinnen und Zuwanderer im gesamten Bundesgebiet und in Bayern (1990–2016)

	Bund	Bayern
1990	397 073	64 201
1995	217 898	32 196
2000	95 615	13 738
2005	35 522	5271
2006	7747	1153
2007	5792	864
2008	4362	652
2009	3360	494
2010	2350	380
2011	2148	338
2012	1820	281
2013	2429	365
2014	5649	855
2015	6118	935
2016	6588	1036

Quelle: Bundesverwaltungsamt; zitiert nach: https://www.stmas.bayern.de/vertriebene/aussiedler/index.php [Zugriff: 28.04.2023]

b) Aussiedlerzahl nach Herkunftsländern

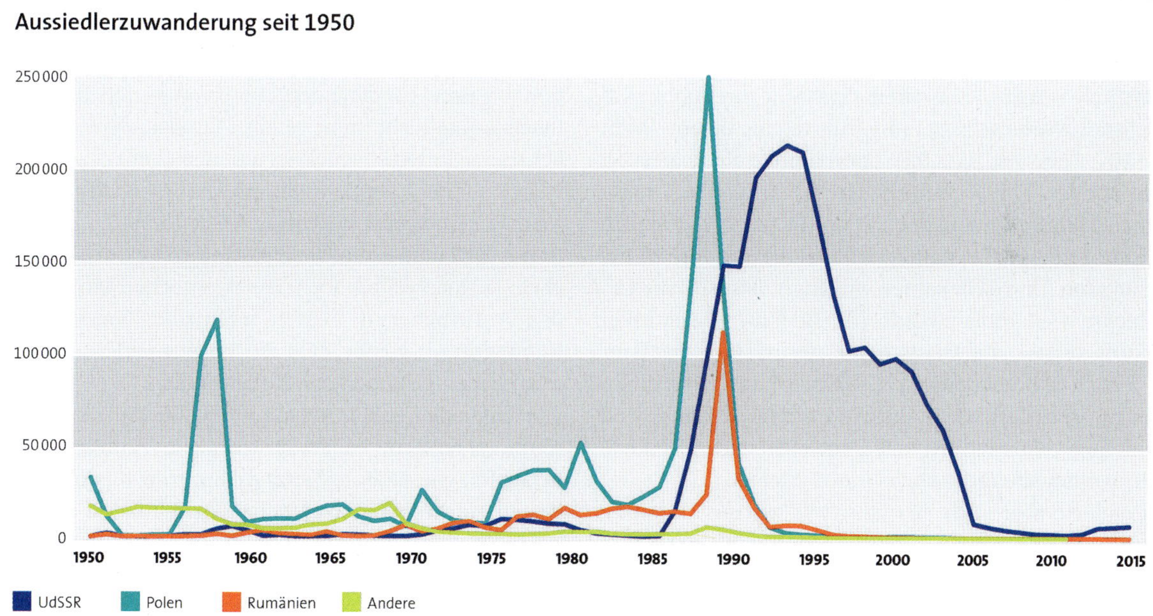

Erstellt auf Grundlage von Daten des Bundesverwaltungsamts
www.bva.bund.de/SharedDocs/Downloads/DE/Buerger/Migration-Integration/Spaetaussiedler/Statistik/Zeitreihe_1950_2017.pdf?__blob=publicationFile&v=5

Informationen zur politischen Bildung, Heft: (Spät-)Aussiedler in der Migrationsgesellschaft, 2019, S. 9

32071-178

1. Vergleichen Sie die Zuwanderung ins gesamte Bundesgebiet und nach Bayern und berechnen Sie das ungefähre Verhältnis.
2. Der Umfang der Zuwanderung von Aussiedlerinnen und Aussiedlern veränderte sich zwischen 1950 und 2015 von Jahr zu Jahr erheblich. Beschreiben Sie das Auf und Ab und arbeiten Sie die Hauptphasen der Zuwanderung unter Berücksichtigung der Herkunftsländer heraus.

M3 Von Kasachstan nach Deutschland

Erich Kludt, geboren 1918, berichtet über die Motive seiner Migration:

Ich habe lange darüber nachgedacht, ob wir nach Deutschland gehen sollen. In Kasachstan ging es uns aus materieller Sicht gut. Wir hatten im Zentrum von Alma-Ata[1] eine Zweizimmerwohnung, in der wir uns sehr wohl fühlten. Von meiner Rente [...] konnte man damals gut leben. [...] Wir hatten eine Datscha[2] mit einem schönen Garten außerhalb der Stadt, die ich selbst aus Stahlbeton gebaut hatte. [...] All das einfach aufzugeben, fiel mir schwer. Zumal unser Deutschtum seit den 60er-Jahren nicht mehr so eine wichtige Rolle spielte wie vor und während des Krieges. Ich arbeitete mit Russen, Juden, Tataren, Kasachen und anderen Nationalitäten zusammen und empfand unser Verhältnis als gleichberechtigt. Und weil in Kasachstan Russisch Amtssprache war, sprachen wir immer seltener Deutsch.

Unsere Lage änderte sich, als die Sowjetunion 1991 auseinanderbrach. Danach schien uns unser Leben in Kasachstan vollkommen aussichtslos, denn mit dem Zerfall kam die Inflation und all unser Erspartes war plötzlich wertlos. Die ehemalige Sowjetrepublik Kasachstan wurde selbstständig, führte eine eigene Währung [...] ein, und Kasachen übernahmen die Regierung des Landes. Die Einheimischen sahen in ihren russischen Mitbürgern und auch in uns Deutschen plötzlich die Besetzer und begannen uns anzufeinden und zu beschimpfen. Und da bekamen wir Angst, dass sich die Geschichte wiederholen würde. Als Hitler die Sowjetunion angriff, verloren die Deutschen Haus und Hof und wurden nach Sibirien deportiert. Damals hatten wir erfahren müssen, dass wir in diesem Land Verdammte sind und viele Generationen von Deutschen nach uns auch. Wir wollten das nicht noch einmal erleben. [...]

Es dauerte aber noch vier Jahre, bis wir uns endgültig für die Ausreise entschieden. [...] Aber als nach und nach immer mehr Verwandte, Freunde und Bekannte Kasachstan verließen, packten wir 1995 auch unsere Sachen. [...] Um den Garten und die Wohnung tat es mir leid. Schließlich gaben wir damit alles weg, was wir uns im Leben erarbeitet hatten. Außerdem tat es mir weh, das Land, in das Deutsche jahrhundertelang ihr Wissen, ihre Kultur, ihr Können investiert hatten, zu verlassen.

Zitiert nach: Dorothee Wierling (Hrsg.), Heimat finden. Lebenswege von Deutschen, die aus Russland kommen, Hamburg 2004, S. 15–50, hier S. 15 f.

[1] **Alma-Ata**: größte Stadt Kasachstans

[2] **Datscha**: Garten- oder Wochenendhaus

1. Skizzieren Sie die Gründe für die Abwanderung aus Kasachstan, die Erich Kludt benennt.
2. Beurteilen Sie die genannten Gründe.

M4 „Erst gerufen, dann verachtet“

1989 erscheint in „Die Zeit“ ein Beitrag mit Beobachtungen über die Reaktion auf die Zunahme der Aussiedlermigration in der Bundesrepublik:

Vorbei sind die Zeiten, da es in der Bundesrepublik zum guten politischen Ton gehörte, die Heimkehr der „Brüder und Schwestern“ aus dem Osten einzuklagen. [...] Vom bemitleideten Patenkind zum beargwöhnten Paria[3]? Wer nach den Gründen für diese Wandlung des Aussiedlerbildes sucht, stößt vor allem auf drei Teilerklärungen: Da ist zunächst die große Zahl der Aussiedler. [...] Dann wirkt die Unwissenheit als Nährboden für Aussiedlerfeindlichkeit. [...] Neid und Angst schließlich tun ein Übriges, die Konflikte zu verschärfen. [...] Alfred Dreggers[4] gewaltiger Satz vom vergangenen November, die Bundesrepublik habe „für die Deutschen eine ähnliche Funktion wie Israel für die Juden“, wird von weiten Teilen der Bevölkerung nicht mehr geteilt. Zur gleichen Zeit nämlich spürte Infratest[5] jenes Argument auf, mit dem bereits vierzig Prozent der Bevölkerung die Aussiedler abwehren: „Das sind keine wirklichen Deutschen“.

Ist das Urteil über die Undeutschen erst einmal gesprochen, lässt sich eifrig über „die eigentlichen Motive“ für den Aufbruch gen Westen mutmaßen: Jeder zweite Bundesbürger glaubt, dass die Spätaussiedler aus wirtschaftlichen Gründen den Koffer packen. [...]

Die Aussiedler haben soziale Probleme vielleicht zugespitzt, verursacht haben sie sie nicht. Faltblätter und Infohefte, wie sie Bonn[6] jetzt millionenfach in die Briefkästen steckt, mögen manche Vorstellungen mildern – von Verdrängungsängsten, die in der längst vorhandenen und sozusagen hausgemachten Wohnungsnot wie der Arbeitslosigkeit wurzeln, befreien sie nicht.

Christian Wernecke, Erst gerufen, dann verachtet, in: Die Zeit, Nr. 27/1989

► Arbeiten Sie die genannten Gründe für die zunehmende Verachtung von Aussiedlerinnen und Aussiedlern heraus.

[3] **Paria**: unterprivilegierte, am Rand der Gesellschaft lebende Person

[4] **Alfred Dregger** (1920–2002): 1989 Vorsitzender der CDU/CSU-Bundestagsfraktion

[5] **Infratest**: Meinungsforschungsinstitut

[6] **Bonn**: Hier im Sinne von: „die Bundesregierung“. Damals war Bonn die Bundeshauptstadt.

M5 Bedeutung der Sprache

a) Russische Sprache und Zusammenhalt. Aussagen dreier Russlanddeutscher im Rahmen eines Interviewprojekts in Regensburg:

„Zuhause sprechen wir Russisch. Russisch bleibt eben die Sprache, mit der wir aufgewachsen sind, in der wir Gefühle am besten ausdrücken können und in der wir uns am wohlsten fühlen. Mit meiner Tochter spreche ich deshalb auch nur auf Russisch, sodass sie nun sowohl Russisch als auch Deutsch perfekt beherrscht. Es war sehr wichtig, dass meine Tochter Russisch kann, damit sie mit ihren Omas und Opas reden kann. Nach meiner Ankunft war mein wichtigstes Ziel, so schnell und gut wie möglich Deutsch zu lernen. Vor allem in den ersten drei Jahren hatte man viel Kontakt mit Russlanddeutschen, da der Sprachkurs und auch der Sonderlehrgang hauptsächlich für sie bestimmt war. Außerdem waren die kulturellen Unterschiede in vielen Bereichen zwischen Russlanddeutschen und Deutschen sehr groß. Meine Anstrengungen zahlten sich schließlich aus. Ich schaffte mit viel Fleiß das Abitur und später auch das Studium. Heute arbeite ich als Dozentin. Vielen von meinesgleichen gelang es nicht, so wie mir, eine Karriere zu machen und die deutsche Sprache zu lernen. Sie wurden mit neunzehn oder zwanzig zu Familienmenschen (wobei Russlanddeutsche zumeist Russlanddeutsche heirateten). Die meisten sind dann in Arbeitermilieus gelandet. Mit fünfundzwanzig waren ihnen dann die Hürden für ein Studium oder eine Ausbildung zu hoch, denn es wurde nichts mehr finanziert und sie hatten nun ihre Familie und Kinder. […]“

„Es sind die gleichen Erfahrungen, die uns zusammenführen, wir haben vielfach die gleichen Probleme hier in Deutschland, haben die gleichen Erinnerungen, kommen aus dem gleichen Dorf in Russland. Man suchte natürlich immer erst jemanden, der einen verstehen kann, sprachlich, aber auch menschlich. Viele kenne ich noch aus alten Zeiten, noch aus Russland, oder wir lernten uns in den Sprach- und Integrationskursen kennen. Die Freundschaften bleiben dann. Man muss zusammenhalten, zusammen ist man stärker […].“

„Man wird nicht als Deutsche gesehen hier, die Erwartungen darüber wurden enttäuscht, deswegen hält man sich an die russlanddeutsche Community.“

Maximilian Koblofsky/Magdalena Molnár, Die Russlanddeutschen. Gespräche mit einer Bevölkerungsgruppe, die sich missverstanden fühlt, in: Klaus Buchenau/Ger Duijzings (Hrsg.), Russkij Regensburg. Die russischsprachige Bevölkerung Regensburgs, Regensburg 2020, S. 18–37, hier S. 28–31

32071-180

1. Arbeiten Sie aus a) die individuellen Migrationserfahrungen heraus.
2. Beurteilen Sie, welche Faktoren die Verbesserung der Sprachkenntnisse erschweren können.

b) Sprachtest für Spätaussiedlerbewerberinnen und -bewerber von 2022:

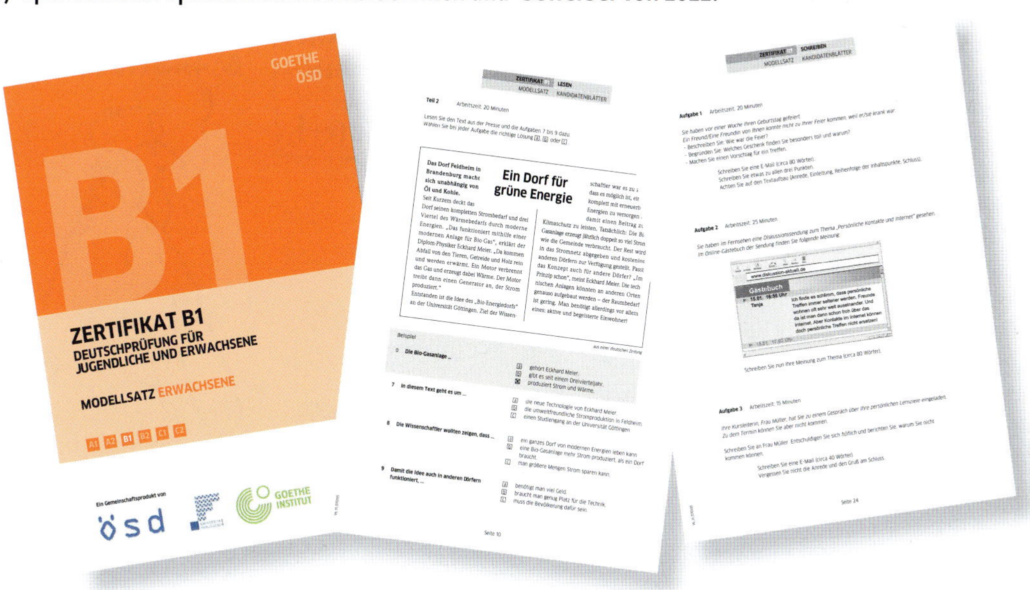

Seit 1996 müssen alle volljährigen Spätaussiedlerinnen und -aussiedler einen Sprachnachweis erbringen (mit Ausnahme von Personen, die wegen Behinderung und Krankheit die deutsche Sprache nicht erlernen können oder keine Sprachkenntnisse mehr besitzen). Die Zertifikate (mindestens Niveau B1) müssen bereits im Herkunftsland erworben werden.

M6 Akzeptanz, gesellschaftliche Teilhabe und Selbstdefinition von Spätaussiedlerinnen und Spätaussiedlern

Der Wiener Historiker Jannis Panagiotidis ordnet ein:

Als Ende der 1980er-Jahre die Massenmigrationen von Aussiedlern aus Osteuropa und Flüchtlingen aus dem „globalen Süden" zusammentrafen, beschleunigte sich die Auflösung der bis dahin sorgsam gehegten Trennung von „deutschen" und „fremden" Migranten. Die merkwürdige – und widersprüchliche – Koexistenz der Slogans „Das Tor bleibt offen" (für Aussiedler) und „Das Boot ist voll" (für Flüchtlinge und alle anderen) sowie die Gegenüberstellung von im Ausland geborenen „Deutschen", die oft kein Deutsch sprachen und im Inland geborenen „Ausländern", die perfekt Deutsch sprachen und trotzdem Ausländer blieben, stellte diese Kategorien nachhaltig infrage. Vor diesem Hintergrund wurden die Migrationsprivilegien für Aussiedler sukzessive reduziert: Ihre Aufnahme wurde ab 1989 schrittweise erschwert und ab 1993 kontingentiert; Eingliederungshilfen und Sprachkurse wurden gekürzt.

In der breiten Öffentlichkeit bedeutete das Verschwimmen der verschiedenen Migrantenkategorien zunächst weniger eine größere Akzeptanz für „Ausländer", sondern eine geringere Akzeptanz für Aussiedler. Vor allem Russlanddeutsche und insbesondere russlanddeutsche Jugendliche wurden zu einer neuen, medial viel beachteten „Problemgruppe", die mit ähnlichen xenophoben[1] Stereotypen belegt wurde, wie andere Migrantengruppen auch. Aussiedler wurden also zunächst in einem negativen Sinne Teil einer umfassenderen Migrationsthematik.

Seit den frühen 2000er-Jahren hat sich das Migrations- und Integrationsgeschehen rund um die Spätaussiedler und speziell die Russlanddeutschen aber so weit beruhigt, dass auch positive Entwicklungen stärker wahrgenommen werden. Neuere Studien zeigen eine alles in allem zufriedenstellende wirtschaftliche, soziale und kulturelle Integration dieser Gruppe. Hierzu dürfte auch die aktive Integrationspolitik des Bundes[2] entscheidend beigetragen haben, die trotz der Kürzungen im Laufe der 1990er-Jahre die Spätaussiedler nach wie vor gegenüber anderen Migranten privilegierte. Diese jahrzehntelange Praxis nie so bezeichneter aber letztlich erfolgreicher Migrations- und Integrationspolitik bietet auch einen reichen Erfahrungsschatz für zukünftige migrationspolitische Herausforderungen.

Inzwischen lässt sich auch über den Platz der Spätaussiedler in der pluralisierten bundesdeutschen Migrationsgesellschaft nachdenken. Spätaussiedler gelten mittlerweile (weitgehend) selbstverständlich als Teil eines breiteren Panoramas von „Menschen mit Migrationshintergrund". Ihre hybride[3] (Selbst-)Definition als „andere Deutsche" oder „fremde Deutsche" kann in diesem Kontext als wegweisend für eine Gesellschaft gelten, in der Deutsch-Sein nicht exklusiv, sondern als kompatibel mit anderen Zugehörigkeiten gedacht wird. „Russland-Deutsch" stünde hier in einer Reihe mit „Türkei-Deutsch", „Afro-Deutsch" und anderen Konzeptionen von hybridem Deutsch-Sein, die in der Migrationsgesellschaft allmählich zur Normalität werden.

Jannis Panagiotidis, Aussiedler (13.07.2017), https://www.bpb.de/themen/migration-integration/kurzdossiers/252536/aussiedler/ [Zugriff: 06.04.2023]

1. Arbeiten Sie heraus, welche Phasen man bezüglich der Akzeptanz von Aussiedlerinnen und Aussiedlern unterscheiden kann.
2. Diskutieren Sie die Aussage, das „hybride Deutsch-Sein" werde „allmählich zur Normalität" (Zeile 56 f.).

M7 „Ostblockler"

Karikatur von Andreas Prüstel, 2016.

▶ Erklären Sie Pointe und Aussage der Karikatur.

---

1 **xenophob**: fremdenfeindlich

2 staatliche Maßnahmen, u. a. günstige Darlehen, kostenlose Sprachförderung, Lohnzuschüsse für Betriebe, die Aussiedlerinnen und Aussiedler einstellten, Zuschüsse beim Bau von Eigenheimen für kinderreiche Familien

3 **hybrid**: aus zwei Techniken/Arten/Dingen kombiniert

2.5.4 Jüdische Kontingentflüchtlinge

Webseiten zu diesem Thema finden Sie mithilfe von Mediencode **32071-182**.

INFO 1: Aufnahme von Jüdinnen und Juden aus der (ehemaligen) Sowjetunion

Mit der Öffnung des „Eisernen Vorhangs“ hob die Sowjetunion die seit Jahrzehnten bestehenden Reisebeschränkungen für ihre Bevölkerung auf. Allein im Jahr 1989 verließen daraufhin mehr als 50 000 Jüdinnen und Juden die Sowjetunion. Zwar wurden sie zu diesem Zeitpunkt nicht mehr offen verfolgt, waren aber über Jahrzehnte hinweg Repressionen ausgesetzt gewesen und hatten ihren Glauben kaum offen leben können. Ein wesentlicher Grund dafür war die grundsätzlich antireligiöse kommunistische Ideologie und Politik. Außerdem gewannen antisemitische Strömungen in der politischen und ökonomischen Krise der Endphase der Sowjetunion Ende der 1980er- und Anfang der 90er-Jahre erheblich an Bedeutung.

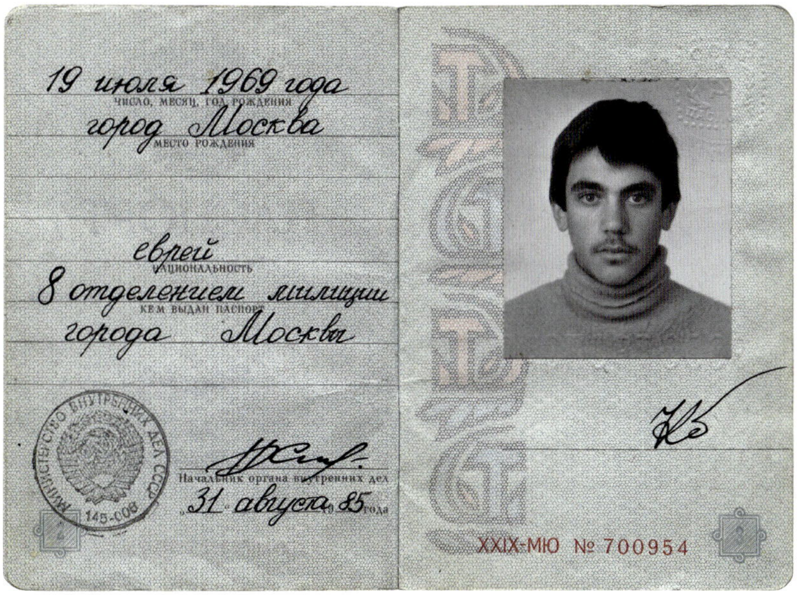

M1 Nachweis für jüdische Herkunft

Pass des deutschen Schriftstellers russischer Herkunft Wladimir Kaminer. Er enthält den Vermerk „Jewrej“ (Jude).

Wenige Monate vor der Vereinigung von Bundesrepublik Deutschland und DDR im November 1990 erklärte das demokratisch gewählte DDR-Parlament, „verfolgten Juden in der DDR Asyl zu gewähren“, und beschloss ein vereinfachtes Einreiseverfahren für Jüdinnen und Juden aus der Sowjetunion. Die vorangegangenen DDR-Regierungen hatten Staat und Gesellschaft der DDR als Vertreter der antifaschistischen Tradition in Deutschland verstanden. Daher hatten sie jede Mitverantwortung der DDR-Gesellschaft für die antisemitischen Verbrechen der Nationalsozialisten abgelehnt. Außerdem hatten sie über Jahrzehnte hinweg die Handlungsmöglichkeiten der kleinen jüdischen Gemeinden in der DDR stark beschränkt. Nun zeigte sich die letzte DDR-Regierung bereit, eine solche Verantwortung anzuerkennen und Religionsfreiheit zu garantieren. Daraufhin beantragten bis Mitte April 1991 fast 5000 Jüdinnen und Juden aus der Sowjetunion eine Aufnahme.

Die wiedervereinigte Bundesrepublik übernahm 1991 die Regelung zum vereinfachten Einreiseverfahren. Jüdinnen und Juden aus der Sowjetunion und ihren Nachfolgestaaten wurden gemäß den Regelungen des 1980 in Kraft getretenen Kontingentflüchtlingsgesetzes aufgenommen. D. h. sie mussten kein Asylverfahren durchlaufen, es genügte der Nachweis einer jüdischen Herkunft für die Aufnahme. Bis 2004 wanderten aufgrund dieser Regelung mehr als 220 000 Personen zu, darunter etwa

30 000 nach Bayern. Weniger als die Hälfte von ihnen trat den jüdischen Gemeinden bei, deren Mitgliederzahl in Deutschland dadurch aber immerhin von rund 30 000 in den 1980er-Jahren auf 100 000 am Anfang des 21. Jahrhunderts stieg. Die Zahl der Gemeinden wuchs auf 105 an. Rund 90 Prozent der Mitglieder der jüdischen Gemeinden in Deutschland sind gegenwärtig in den Nachfolgestaaten der Sowjetunion geboren oder Eingewanderte der zweiten Generation.

Seit dem Inkrafttreten des bundesdeutschen Zuwanderungsgesetzes von 2005 regeln neue Bedingungen die Aufnahme: Nachzuweisen ist nicht mehr nur eine jüdische Herkunft, sondern auch die Befähigung zum eigenständigen Lebensunterhalt in der Bundesrepublik sowie Grundkenntnisse der deutschen Sprache. Jüdische Stellen in Deutschland müssen zudem bestätigen, dass die Möglichkeit besteht, den Antragsteller in eine jüdische Gemeinde aufzunehmen und ihn zu unterstützen. Seither ist die Zahl der jüdischen Neuzuwanderer sehr stark zurückgegangen.

In Bayern wuchs die Zahl der Mitglieder der jüdischen Gemeinden von 5500 im Jahr 1989 auf 18 000 im Jahr 2017 an. Gegenwärtig gibt es in Bayern jüdische Gemeinden in Amberg, Augsburg, Bamberg, Bayreuth, Erlangen, Fürth, Hof, München, Nürnberg, Regensburg, Straubing, Weiden und Würzburg. Die Israelitische Kultusgemeinde München bildet mit 9000 Mitgliedern die größte jüdische Gemeinde in Deutschland.

Jochen Oltmer

32071-183

1. Beschreiben Sie, wie und warum sich die Haltung der Regierung der DDR 1990 änderte.
2. Arbeiten Sie heraus, welche neuen Bedingungen für die Aufnahme von Jüdinnen und Juden das Zuwanderungsgesetz von 2005 vorsieht.

INFO 2: Teilhabe von jüdischen Eingewanderten in Deutschland

Mit der Einwanderung wurde jüdisches Leben in Deutschland wesentlich vielfältiger und in der Öffentlichkeit sichtbarer. Damit wuchs allerdings auch seine Gefährdung angesichts ausgeprägter antisemitischer Strömungen. Keine jüdische Gemeinde in Deutschland kann angesichts von Bedrohungen und antisemitischer Straf- und Gewalttaten ohne polizeilichen Schutz auskommen.

Die eingewanderten Jüdinnen und Juden aus der Sowjetunion bzw. ihren Nachfolgestaaten zählten überdurchschnittlich häufig zu den akademisch ausgebildeten Hochqualifizierten. Da im Ausland erworbene Qualifikationen in der Bundesrepublik nur ausnahmsweise anerkannt wurden, gelang es nur einem kleineren Teil der erwachsenen Eingewanderten, eine berufliche Position einzunehmen, die ihren Qualifikationen entsprach. Längere Zeiten der Erwerbslosigkeit, auch angesichts der hohen allgemeinen Erwerbslosigkeit im Deutschland der 1990er- und frühen 2000er-Jahre, prekäre Beschäftigungen und Unterbrechungen der Berufsbiografien waren die Folge. Wegen fehlender oder geringer Einzahlungen in die Rentenversicherung und weil, anders als im Falle der Spätaussiedlerinnen und Spätaussiedler, Vorbeschäftigungszeiten in der UdSSR nicht anerkannt wurden, waren sie oft auch von Altersarmut betroffen. Erst die zweite Generation der Eingewanderten konnte vielfach über Bildung wieder an den sozialen Status anknüpfen, den ihre Eltern in der Sowjetunion als akademisch Qualifizierte gehabt hatten.

Jochen Oltmer

► Erläutern Sie die Schwierigkeiten der Einwanderinnen und Einwanderer bei der Integration.

M 2 Jüdisches Leben in der Sowjetunion nach dem Zweiten Weltkrieg

32071-184

Der Osteuropa-Historiker Frank Grüner fasst zusammen:

Das sowjetische Regime hatte den Antisemitismus in Gestalt des Antizionismus[1] in seine Ideologie inkorporiert[2] [... Jüdinnen und Juden] vermochten nicht mehr von sich abzustreifen, dass sie notorisch als eine dem Sowjetvolk fremde und an ihm angeblich „schmarotzende" Minderheit wahrgenommen wurden. Auch wenn sie in den folgenden Jahrzehnten in der Regel nicht mehr, wie noch in der späten Stalin-Zeit [Ende der 1940er-/Anfang der 1950er-Jahre], um ihr Leben zu fürchten hatten, gehörte die aus solchem Stigma[3] resultierende Diskriminierung in allen ihren Spielarten fortan zum jüdischen Alltag in der UdSSR. [...]
Jüdisches Leben [...] konnte sich unter den gegebenen Bedingungen auch in den 1960er- und 1970er-Jahren kaum mehr in nennenswertem Umfang entwickeln. [...] So überrascht es mit Blick auf die vorangegangenen Jahrzehnte auch kaum, dass Juden in politischen Funktionen [...] unterrepräsentiert waren. [...] Jüdische Schulen, welcher Richtung auch immer, gab es gar keine mehr. [...] Das religiöse jüdische Leben existierte noch an wenigen Orten mit einer sehr begrenzten Zahl an Synagogen, Rabbinern und Gemeindemitgliedern. [...]
Unter diesen Umständen gewann der Wunsch nach Emigration, vor allem nach Israel, für viele Juden stetig an Bedeutung. [...] Die Ausreise aus der Sowjetunion blieb lange Zeit ein Tabu und wurde, auch als man sie theoretisch erlaubte, sehr restriktiv gehandhabt. [...]
Von 1954 bis 1964 konnten nur 1542 Juden die Sowjetunion auf direktem Weg in Richtung Israel verlassen. [...] Allerdings war es vor allem den Auswirkungen des Sechstagekrieges[4] zwischen Israel und den arabischen Staaten 1967 geschuldet, dass die Situation für die sowjetischen Juden aufgrund der massiven antizionistischen Propaganda und antisemitischen Stimmungen in der Sowjetgesellschaft zunehmend unerträglich wurde und der öffentliche Druck auf die Sowjetführung nach Genehmigung von Ausreisen anstieg. In den 1970er- und 1980er-Jahren nahm die Ausreise von Juden bereits Züge einer Massenemigration an: Von 1968 bis 1989 verließen etwa 240 000 Juden die Sowjetunion, etwa 11 Prozent der jüdischen Sowjetbevölkerung. Auch die [...] Reformpolitik des letzten Zentralsekretärs der KPdSU [Michail Gorbatschow] ab 1985 vermochte das Vertrauen vieler Juden in den Sowjetstaat nicht zurückzugewinnen, obgleich sich jüdische Religion, Kultur und Wissenschaft nun wieder freier entwickelten [...]. In der zweiten Hälfte der 1980er-Jahre breiteten sich indes Rechtsextremismus und Antisemitismus aus [...]. Nicht zuletzt dieser Entwicklung ist es zuzurechnen, dass ein wachsender Teil der sowjetischen Juden für die Auswanderung aus der Sowjetunion votierte.

Frank Grüner, Sowjetbürger, Religionsgemeinschaft, nationale Minderheit. Juden und jüdisches Leben in der Sowjetunion, in: Aus Politik und Zeitgeschichte, 2021, Nr. 16, S. 40–47, hier S. 46 f.

[1] **Antizionismus**: ablehnende Haltung gegenüber dem Zionismus, also die jüdische Bewegung, die auf die Gründung eines jüdischen Staates ausgerichtet war
[2] **inkorporiert**: eingegliedert, eingefügt
[3] **Stigma**: wörtlich „Brandmal"; (entehrendes) Kennzeichen
[4] Im **Sechstagekrieg** stand die Sowjetunion aufseiten der arabischen Staaten Ägypten, Syrien und Jordanien.

1. Tragen Sie Ihr Wissen zu den im Text genannten Personen zusammen und recherchieren Sie ggf. ergänzend.
2. Arbeiten Sie wesentliche Ursachen für die Abwanderung von Jüdinnen und Juden aus der Sowjetunion heraus.

M 3 Zwischen den Kulturen?

a) Der US-amerikanische Politikwissenschaftler Paul A. Harris gibt Mitte der 2000er-Jahre einen Einblick in den Stand der damaligen gesellschaftlichen Teilhabe von eingewanderten Jüdinnen und Juden in der Bundesrepublik:

Eine der größten Herausforderungen für die jüdische Gemeinde in Deutschland liegt darin, die seit 1990 eintreffenden, durch die kommunistische Herrschaft der praktischen Glaubensausübung entfremdeten Zuwanderer mit dem jüdischen Gemeinde- und Glaubensleben vertraut zu machen. Ein weiteres gravierendes Problem für die jüdischen Neuzuwanderer stellt die Suche nach einem Arbeitsplatz dar. Berufe des Ingenieurwesens, der Medizin und der Naturwissenschaften sind unter den jüdischen Zuwanderern überrepräsentiert. Vielen jüdischen Migranten fällt es äußerst schwer, auf dem angespannten deutschen Arbeitsmarkt eine angemessene Anstellung zu finden. Die erfolglose Suche nach einem sicheren Arbeitsplatz ließ viele Zuwanderer der ersten Generation zutiefst resignieren. Zahlreiche jüdische Zuwanderer mittleren und höheren Alters verloren ihr Selbstwertgefühl. Einer aktuellen Erhebung zufolge geben 60 Prozent der russisch-jüdischen Migranten an, dass sie sich „überhaupt nicht" in die deutsche Gesellschaft integriert fühlen, weitere 29 Prozent bezeichnen das Maß ihrer Integration als „gering". [...]
Viele russische Juden haben sich durch die Gründung von Kulturvereinen und Klubs ihre eigenen kulturellen Nischen geschaffen. [...] Da viele jüdische Zuwanderer die deutsche Gesellschaft weiterhin als „fremd" empfinden, ziehen sie sich in ihre eigene kulturelle Gruppe zu-

rück. Sie möchten die russische Kultur und Sprache nicht nur im privaten Bereich und im Freundeskreis pflegen, sondern auch in der Öffentlichkeit. Gespannt und erwartungsvoll treffen sie andere russischsprachige Menschen in russischen Kulturzentren und knüpfen darüber hinaus Kontakte zu russischsprachigen Aussiedlern aus der ehemaligen Sowjetunion. Russische Juden geben eigene russischsprachige Zeitungen heraus, betreiben Radiosendungen und eigene Fernsehsender mit speziellen Programmen für das russischsprachige Publikum in Russland, den Vereinigten Staaten, Israel und Deutschland. Unter den deutschsprachigen Juden führen diese Aktivitäten allerdings oft zu der Wahrnehmung, dass sich „die Russen“ intensiver mit dem Erhalt ihrer russischen Identität befassen als mit ihrer Integration in die deutsch-jüdische Gemeinschaft.

Paul Harris, Osteuropäische Juden in Deutschland seit 1990, in: Klaus J. Bade, Pieter C. Emmer, Leo Lucassen und Jochen Oltmer (Hrsg.), Enzyklopädie Migration in Europa. Vom 17. Jahrhundert bis zur Gegenwart, Paderborn 2007, S. 822–825, hier S. 824

32071-185

1. Eine Mehrheit der eingewanderten Jüdinnen und Juden fühlte sich Umfragen zufolge Anfang der 2000er-Jahre „überhaupt nicht“ in Deutschland integriert. Erklären Sie diesen Sachverhalt und seine Folgen mithilfe des Textes.
2. Beurteilen Sie die hier wiedergegebene Wahrnehmung in den jüdischen Gemeinden, die Eingewanderten seien „intensiver mit dem Erhalt ihrer russischen Identität befass[t] als mit ihrer Integration in die deutsch-jüdische Gemeinschaft“ (Zeile 40–42).
3. Beurteilen Sie, ob der Gegensatz zwischen „Parallelgesellschaft“ und „Mitbürgerschaft“ sinnvoll ist.

b) Satirisches Lernspiel „Konti: Mission BRD“

Das Lernspiel von Eugen El, einem 1984 in Minsk (Belarus) geborenen und seit 1997 in Deutschland lebenden Journalisten, stammt aus dem Jahr 2006 und soll die ersten Schritte von Einwanderinnen und Einwanderern nachvollziehen lassen: Ausländeramt, Sozialamt, Sprachkurse, Arbeitsamt, Wohnungsamt, Bewerbungen, Integrationstest, Einbürgerung. Ziel ist ein Job und der Erhalt eines deutschen Passes. Wer weniger als sechs Punkte bekommt, muss in der Parallelgesellschaft bleiben. Wer mehr erspielt, erhält den Titel „Mitbürger“ oder wird sogar „Leitkulturbeauftragter“.

4. Analysieren Sie das Spiel.
5. Beurteilen Sie davon ausgehend, ob es sich um einen Beitrag zur Integration handelt oder dieser entgegenwirkt.

M4 Wandel jüdischer Gemeinden in Bayern

Der Augsburger Historiker Rolf Kießling gibt dazu folgende Erläuterungen:

Innerhalb weniger Jahre stiegen die Mitgliederzahlen der Gemeinden nicht nur auf ein Vielfaches, sondern die Strukturen veränderten sich grundlegend, brachten doch die Zuwanderer ganz eigene und andersartige Lebenserfahrungen und Einstellungen mit. Das blieb allerdings nicht ohne innere Widersprüche, denn sie hatten als ethnisch-jüdische Minderheit wegen Benachteiligungen und dem Gefühl der Bedrohung ihre alte Heimat verlassen, wurden nun aber trotz ihrer europäischen Herkunft – vorwiegend aus der Ukraine und Russland – von den inzwischen alteingesessenen Gemeindemitgliedern als „Fremde“ gesehen, zumal die jüdische Komponente ihrer Identität nicht unbedingt besonders ausgeprägt war. […] Zudem sorgte die quantitative Vergrößerung der Gemeinden auch für eine neue Konsolidierung: Es entstanden neue Synagogen, städtebaulich besonders eindrucksvoll in München in den Jahren 2003–2006 mit einem Komplex von Synagoge, Gemeindezentrum, Kindergarten, Grundschule und Museum. Die Vorsitzende der Gemeinde, Charlotte Knobloch, formulierte ihr Credo bei der Eröffnung: „Wir haben gebaut, wir blieben, denn wir gehören hierher.“

Und die Gebäude füllten sich mit Leben: etwa in Augsburg ganz selbstverständlich mit Deutschunterricht, Berufsberatung und Seniorenbetreuung, aber auch mit einem Schachclub, einem Filmclub, einer Bibliothek, einem Kinderchor und mit einer Gemeindezeitung „Der Anzeiger“ als Kommunikationsmedium. Als eine der Folgen dieser jüngsten Entwicklung stellte sich eine neue Vielfalt an religiösen Gruppierungen ein. In München bildete sich neben dem traditionellen Zentrum in der Hauptsynagoge 1995 ein eingetragener Verein „Liberale Gemeinde Beth Schalom“, und seit 1988 hatte sich die chassidische[1] „Chabad-Lubawitsch-Bewegung“ etabliert. In Augsburg übernahm nach der Phase der orthodoxen Ausrichtung mit Henry Brandt ein liberaler Rabbiner die Betreuung.

Während man am Main „an die ‚Würzburger Orthodoxie‘ der alten Gemeinde anschließen konnte“, und sich in Fürth, Hof und Bayreuth die „traditionelle, vielfach osteuropäisch geprägte Orthodoxie der Nachkriegszeit“ durchsetzte, orientierten sich Regensburg und Weiden nun am liberalen Judentum, Nürnberg und Erlangen wiederum verbanden liberale und konservative Elemente – und in Bamberg wurde die erste Rabbinerin Dr. Antje Yael Deusel, in Nürnberg geboren und in Potsdam ausgebildet, angestellt.

Rolf Kießling, Jüdische Geschichte in Bayern. Von den Anfängen bis zur Gegenwart, Berlin/Boston 2019, S. 578–580

[1] **chassidisch**: Das Judentum umfasst verschiedene religiöse Richtungen. Dazu zählen unter anderem weltoffenere liberale Strömungen sowie streng orthodoxe Ausrichtungen, die das wortgetreue Befolgen der Heiligen Schrift, der Tora, verlangen. Zu den orthodoxen Richtungen zählt der Chassidismus, der über Gelehrsamkeit und Beachtung der Vorschriften hinaus vor allem Wert auf ein religiöses Gemeinschaftsleben, gemeinsames Gebet und Gesang legt.

- Beschreiben Sie die „inneren Widersprüche“, die sich mit der Zuwanderung von Jüdinnen und Juden aus den Nachfolgestaaten der Sowjetunion in den jüdischen Gemeinden in Bayern ausprägten.

M5 „Man war gespannt auf Deutschland“

Interview der Journalistin Sharon Adler mit Greta Zelener aus dem Jahr 2022. Greta Zelener wird 1990 im damals noch sowjetischen, heute ukrainischen Odessa geboren. 1996 kommt ihre Familie nach Berlin.

Sharon Adler: Welchen Stellenwert hat(te) Bildung in eurer Familie, wie wichtig war deine (Aus-)Bildung für deine Eltern? Und was haben sie selbst dafür in Kauf genommen?

Greta Zelener: Wenn ich mit meinen jüdischen Freundinnen und Freunden über die Erfahrungen unserer Eltern spreche, sehe ich wiederkehrende Muster in den damaligen Erwartungen dieser Generation. Man war gespannt auf Deutschland, auf den Westen, teils ehrfürchtig und oftmals hoffnungsvoll. Hoffnungsvoll auf ein Leben in stabilen politischen Verhältnissen, Demokratie und ökonomischer Sicherheit. Häufig nehme ich den Gedanken „ein besseres Leben für die Kinder“ wahr. Dafür wurde in Kauf genommen, dass die eigene Bildungs- und Berufsbiografie zurückgestellt wurde, damit die Kinder von geregelten Verhältnissen und gutem Zugang zu Bildung profitieren können. Bildung stand in meiner Familie immer an erster Stelle. Meine Eltern sind geprägt von der Erfahrung, dass nur diejenigen mit den besten akademischen Abschlüssen Erfolg haben konnten, und davon, dass in der Sowjetunion die Möglichkeit für Jüdinnen und Juden zu studieren so gering war, dass nur die Besten es ins Studium schafften. Nur ein bis zwei Prozent der Studienplätze wurden an Juden und Jüdinnen vergeben. Für meine Eltern war und ist Bildung der Schlüssel zum Erfolg. […]

Sharon Adler: Wie würdest du deren Situation und Stimmung aufgrund der Nicht-Anerkennung von Schul-, Ausbildungs- und Universitätsabschlüssen beschreiben? Wie beurteilst du die Situation jüdischer Einwanderinnen und Einwanderer heute vor dem Hintergrund fehlender Rentenansprüche und der Tatsache, dass viele jüdische Zuwanderinnen und Zuwanderer aus der ehemaligen Sowjetunion von Altersarmut betroffen sind?

Greta Zelener: In der Regel war für Juden und Jüdinnen die Anerkennung ihrer akademischen und beruflichen Abschlüsse schwieriger beziehungsweise kaum möglich. Dies führte in dieser mehrheitlich hochqualifizierten Gruppe nicht selten zu Frustration und führt im Alter nun zu Altersarmut. Meine Mutter war in Deutschland eine Zeit lang Managerin eines Nagelstudios und eines Kräuterfachgeschäfts. Kräuterheilkunde ist bis heute ein Hobby von ihr. Ihre Beschäftigungsverhältnisse in Berlin waren stets außerhalb ihres erlernten Berufs, sie arbeitete nur phasenweise. Ihr Berufsleben hier war von Brüchen und Unterbrechungen geprägt, und die Suche nach Arbeit fand oft innerhalb der russischsprachigen Community statt. Ihre Erfahrungen empfinde ich als recht repräsentativ für Kontingentflüchtlinge in Deutschland. Natürlich ist es nicht allen so ergangen, allerdings führte die Nichtanerkennung der Abschlüsse oftmals zur Unausweichlichkeit, Arbeit in niedrigeren Qualifikationsrahmen anzunehmen, als es ihren Abschlüssen entsprochen hätte.

Sharon Adler: Wie wurde der soziale Abstieg empfunden und kommuniziert?

Greta Zelener: Empfindungen diesbezüglich wurden vor mir als Kind und Jugendliche nicht kommuniziert. Ich kann mir nur denken, wie enttäuscht sie sich manchmal gefühlt haben muss, jedoch hat die Dankbarkeit, hier in Deutschland in Sicherheit, in geordneten Strukturen zu leben und der Gedanke, dass ich mir hier ein gutes Leben aufbauen kann, überwogen. Diese Dankbarkeit hingegen wurde oft kommuniziert. Auch dies beobachte ich häufig: Man möchte nicht negativ auffallen oder undankbar wirken. So wird all das Positive, was einem zuteil wurde, in den Vordergrund gestellt und über Probleme geschwiegen, beziehungsweise meist nur innerhalb des Familien- oder Freundeskreises darüber gesprochen. Ein Unterschied zu meiner Generation, die sich immer häufiger lautstark und kritisch zu der Situation der Juden und Jüdinnen in Deutschland äußert – jede/r wie er/sie kann, innerhalb des eigenen Wirkungsfeldes und immer häufiger auch in der Öffentlichkeit.

Sharon Adler im Gespräch mit Greta Zelener: „Für mich ist das Judentum ortlose Heimat" (02.02.2022), in: Deutschland Archiv, www.bpb.de/504497 [Zugriff: 06.04.2023]

32071-186

1. „Enttäuschung" und „Dankbarkeit": Charakterisieren Sie diesen Widerspruch im Hinblick auf die Teilhabemöglichkeiten der jüdischen Eingewanderten in Deutschland.
2. Diskutieren Sie, welche Maßnahmen einen Beitrag dazu hätten leisten können, die Teilhabemöglichkeiten für die Eingewanderten zu verbessern.

M6 Hauptsynagoge in München

Foto von 2014.
Die Synagoge wurde 2006 eingeweiht und ist Teil des neuen Gemeindezentrums der Israelitischen Kultusgemeinde München und Oberbayern am Jakobsplatz in der Münchner Altstadt.

- Weisen Sie sowohl anhand der Gestaltung der Synagoge als auch des Angebots des Gemeindezentrums nach, dass Offenheit und Dialogbereitschaft zentrale Anliegen der Israelitischen Kultusgemeinde sind. Recherchieren Sie dazu.

2.5.5 Kriegs- und Bürgerkriegsflüchtlinge seit den 1990er-Jahren in Deutschland

Wahlthema 5:

INFO 1: Asylrecht und Schutzsuchende im Kontext von Kriegen und Bürgerkriegen

Das 1949 verabschiedete Grundgesetz der Bundesrepublik Deutschland umfasst in Artikel 16, Absatz 2, Satz 2 ein Grundrecht auf Asyl. Die Bundesrepublik zählte außerdem zu den frühen Unterzeichnern der internationalen Genfer Flüchtlingskonvention von 1951 und garantierte auch darüber den Schutz politisch Verfolgter. In den 1950er-, 60er- und frühen 70er-Jahren blieb die Zahl der Asylsuchenden in der Bundesrepublik auf einem recht niedrigen Niveau. In der Regel kamen sie aus Osteuropa. Erst seit den späten 1970er-Jahren entwickelte sich die Bundesrepublik vor dem Hintergrund ihrer wachsenden weltweiten ökonomischen und politischen Bedeutung vermehrt zum Ziel von Asylsuchenden, nun zunehmend auch von jenseits der europäischen Grenzen.

Zunächst wurden alle Asylsuchenden, die die Bundesrepublik erreichten, für die Dauer der Prüfung ihres Asylantrages zentral in Nürnberg, später in Zirndorf bei Fürth untergebracht. Erst mit dem deutlichen Anstieg der Zahl der Asylsuchenden ab Mitte der 1970er-Jahre erfolgte ihre Verteilung über alle Bundesländer.

Jochen Oltmer

Webseiten zu diesem Thema finden Sie mithilfe von Mediencode 32071-187.

32071-188

1. Arbeiten Sie die rechtlichen Grundlagen für die Aufnahme von Schutzsuchenden heraus, die im Text genannt werden.
2. Fassen Sie das Vorgehen bei den Asylanträgen zusammen.

INFO 2: Schutzsuchende aus dem Bürgerkrieg in Jugoslawien der 1990er-Jahre

Als in den 1990er-Jahren die Bundesrepublik Jugoslawien in einem blutigen Konflikt in einzelne Staaten (Bosnien-Herzegowina, Kroatien, Montenegro, Nordmazedonien (ursprüngliche Bezeichnung: Mazedonien), Serbien, Slowenien sowie den Kosovo, dessen Status allerdings umstritten ist) zerfiel, gab es den Status des subsidiären Schutzes (siehe INFO 3) noch nicht. 1995 waren nach Angaben des UN-Flüchtlingshochkommissars 3,7 Millionen Schutzsuchende im Rahmen des Bürgerkrieges in Jugoslawien innerhalb der Region auf der Flucht. Vor allem aufgrund des Krieges um Bosnien-Herzegowina 1992–1995 stieg die Zahl der Schutzsuchenden in West- und Mitteleuropa stark an. Die Vorkriegsbevölkerung in Bosnien-Herzegowina lag bei rund 4,4 Millionen. Vor serbischen Angriffen flohen zunächst vor allem bosnische Muslime, mit der Eskalation des Bürgerkrieges wuchs später auch die Zahl der geflohenen bosni-

M1 Die Bevölkerung Jugoslawiens 1991

schen Kroaten und bosnischen Serben. Angenommen wird, dass ca. 2,5 Millionen Menschen wegen des Bosnien-Krieges flohen. Der Großteil blieb zwar in der Region. Rund 600 000 von ihnen aber erreichten einen EU-Staat. An die 350 000 wurden vorübergehend in Deutschland aufgenommen: Dort lebten oft Verwandte und Bekannte, die in den 1960er- und 70er-Jahren als „Gastarbeiter" angeworben worden waren, oder deren Nachkommen, die nun als Anlaufpunkte für Schutzsuchende aus Bosnien-Herzegowina hilfreich sein konnten. Unter den 1996 in der Bundesrepublik registrierten 345 000 Kriegs- und Bürgerkriegsflüchtlingen aus Bosnien-Herzegowina lebten 71 000 in Bayern. Es nahm damit neben Berlin, Hamburg und Baden-Württemberg überproportional viele Kriegs- und Bürgerkriegsflüchtlinge auf.

Jochen Oltmer

▸ Erklären Sie, warum für überproportional viele Flüchtlinge aus Bosnien-Herzegowina Deutschland das Zielland war.

INFO 3: Bundesdeutsche Flüchtlings- und Asylpolitik

Die Flüchtlinge sahen sich bald in einer verzweifelten Situation. Sie waren aus Angst um Leib und Leben aus ihrer Heimat geflüchtet, Asylgrundrecht und Genfer Flüchtlingskonvention verlangten jedoch für die Zuerkennung eines Schutzstatus den Nachweis einer individuellen Verfolgung aus politischen Gründen, und diese war durch Krieg oder Bürgerkrieg nicht gegeben. Daher wurde den Flüchtlingen nur in Ausnahmefällen ein Schutzstatus zugebilligt. Darüber hinaus gerieten die Flüchtlinge in eine Situation, in der in der Bundesrepublik eine ohnehin schon hohe Zahl von Zuwanderungen (Arbeitsmigration und Asylsuchende vornehmlich aus Osteuropa, Aussiedlerinnen und Aussiedler), hohe Erwerbslosigkeit und ausgeprägt rassistische Stimmungen in einem Teil der Bevölkerung zusammentrafen. In der Regel wurden sie gemäß dem Ausländergesetz nur „geduldet" und mussten damit rechnen, wenn sie dann später von den Behörden als ausreisepflichtig eingestuft worden waren, unter Zwang in ihre Heimatländer „zurückgeführt" zu werden. Vor diesem Hintergrund mussten mehr als 90 Prozent aller Schutzsuchenden aus dem Bosnien-Krieg, die die Bundesrepublik erreicht hatten, Deutschland wieder verlassen. Dass sie nicht willkommen waren, konnten sie auch daran erkennen, dass ihnen für den Fall einer freiwilligen Rückkehr in ihre Heimat finanzielle Unterstützung versprochen wurde und dass ihnen Unterstützungsleistungen während des Aufenthalts in der Bundesrepublik bald nicht mehr in Form von Geldzahlungen, sondern nur noch als Sachleistungen ausgehändigt wurden. Sie spürten es aber auch angesichts der hohen Hürden, die ihnen den Zugang zum Arbeitsmarkt beinahe unmöglich machten.

Angesichts dieser Unsicherheiten und Schwierigkeiten war die Neigung zu bleiben unter den Geflüchteten gering: Die meisten kehrten nach Südosteuropa zurück oder wanderten weiter: Über 20 000 Schutzsuchende kamen so in die USA, jeweils mehrere Tausend fanden außerdem in Kanada, Australien oder Neuseeland Aufnahme. In der Bundesrepublik hatte sich die Zahl der Schutzsuchenden aus dem Bosnien-Krieg bis 2001 auf rund 20 000 vermindert.

Jochen Oltmer

32071-189

1. Begründen Sie, warum viele Flüchtlinge Deutschland wieder verließen.
2. Erklären Sie, was der Status des „subsidiären Schutzes" bedeutet.

M 2 Zahl der Asylsuchenden in der Bundesrepublik Deutschland 1980 bis 2006

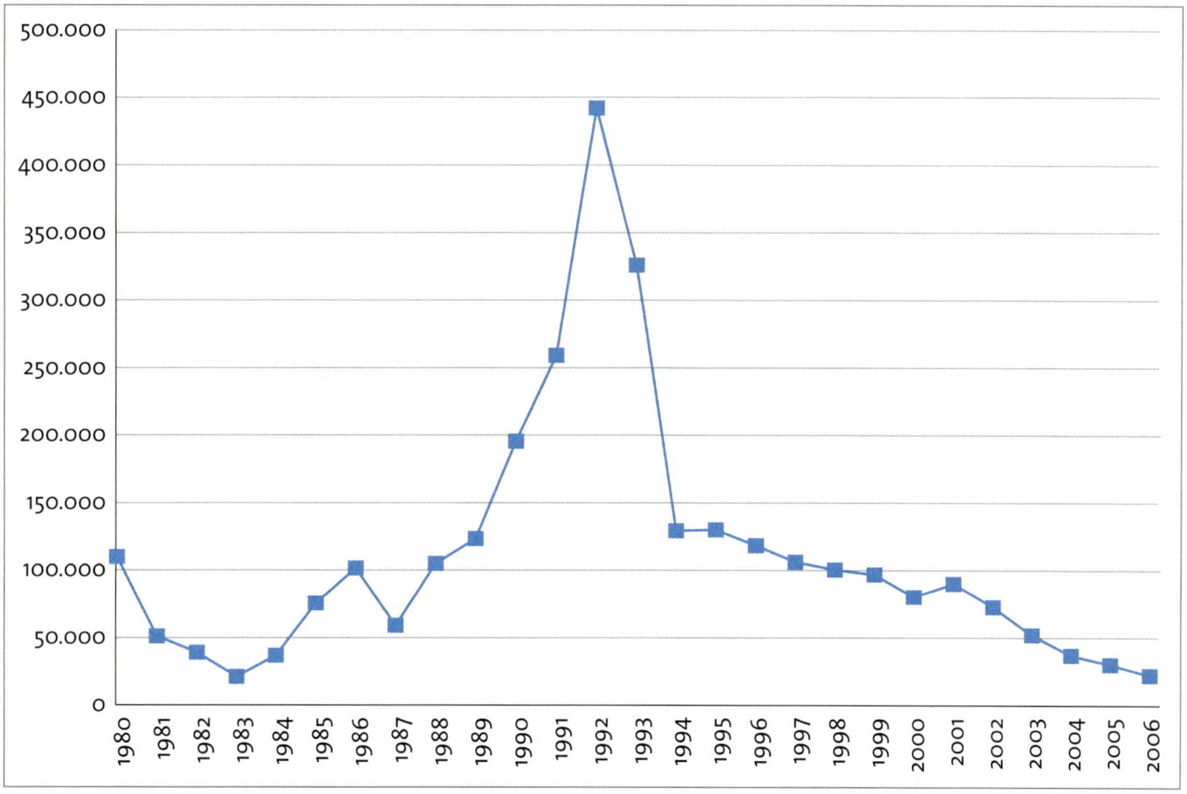

Jochen Oltmer, Migration. Geschichte und Zukunft der Gegenwart, Bonn ²2020, S. 175 (Daten: Bundesamt für Migration und Flüchtlinge)

32071-190

1. Fassen Sie den Verlauf der Entwicklung der Zahl der Asylsuchenden in der Bundesrepublik Deutschland von 1980 bis 2006 zusammen.
2. Ordnen Sie hier die Fluchtbewegungen im Kontext des Bosnien-Krieges zu.

M 3 Der Zerfall Jugoslawiens

Der Sozialgeograph Pascal Goeke über den Bürgerkrieg in den 1990er-Jahren:

Spätestens 1989 war klar, dass sich die alte sozialistisch-autoritäre Ordnung nicht mehr lange halten würde. Während sich die Revolutionen in den anderen Staaten Ost-, Ostmittel- und Südosteuropas vor allem gegen die politischen Systeme richteten, war der Auflösungsprozess in Jugoslawien zugleich in nationale Unabhängigkeitsbewegungen eingebettet. Der komplizierte Auflösungs- und Neuordnungsprozess war mit den schwersten Kriegshandlungen, den höchsten Opferzahlen und den umfangreichsten Fluchtbewegungen in Europa seit dem Ende des Zweiten Weltkriegs und der unmittelbaren Nachkriegszeit verbunden. [...] Ein Geflecht von politischen, ökonomischen, rechtlichen, religiösen und gesellschaftlichen Entwicklungen bildete den Hintergrund. [...]

In den freien Wahlen 1990 setzten sich national gesinnte Parteien durch, die zum Teil Unabhängigkeitsansprüche vertraten. Am 25. Juni 1991 verkündeten Slowenien und Kroatien ihre Unabhängigkeit. Slobodan Milošević, der Präsident der Teilrepublik Serbien, befahl seinen Generälen, in die slowenische Hauptstadt Ljubljana einzurücken, um Sloweniens Unabhängigkeit zu beenden. Das misslang, Slowenien konnte aus Jugoslawien ausscheiden und sich zu einem wirtschaftlich und politisch stabilen Land entwickeln, nicht zuletzt weil die Minderheiten ein geringeres Gewicht hatten als in Kroatien und Kroatien als Puffer zu Serbien wirkte. In Kroatien entbrannte der Krieg zwischen kroatischen Regierungstruppen und paramilitärischen serbischen Gruppen, der über 10 000 Tote fordern sollte. [...]

Slowenien und Kroatien wurden am 15. Januar 1992 von den EU-Mitgliedsländern völkerrechtlich anerkannt. Die große Minderheit der Serben fürchtete seit der Unabhängigkeit Kroatiens im Juni 1991 um ihre Sicherheit, die serbische Nationalbewegung verdammte die kroatische „Fremdherrschaft". In der Folge erklärten die in der kroatischen Krajina lebenden Serben ihre Unabhängigkeit („Republik Serbische Krajina" 1991–1995). In der ersten Phase des Krieges bis Januar 1992 kam es im dortigen Grenzsaum zu Bosnien-Herzegowina, ebenso wie im östlichen Slawonien, an der Grenze zu Serbien, zu umfangreichen Vertreibungen von 300 000 Kroaten. Aus den übrigen Landesteilen Kroatiens flohen 200 000 Serben. [...] In Bosnien-Herzegowina hatte sich die Lage seit Anfang 1992 zugespitzt. Nicht zuletzt durch westliche Signale bestärkt, fand am 1. März 1992 ein Referendum über die Unabhängigkeit statt. Bosnische Muslime und Kroaten stimmten mehrheitlich dafür, während die Serben die Abstimmung boykottieren. Am 6. April 1992 wurde die Republik Bosnien-Herzegowina von den USA und den EU-Mitgliedstaaten anerkannt. Daraufhin versuchten bosnische Serben und ein Jahr später auch bosnische Kroaten große Teile des Landes unter ihre Kontrolle zu bringen, um sie entweder an Serbien oder an Kroatien zu binden. Die jeweiligen Minderheiten in den kroatisch und serbisch dominierten Gebieten wurden vertrieben. 1992–1995 starben nach Angaben der „International Helsinki Federation for Human Rights" (IHF) über 160 000 Menschen im Krieg. Etwa 2,5 Millionen Menschen mussten fliehen.

Pascal Goeke, Flüchtlinge aus dem ehemaligen Jugoslawien in Europa seit 1991, in: Klaus J. Bade, Pieter C. Emmer, Leo Lucassen und Jochen Oltmer (Hrsg.), Enzyklopädie Migration in Europa. Vom 17. Jahrhundert bis zur Gegenwart, Paderborn 2007, S. 578–585, hier S. 578–580

- Arbeiten Sie Ursachen für Flucht und Vertreibung heraus, indem Sie den Zerfall Jugoslawiens und seine Hintergründe skizzieren.

M4 Neue Form von Kriegen?

32071-191

Die Münchner Südosteuropa-Historikerin Marie-Janine Calic ordnet die Fluchtbewegungen und Vertreibungen aus Bosnien-Herzegowina 1992–1995 ein:

Wie im 19. Jahrhundert, während der Balkankriege [1912/13] und im Zweiten Weltkrieg wurden unerwünschte Bevölkerungsgruppen massenweise deportiert, vertrieben und teilweise ermordet. Ganze Dörfer und wichtige Kulturgüter wurden planmäßig zerstört. Schon im Sommer 1992 waren mehr als 2,2 Millionen Menschen, die Hälfte der bosnischen Bevölkerung, in Bewegung. Die bosnisch-serbischen Streitkräfte betrieben die „Homogenisierung" mit größter Brutalität und Vollständigkeit. Sowohl die kroatische als auch die bosniakische Armee[1] führten „ethnische Säuberungen" durch, wenn sie Gebiete eroberten.
Schon wegen der unfassbaren Gräuel wurde der erste kriegerische Konflikt auf europäischem Boden nach dem Zweiten Weltkrieg zu einem globalen Medienereignis. [...] Die schockierende Berichterstattung mobilisierte zuerst die globale Zivilgesellschaft, die seit den blutigen Ereignissen in Mosambik, Afghanistan und Ruanda in den 1980er-Jahren stark angewachsen war. [...] Unterdessen identifizierten Politikwissenschaftler in Jugoslawien den Archetyp[2] einer Form „neuer Kriege": vermeintlich informelle Konflikte, die durch Entstaatlichung, Ökonomisierung und Privatisierung der Gewalt durch Warlords[3] [...] gekennzeichnet seien, wodurch die Zivilbevölkerung zum bevorzugten Angriffsobjekt werde. Vergleichbare Kriegsformen gebe es seit dem Ende des Ost-West-Konflikts in aller Welt, zum Beispiel in Burundi, Sierra Leone, Somalia, Liberia, Kongo, Angola, Tschetschenien und Afghanistan. Aber nicht die Gestalt des Krieges war neu, sondern die Art, wie er von einer globalisierten Medienöffentlichkeit wahrgenommen und präsentiert wurde. Zwar war die Kriegslage angesichts der vielen Akteursgruppen unübersichtlich. Jedoch wurde durch die Verhandlungen vor dem 1993 gegründeten Internationalen Strafgerichtshof in Den Haag deutlich, dass „ethnische Säuberungen" eben nicht durch private Akteure, sondern durch lokale staatliche Autoritäten geplant und administrativ vorbereitet wurden, bevor reguläre Armeen sie mit Hilfe von Warlords umsetzten. So hat die Führung der bosnischen Serben bereits im Oktober 1991, ein halbes Jahr vor Ausbruch des Krieges, Maßnahmen eingeleitet, um die Volksgruppen im Konfliktfall zu separieren. Massenverbrechen wurden demnach ganz überwiegend von höheren Instanzen befohlen, und nicht primär aus ethnischem Hass von Nachbarn an Nachbarn begangen. Eigendynamische Prozesse und Rache spielten zwar auch eine Rolle, waren aber keineswegs primär ausschlaggebend.

Marie-Janine Calic, Südosteuropa. Weltgeschichte einer Region, Bonn 2017, S. 571–573

- Definieren Sie, was man unter „ethnischen Säuberungen" versteht, und beurteilen Sie deren Bedeutung für Flucht und Vertreibung.

[1] Mit „bosniakischer Armee" ist die Regierungsarmee der Republik Bosnien und Herzegowina gemeint, die vor allem gegen kroatische und serbische Milizen kämpfte.
[2] **Archetyp**: Urform
[3] **Warlords**: „Kriegsherren", militärische Anführer, denen es gelungen ist, in einem Teil eines Staatsgebietes die Herrschaft zu erringen

M5 „Wir wurden geduldet"

Interview aus dem Jahr 2015 mit dem Fußballprofi Neven Subotić. Er wird 1988 in Banja Luka im damaligen Jugoslawien und heutigen Bosnien-Herzegowina geboren, kommt 1990 mit seiner Familie nach Deutschland und geht 1999 in die USA, wo er zum Jugendnationalspieler aufsteigt. Später spielt er in der Bundesliga sowie in Spitzenmannschaften in Frankreich und der Türkei.

SPIEGEL ONLINE: Herr Subotić, welche Erinnerungen haben Sie an die Flucht Ihrer Familie?
Subotić: An die Flucht selbst habe ich keine Erinnerungen. Ich war damals erst ein Jahr alt, meine Familie verließ 1989 das ehemalige Jugoslawien. Damals hatte der Krieg noch nicht begonnen, aber es zeichnete sich schon ab, dass es dazu kommen würde. Meine Eltern flüchteten dann mit mir und meiner Schwester. Wir zogen in ein kleines Dorf im Schwarzwald.
SPIEGEL ONLINE: Wie wurden Sie dort aufgenommen?
Subotić: Sehr gut. Wir hatten dort Bekannte, die uns unterstützten. Die größte Unterstützung bekamen wir aber von der deutschen Bevölkerung. Eine verwitwete Nachbarin ließ uns sogar bei sich wohnen. Sie selbst schlief in dieser Zeit im Wohnzimmer auf der Couch. Es war ein Dorf, wo jeder jeden kannte. Ich habe Freunde gefunden und mich ganz schnell wohl gefühlt.
SPIEGEL ONLINE: Wie war der Aufenthaltsstatus Ihrer Familie?
Subotić: Wir wurden geduldet. Manchmal ging eine Duldung über sechs Monate, manchmal über drei. Später wurden die Zeiträume immer kürzer. Wir hatten keine Klarheit, konnten nicht planen. Meine Eltern wussten nicht: Packen wir jetzt die Taschen? Schaffen wir jetzt etwas an, das wir eigentlich brauchen, aber vielleicht in drei Monaten mit Verlust verkaufen müssen? Damals ließen sie es sich nicht ansehen, aber heute weiß ich: Es war eine sehr schwere Zeit für sie.
SPIEGEL ONLINE: 1999 zog ihre Familie in die USA. Sie waren zehn Jahre alt.
Subotić: Ja. Wir wollten der Abschiebung nach Bosnien entgehen. Das war das erste Mal in meinem Leben, dass auch ich persönlich es schwer hatte. Ich hatte ja bis dahin zehn Jahre im selben Dorf gelebt und da eine glückliche Kindheit gehabt. Dann musste ich aber alle meine Freunde verlassen. Die nächsten Jahre lebten wir in Amerika, erst in Utah, dann in Florida. 2006 wechselte ich dann zu Mainz 05 und kam so nach Deutschland zurück. Meine Aufenthaltsgenehmigung ist mittlerweile unbefristet. Ich habe ja 19 Jahre meines Lebens in diesem Land verbracht.
SPIEGEL ONLINE: Was empfehlen Sie jemandem, der heute nach Deutschland flieht?
Subotić: Nutze die Angebote, die Sprache und Kultur kennenzulernen. Da gibt es ja ziemlich viel. Ich war selbst in Flüchtlingsheimen und habe gesehen, wie viele Menschen sich ehrenamtlich engagieren. Und, auch wenn es extrem schwerfällt, behalte die Geduld. Europa hat ja noch kein richtiges Konzept, weil niemand mit so vielen Flüchtlingen gerechnet hat.

Diese Prominenten waren Flüchtlinge. Neven Subotić im Interview mit Alexander Sarovic, in: Spiegel Online vom 03.10.2015, https://www.spiegel.de/politik/deutschland/prominente-fluechtlinge-erzaehlen-von-ihrem-weg-nach-deutschland-a-1055673.html [Zugriff: 02.05.2023]

32071-192

1. Fassen Sie den Lebensweg Neven Subotićs zusammen.
2. Überprüfen Sie, inwieweit sich von einem typischen Weg für einen Schutzsuchenden aus dem Bosnien-Krieg sprechen lässt. Beziehen Sie dazu die Information aus dem INFO-Text 3 ein.
3. „Und, auch wenn es extrem schwerfällt, behalte die Geduld" (Zeile 48 f.). Prüfen Sie diese Handlungsempfehlung Subotićs für Schutzsuchende.

Migration in Bayern ab der Frühen Neuzeit

Herkunftsland/-region

…

- Missachtung der … /Diskriminierung (u. a. wegen ethnischer Zugehörigkeit, Weltanschauung)
- Vertreibungen/…
- Gefahren (z. B. klimatische Bedingungen, Krieg)
- unzureichende Arbeitsmöglichkeiten und Bildungsangebote

… Faktoren von Auswandernden/Auswanderungswilligen:

- Lebensplanung
- finanzielle Möglichkeiten
- Zugehörigkeit zu sozialen Gruppen (z. B. Religionsgemeinschaft, Ethnie)
- psychische Disposition (u. a. Bindung an die ursprüngliche Heimat)

…

- freie(re) Entfaltung der Persönlichkeit
- bessere Arbeits- und Lebensbedingungen
- größere Bildungschancen
- Möglichkeiten der Einwanderung (u. a. Einwanderungsgesetze, Asylrecht)

Zielland/-region

Bedingungen für individuelle … , u. a.
Toleranz bzw. Ablehnung des Umfeldes • Möglichkeiten, selbstständig den Lebensunterhalt zu bestreiten • politische und gesellschaftliche Teilhabe • Verständigung/Sprache • rechtliche Gleichberechtigung

A

Menschen- und Bürgerrechte • Integration • individuelle • Pull-Faktoren • Gewaltmigration • Push-Faktoren

DiA

31000-107

1. Kopieren Sie das Schaubild (oder nutzen Sie die Vorlage über den QR-Code) und vervollständigen Sie es mithilfe des Wortspeichers.
2. Beurteilen Sie, welche Elemente der Grafik für die Transatlantik-Migration im 19. Jh. relevant sind.

B

M1 Tino C. über seine Motivation, Spanien zu verlassen und nach München zu gehen

Als ich ein junger Mann war, herrschte in Spanien noch die Franco-Diktatur. Die politische Situation war sehr schwierig. Die einzige Möglichkeit war, ins Ausland zu gehen, mit einer Rückendeckung, mit einem Vertrag, sodass man Arbeit hatte, Geld verdienen und vielleicht die Sprache lernen konnte. Für mich war der Grund, ein anderes Land, andere Menschen kennenzulernen. Und Deutschland war ein Angebot, das ich wahrgenommen habe. Ich wollte nur ein Jahr bleiben, aber als ich wieder nach Spanien zurückkehrte, gefiel mir die politische und soziale Situation nicht gut. Ich blieb sechs Monate in Spanien und entschloss mich dann, wieder nach Deutschland zurückzukehren. Dort konnte ich mich in einer anderen Situation noch entfalten, noch entwickeln.

Zitiert nach: Franziska Dunkel und Gabriella Stramaglia-Faggion, „Für 50 Mark einen Italiener". Zur Geschichte der Gastarbeit in München, München 2000, S. 64 f.

32071-194

3. Analysieren Sie den Bericht des Migranten:
   a) Ordnen Sie den Bericht historisch ein.
   b) Beurteilen Sie, zu welchen Teilen des Schaubildes auf der linken Seite Informationen gegeben werden und zu welchen nicht.
   c) Erläutern Sie mithilfe Ihres Wissens aus den Methodenseiten, weshalb solche Ego-Dokumente einerseits nützlich sind, aber auch hinterfragt werden müssen.

C

M2 Integration

Zu den Aspekten von Integration heißt es in einem 2014 erschienenen Buch:

Der Prozess der Integration verläuft in verschiedenen Stufen und dauert meistens länger als eine Generation. Die *strukturelle Integration* beinhaltet den gleichberechtigten Zugang zu den Kerninstitutionen des Gastlandes, zum Arbeits- und Wohnungsmarkt und zu den Bildungseinrichtungen. Die *kulturelle Integration (Akkulturation)* bedeutet die Übernahme von Einstellungen, Normen und Werten der neuen Umgebung. Dies ist ein interaktiver Prozess, weil sich die aufnehmende Gesellschaft durch das Zusammenleben mit Zuwanderern ebenfalls verändert. Die *soziale Integration* besteht in der Entwicklung persönlicher Beziehungen und Bindungen wie Freundschaft oder Heirat und in der Mitgliedschaft bei Gruppen und Vereinen. Am Ende des Prozesses steht die *identifikatorische Integration*, das Gefühl der Zugehörigkeit zur aufnehmenden Gesellschaft, Nation oder Ethnie.

Herwig Buntz, Migration in der Geschichte. Ein Arbeitsbuch für den Unterricht, Schwalbach/Ts. 2014, S. 28

32071-200

4. Erläutern Sie anhand von historischen oder gegenwärtigen Beispielen, warum kulturelle Integration sowohl von den Eingewanderten als auch von der aufnehmenden Gesellschaft geleistet wird.
5. Diskutieren Sie Voraussetzungen dafür, dass die jeweiligen Aspekte von Integration gelingen. Unterscheiden Sie dabei zwischen der politischen, gesellschaftlichen und individuellen Ebene.

D

M3 Schilder vor einem Geschäft in Frankenmuth
Foto vom 17. August 2016

1845 gründeten Siedler aus Franken, die zum Großteil strenggläubige Lutheraner waren, Frankenmuth in Michigan (USA). Die Stadt wird auch als „Little Bavaria in Michigan" bezeichnet.

M4 Flüchtlinge an der bayerischen Grenze
Foto vom 22. November 2015

32071-196

6. Zahlreiche Bücher zum Thema Migration enthalten repräsentative Fotos.
   a) Diskutieren Sie, ob die beiden Fotos Ihrer Meinung nach für einen Band über die Geschichte der Migration in Bayern geeignet wären.
   b) Beurteilen Sie, ob ggf. anderes Bildmaterial, z. B. aus dem vorliegenden Schulbuch, geeigneter wäre.

E

32071-197

7. Vergleichen Sie in der Klasse die Eintragungen in die Tabelle zu den Formen von Migration (siehe Auftaktseiten, S. 70 f.), die in diesem Kapitel behandelt wurden.

F

32071-198

8. Diskutieren Sie, wo es zu einzelnen Formen von Migration Beispiele aus der Gegenwart gibt. Wo fällt dabei eine Zuordnung schwer? Wo sind mehrere Formen betroffen? Begründen Sie jeweils.

G

M5 Transnationale Bindungen

Der Soziologie Thomas Faist beschäftigt sich mit den sozialen Beziehungen von Migrantinnen und Migranten in ihr Herkunftsland. Dazu schreibt er u. a.:

Es bedarf eines transnationalen Ansatzes, um über ein Verständnis von Migration als einer Einbahnstraße hinauszugehen. Eine grundlegende Beobachtung ist dabei, dass Migrantinnen und Migranten gewöhnlich ihre Kontakte in die Herkunftsländer und zu den dazugehörigen Gruppen wie Familien nicht abbrechen, wenn sie sich in anderen Ländern niederlassen. Vielmehr kann festgestellt werden, dass sie häufig Bindungen zu Angehörigen aufrechterhalten und/oder sogar neue etablieren. Zu grenzübergreifenden Aktivitäten zählten z. B., regelmäßig Geld zu überweisen oder politische Vorgänge im Herkunftsland zu verfolgen. […] Transnationale Bindungen können zurück in die Herkunftsregionen reichen, aber auch in andere Länder, in denen sich Angehörige niedergelassen haben.

Thomas Faist, Annäherung an eine Soziologie der Migration, in: Ders. (Hrsg.), Soziologie der Migration. Eine systematische Einführung, Berlin 2020, S. 3–34, hier S. 11

32071-199

9. Diskutieren Sie, warum es wichtig ist, „über ein Verständnis von Migration als einer Einbahnstraße hinauszugehen" (Zeile 1–3), und zeigen Sie auf, welche Rolle „transnationale Bindungen" bei der Überwindung dieses Verständnisses spielen können.

H

M6 „Der Flüchtling"

Gemälde von Felix Nussbaum aus dem Jahr 1939

Der Maler Felix Nussbaum, 1904 in Osnabrück geboren, wurde im nationalsozialistischen Deutschland als Jude verfolgt. Er verließ Deutschland 1933 und versteckte sich seit 1940 in der von deutschen Truppen eroberten belgischen Hauptstadt Brüssel. Nach einer Denunziation im Juni 1944 inhaftiert, wurde er in das Vernichtungslager Auschwitz-Birkenau deportiert und dort Ende 1944 oder Anfang 1945 ermordet.

32071-195

10. a) Beschreiben Sie das Gemälde.
b) Charakterisieren Sie die Darstellung „des Flüchtlings".
c) Diskutieren Sie: Inwieweit lassen sich die hier dargestellten Verhältnisse auf Gewaltmigrationen beziehen?

I

11. Am Beginn des Lernbereichs „Migration in Bayern ab der Frühen Neuzeit" haben Sie Fragen entwickelt und notiert (siehe Seite 71, Arbeitsauftrag 2). Beantworten Sie diese Fragen mithilfe der erworbenen Kenntnisse und Kompetenzen. Stellen Sie fest, welche Fragen Sie noch nicht beantworten können, und überlegen Sie, wie und wo Sie die dazu erforderlichen Informationen finden können.

Zuordnung der Grundlegenden Begriffe zu den Teilkapiteln

1 Geschichte erinnern

1.1 Geschichte (re)konstruieren (S. 12/13)
- Quellen

1.2 Mittelalterbilder in populären Darstellungsformen (S. 16–27)
- Adel
- Bürger
- Kaiser
- König
- Mittelalter
- Stände, -wesen

1.3 Umgang mit der deutschen Kolonialgeschichte (S. 30–37)
- Deutsches Kaiserreich
- Entkolonialisierung
- Versailler Vertrag

1.4 Erinnerung an den Holocaust/die Shoa: traditionelle und neue Formen des Erinnerns vergleichen und bewerten (S. 42–55)
- Antisemitismus
- Ghetto
- Holocaust – Shoa
- Konzentrations- und Vernichtungslager
- Nationalsozialismus
- „Nürnberger Gesetze"
- „Volksgemeinschaft"

1.5 Manipulativer Umgang mit historischer Wahrheit: Leugnung und Relativierung des Holocaust (S. 56–59)
- Antisemitismus
- Ghetto
- Holocaust – Shoa
- Konzentrations- und Vernichtungslager
- Nationalsozialismus
- „Volksgemeinschaft"

1.6 Narrationen von Zeitzeuginnen und Zeitzeugen der DDR untersuchen (S. 62–69)
- Mauerbau
- „Staatssicherheit"
- Planwirtschaft

2 Migration in Bayern von der Frühen Neuzeit bis zum 20. Jahrhundert
- Migration

2.1 Religiös motivierte Migration (S. 78–89)
- Absolutismus
- Adlige
- Reformation

2.2 Transatlantik-Migration und Binnenwanderungen im 19. Jahrhundert (S. 94–103)
- Industrialisierung
- Soziale Frage

2.3 Gewaltmigration im Nationalsozialismus (I): die jüdische Bevölkerung (S. 106–117)
- Antisemitismus
- Holocaust – Shoa
- Konzentrations- und Vernichtungslager
- Nationalsozialismus
- „Nürnberger Gesetze"
- „Volksgemeinschaft"

2.4 Gewaltmigration im Nationalsozialismus (II): Zwangsarbeit (S. 118–125)
- Konzentrations- und Vernichtungslager
- Nationalsozialismus

2.5 Immigration und Integration nach 1945 (S. 126–159)
- Flucht und Vertreibung
- „Gastarbeiter"

Absolutismus (lat. *legibus absolutus*: von den Gesetzen losgelöst): monarchische Herrschaftsform und Epochenbezeichnung für das 17. und 18. Jh. in Europa.
Fürsten und ▶ *Könige* sahen ihre Herrschaft als von Gott und durch ihre Herkunft legitimiert und versuchten, uneingeschränkt von Gesetzen und unabhängig von den ▶ *Ständen* zu regieren. Die absolutistischen Herrscher fühlten sich nur Gott und ihrem Gewissen verantwortlich.
Kennzeichen des absolutistisch regierten Staates waren: Zentralisierung der Herrschaft, Beschränkung des Einflusses des ▶ *Adels* und der Kirche, Bürokratisierung, Merkantilismus, Staatskirchentum, Vereinheitlichung des Rechts, ein stehendes Heer, eine expansive Außenpolitik und eine aufwändige Hofhaltung.
In der politischen Realität blieb die Macht der Fürsten aber begrenzt. Sie waren weiterhin vor allem auf die Steuerbewilligung durch die Stände angewiesen und mussten daher Kompromisse eingehen.

Adel: Vom ▶ *Mittelalter* bis ins 19. Jh. bildete der Adel einen ▶ *Stand* der sogenannten Ständegesellschaft. Er bestand aus Familien, die sich aufgrund von Abstammung, Besitz oder Leistung von der übrigen Bevölkerung durch Vorrechte (Privilegien), Umgangsformen und Kleidung abgrenzten. Zum niederen Adel gehörten die Ritter und (ursprünglich unfreien) Dienstmannen (Ministerialen) der ▶ *Könige*. Zum Hochadel zählten Herzöge und die Vertreter der Könige in einem Amtsbezirk, die Grafen.
Die Herrschenden nahmen sich das Recht, verdiente Personen in den Adelsstand zu erheben. Seit dem 14. Jh. konnte der Adelsstand durch einen Adelsbrief des ▶ *Kaisers* verliehen werden.

Antisemitismus: wörtlich „Semitenfeindschaft" (Semiten: Angehörige einer verwandten Gruppe von Völkern in Vorderasien und Nordafrika); Oberbegriff für alle „modernen" Formen von Feindschaft gegen Jüdinnen und Juden seit dem ausgehenden 19. Jahrhundert. Die vor allem religiös geprägte Judenfeindschaft bis ins 19. Jahrhundert bezeichnet man als Antijudaismus. In der zweiten Hälfte des 19. Jh. erhielt die Judenfeindschaft jedoch eine neue Dimension, da von nun an der Hass auf Jüdinnen und Juden mit pseudowissenschaftlichen Theorien rassistisch begründet wurde. Aufbauend auf verzerrten Vorstellungen der Evolutionstheorie von Charles Darwin wurde argumentiert, dass „Rassen" sich nicht vermischen sollten, da nur angeblich „reine Rassen" zu besonderen Kulturleistungen fähig seien. Aufbauend auf diesen Vorstellungen prägte der deutsche Journalist Wilhelm Marr 1879 den Begriff „Antisemitismus", der sogleich in den meisten Sprachen weltweit übernommen wurde. Seither wird die „moderne" Form der Judenfeindschaft als Antisemitismus bezeichnet.
Der ▶ *Nationalsozialismus* stellte den Antisemitismus ins Zentrum seiner „Weltanschauung" und Politik. Der NS-Antisemitismus bildete eine wesentliche Grundlage für die Ermordung der europäischen Jüdinnen und Juden durch die Nationalsozialisten im Rahmen des ▶ *Holocaust*. Der Holocaust/die Shoa veränderte die Feindschaft gegen Jüdinnen und Juden, da man von nun an nicht mehr offen einen Judenhass ausleben konnte, sondern ihn eher indirekt äußert. Diesen veränderten Antisemitismus seit 1945 bezeichnet man als „sekundären Antisemitismus".

Bürger: im ▶ *Mittelalter* alle freien Bewohner einer Stadt, die das Bürgerrecht besaßen und damit am politischen Leben der Stadt teilnehmen durften. Das Bürgerrecht beruhte im Mittelalter auf ständischem Grundbesitz. Kein Bürgerrecht hatten Gesellen, Gesinde und Arme; Frauen und Juden nur in Ausnahmefällen. Heute sind Bürgerinnen und Bürger alle Mitglieder eines Staates, die dessen Staatsangehörigkeit haben.

Deutsches Kaiserreich: Bezeichnung für die Zeit des Deutschen Reiches von 1871 bis 1918. Es entstand durch ein Bündnis von deutschen Fürsten und Freien Reichsstädten und war eine konstitutionelle Monarchie mit einem ▶ *Kaiser* als Reichsoberhaupt.

Entkolonialisierung: seit Ende des Zweiten Weltkrieges stattfindende Loslösung und Befreiung afrikanischer und asiatischer Staaten von der Herrschaft der europäischen Kolonialmächte unter Berufung auf das Selbstbestimmungsrecht der Völker.
Die formale Unabhängigkeit der ehemaligen Kolonien bedeutete jedoch oft nicht deren vollständige staatliche Souveränität, da wirtschaftliche, soziale und politische Abhängigkeiten fortbestanden.

Flucht und Vertreibung: Mit diesem Doppelbegriff bezeichnet man zum einen die 1944 einsetzende Massenflucht der deutschen Bevölkerung vor der heranrückenden sowjetischen Armee („Flucht"). Zum anderen wurden Deutsche seit 1945 ausgewiesen und zwangsumgesiedelt. Diese Maßnahmen bezeichnet man als „Vertreibung". Angesichts der zum Teil brutalen sogenannten „wilden Vertreibungen" beschlossen die Großmächte USA, Sowjetunion und Großbritannien auf der Konferenz von Potsdam, dass die Überführung der deutschen Bevölkerung aus Polen, der Tschechoslowakei und Ungarn „ordnungsgemäß und human" erfolgen sollte. In der Praxis wurden diese Maßnahmen in der Regel gleichwohl ohne Rücksicht auf die Betroffenen zwangsweise durchgesetzt.
Diese Ereignisse müssen im Gesamtzusammenhang mit den Massenzwangswanderungen gesehen werden, die das Deutsche Reich 1943 im Rahmen des von ihm entfachten ▶ *Zweiten Weltkrieges* in Gang setzte. Flucht und Vertreibung der Deutschen waren somit Folge der von Deutschland initiierten brutalen Bevölkerungsverschiebungen. Für die Zeit bis 1945 muss insgesamt von 50 bis 60 Millionen Flüchtlingen, Vertriebenen und Deportierten ausgegangen werden. Schätzungen gehen davon aus, dass nach Kriegsende weitere 25 Millionen Menschen vornehmlich in Ostmittel-, Südost- und Osteuropa von Zwangsmigrationen betroffen waren.

„Gastarbeiter": missverständlicher Begriff für Arbeitsmigrantinnen und -migranten, die von 1955 bis 1973 aus anderen Ländern (u. a. aus Italien, Spanien Portugal, Jugoslawien und der Türkei) angeworben wurden, um den Arbeitskräftemangel in der westdeutschen Wirtschaft auszugleichen. Trotz der anfänglich vorgesehenen Rückkehr blieben viele dauerhaft in der Bundesrepublik Deutschland.

Ghetto: von der übrigen Stadt oft durch Mauern und Tore abgetrenntes Wohngebiet der jüdischen Gemeinschaft.
Der Begriff „Ghetto" leitet sich her vom „Geto Novo" genannten jüdischen Wohnviertel in Venedig, das Anfang des 16. Jh. auf dem Gebiet einer Gießerei (ital. „geto") ausgewiesen wurde. Während des Zweiten Weltkrieges errichteten die Nationalsozialisten an osteuropäischen Orten und Städten Ghettos, die dazu dienen sollten, die jüdische Bevölkerung auszugrenzen und zu quälen. Diese Ghettos wurden teilweise nur wenige Wochen oder Monate genutzt, bevor sie „geräumt" wurden. Dabei ermordeten die Deutschen und ihre Helfer vor Ort einen Teil der Menschen und deportierten die Überlebenden in der Regel in andere, größere Ghettos bzw. ▶ *Konzentrations- oder Vernichtungslager*.
Heute bezeichnet „Ghetto" meist abwertend ein Viertel, dessen Bewohner sozial schwächer sind und nur wenige Beziehungen zur städtischen Umgebung haben.

Holocaust – Shoa: Der griechische Begriff holókaustos (griech.: „völlig verbrannt" bzw. „Brandopfer") bedeutet im Englischen „Inferno" oder „Zerstörung". Er wird seit dem Ende der 1970er-Jahre für die systematische Vernichtung von etwa sechs Millionen europäischen Jüdinnen und Juden sowie anderen Opfergruppen verwen-

det, die vor allem in der Zeit zwischen Sommer 1941 bis zum Ende des Zweiten Weltkrieges stattfand.
Im Hebräischen wird für das Leiden der Juden während dieser Zeit der Begriff Shoa („Großes Unheil", „Katastrophe") gebraucht.

Kaiser: höchster weltlicher Herrschertitel. Der Begriff ist abgeleitet von dem Namen „Caesar", der Bestandteil des Titels der Herrscher des Römischen Reiches seit Augustus war. Mit der Kaiserkrönung Ottos I. 962 wurde das Kaisertum auf das Heilige Römische Reich übertragen. Dort wurde Kaiser, wer von den Kurfürsten zum deutschen ▶ *König* gewählt worden war. Das Recht, den Kaiser zu krönen, blieb bis ins späte ▶ *Mittelalter* jedoch den Päpsten vorbehalten. Hauptaufgabe des Kaisers war der Schutz der Kirche bzw. die Aufrechterhaltung der Einheit des Christentums. ▶ *Reformation* und Kirchenspaltung ließen diese Aufgabe in den Hintergrund treten. Der letzte vom Papst gekrönte Kaiser war Karl V. (1500–1558). Im 1871 gegründeten ▶ *Deutschen Kaiserreich* trug das Staatsoberhaupt den Titel „Deutscher Kaiser".

König: Herrschertitel; der König regiert und/oder repräsentiert eine Monarchie.
Im frühen ▶ *Mittelalter* wurde er von einer adligen Führungsschicht (▶ *Adel*) gewählt, auch wenn die Wahl oft nur die Weitergabe des Titels an einen Erben bestätigte. Könige herrschten im frühen Mittelalter zunächst über eine Gruppe von Menschen (Personenverband) und erst später über ein fest umrissenes Gebiet (Territorialstaat).
Während sich in einigen Ländern wie Frankreich die Erbmonarchie durchsetzte, blieb das Heilige Römische Reich Deutscher Nation eine Wahlmonarchie. Hier regelte seit dem 14. Jh. die „Goldene Bulle" das Wahlverfahren.

Konzentrations- und Vernichtungslager: Lager zur Internierung, Ausbeutung und Tötung von Menschen.
Der Begriff Konzentrationslager wurde im Deutschen offiziell erstmals von Reichskanzler Bernhard von Bülow am 11. Dezember 1904 im Zusammenhang mit der Internierung von gefangen genommenen Herero (in der damaligen Kolonie Deutsch-Südwestafrika, heute Namibia) verwendet.
Das nationalsozialistische Regime unterhielt Konzentrationslager in Deutschland bereits ab März 1933. Hierhin wurden Personen, die aus rassistischen, politischen oder weltanschaulichen Motiven verfolgt wurden (u. a. Jüdinnen und Juden, Sinti und Roma, politische Gegner, Homosexuelle) deportiert.

Ab 1941 wurden in den besetzten Gebieten Ostmitteleuropas zusätzlich Vernichtungslager gebaut, in welchen Menschen in großer Zahl systematisch ermordet wurden.

Industrialisierung: bezeichnet den Übergang von einer Agrar- zu einer Industriegesellschaft. Der Prozess fand zuerst in England zwischen 1750 und 1850 statt und wird aufgrund seiner Geschwindigkeit und radikalen Umwälzung großer Teile von Wirtschaft, Technik und Gesellschaft auch als Industrielle Revolution bezeichnet. Zentrale Merkmale von Industrialisierung sind 1. der Einsatz von durch künstliche Energie angetriebenen Maschinen, die Massenproduktion ermöglichen, 2. eine Veränderung der Arbeitswelt, da arbeitsteilig und industriell in Fabriken gefertigt wird, 3. die Entstehung von Fabrikstandorten, rasantem Städtewachstum und die damit verbundene Trennung von Arbeits- und Wohnort sowie 4. eine Beschleunigung von technischen Innovationen und Wirtschaftswachstum.

Mauerbau: ab 1961 erfolgter Ausbau der bestehenden Grenzbefestigungen zwischen der DDR und West-Berlin zu einer undurchdringbaren Grenzanlage durch die DDR-Führung mit dem Ziel, die Abwanderung ihrer Bürgerinnen und Bürger in den Westen zu stoppen. Die übrigen Grenzen zwischen beiden deutschen Staaten waren schon in den 1950er-Jahren abgeriegelt worden und wurden nun in der Folge ebenfalls noch stärker „gesichert".

Menschen- und Bürgerrechte: im engeren Sinne die unantastbaren und unveränderlichen Freiheiten und Rechte aller Menschen, die ihnen von Natur aus, d. h. mit ihrer Geburt, zustehen – unabhängig von ihrer Stellung in Staat, Gesellschaft, von Geschlecht, Beruf und Religion (Naturrecht). Dazu zählen das Recht auf Leben, Freiheit und Eigentum, die Unverletzlichkeit der Person, aber auch die Gleichheit vor dem Gesetz, das Recht auf Meinungs- und Glaubensfreiheit sowie auf Widerstand gegen Unterdrückung.
Die Magna Charta libertatum (1215), die Bill of Rights (1689), die Virginia Bill of Rights und die amerikanische Unabhängigkeitserklärung von 1776 sowie die französische Verfassung von 1791 und die Erklärung der Grundrechte der Frankfurter Nationalversammlung von 1848 sind Zeugnisse der Menschenrechtsentwicklung. Die 1948 von den Vereinten Nationen verkündete Allgemeine Erklärung der Menschenrechte sowie die 1950 verabschiedete Konvention zum Schutze der Menschenrechte und Grundfreiheiten des Europarates stehen in der Tradition dieser Veröffentlichungen.
Die Begriffe „Menschenrechte" und „Grundrechte" unterscheiden sich im Wesentlichen durch den von ihnen beanspruchten Geltungsbereich: Während die Menschenrechte sich auf alle Menschen beziehen, gelten die Grundrechte nur für die Staatsangehörigen eines Landes, das ihnen diese Rechte in der Verfassung garantiert.

Migration: längerfristig angelegte räumliche Verlagerung des Lebensmittelpunktes von Individuen, Familien, Gruppen oder auch ganzen Bevölkerungen. Sie kann freiwillig oder zwangsweise erfolgen. Die Gründe sind dabei vielfältig: z. B. Streben nach besseren Lebensumständen, Vertreibung, Flucht z. B. vor Hunger und Krieg, Unterdrückung oder Deportation von Bevölkerungsgruppen aus ideologischen, politischen und wirtschaftlichen Gründen.

Mittelalter: In der europäischen Geschichte die Zeitspanne zwischen Antike und Früher Neuzeit: etwa 500 bis 1500.
Die mittelalterliche Kultur entwickelte sich auf den Grundlagen der Antike, germanischer Traditionen und des Christentums. Kennzeichen des Hochmittelalters sind die zahlreichen Stadtgründungen und die Herrschaft der ▶ *Könige* und römisch-deutschen ▶ *Kaiser*.

Nationalsozialismus: deutsche völkisch-antisemitisch-nationalrevolutionäre Bewegung, organisiert in der Nationalsozialistischen Deutschen Arbeiterpartei (NSDAP, bis 1920 DAP). Der Nationalsozialismus war eine von mehreren radikalnationalistischen bzw. faschistischen Bewegungen im Europa dieser Zeit. Er gilt wegen seines Rassenantisemitismus (▶ *Antisemitismus*), seiner auf kriegerische Expansion ausgerichteten Außenpolitik („Lebensraum im Osten") und seiner Vernichtungspolitik (▶ *Konzentrations- und Vernichtungslager*) aber als am radikalsten. Die NS-Politik war verantwortlich für Terror gegen Oppositionelle und gemäß ihrer Ideologie „missliebige Personen", die „Euthanasie", den Zweiten Weltkrieg und den ▶ *Holocaust – die Shoa*.

Neuzeit: Bezeichnung für die Zeit nach dem ▶ *Mittelalter* (ab ca. 1500) bis hin zur Gegenwart.

„Nürnberger Gesetze": Bezeichnung für die am 15. September 1935 von den Nationalsozialisten (▶ *Nationalsozialismus*) auf dem „Reichsparteitag der Freiheit" in Nürnberg verabschiedeten antisemitischen Rassegesetze (▶ *Antisemitismus*). Jüdinnen und Juden verloren das Wahlrecht und durften keine öffentlichen Ämter mehr übernehmen. Künftige Eheschließungen zwischen jüdischen und nichtjüdischen Menschen wurden verboten.

Planwirtschaft: Wirtschaftsordnung, in der die Produktion von Gütern sowie deren Verteilung anders als in einer (Sozialen) Marktwirtschaft nach staatlich festgelegten Plänen (z. B. Fünfjahrespläne) vorgenommen wird. Sie kennzeichnete die Wirtschaftspolitik der UdSSR und der von ihr abhängigen Staaten wie der DDR.

Quellen: Texte, Gegenstände, Ton- und Bilddokumente aus der Vergangenheit, die entweder zufällig erhalten geblieben sind (Überrest) oder absichtlich überliefert wurden (Überlieferung, Tradition), sowie Zeitzeugenaussagen.

Reformation (von lat. *reformatio*: Wiederherstellung, Zurückformung): kirchliche Bewegung, die eine Glaubensreform zum Ziel hatte und in einer Spaltung der katholischen Kirche in verschiedene Glaubensbekenntnisse (Konfessionen) und Kirchen endete.

Soziale Frage: Während die ▶ *Industrialisierung* einerseits für Wachstum, Wohlstand und Arbeitsplätze sorgte, führte sie andererseits unter der Arbeiterschaft zu großen Problemen in Form von geringen Löhnen, langen Arbeitszeiten, schlechten Arbeitsbedingungen, Wohnungsnot, Gesundheitsproblemen, geringer Lebenserwartung und fehlender sozialer Absicherung. Diese Not eines großen Teils der Bevölkerung und die Frage, wie diese Zustände beseitigt werden können, werden als Soziale Frage bezeichnet.

„Staatssicherheit": politische Geheimpolizei, geheimer Nachrichtendienst und Organ strafrechtlicher Untersuchungen in der DDR (Abkürzung: „Stasi").
Das „Ministerium für Staatssicherheit" (MfS) wurde 1950 gegründet, unterstand direkt der Staatspartei SED und überwachte im großen Stil die eigene Bevölkerung. Mittel zur Unterdrückung der Bevölkerung waren u. a. psychische und physische Gewalt bis hin zu Mord und willkürlicher Verhaftungen.

Stände, -wesen: Vornehmlich Herkunft und Abstammung (Geburt) gliederten die mittelalterliche Gesellschaft (▶ *Mittelalter*) in die drei Stände ▶ *Adel*, Klerus (Bischöfe und Vertreter der Klöster) sowie ▶ *Bürger* und Bauern. Diese Stände unterschieden sich durch jeweils besondere Pflichten, Vorrechte (▶ *Privilegien*) und gesellschaftliche Funktionen (Beruf) sowie durch ihre besondere Lebensführung. Die Ordnung galt bis zur Epoche der Aufklärung (17./18. Jh.) als gottgewollt und unveränderlich und wurde in Frankreich im Verlauf der Französischen Revolution überwunden.

Versailler Vertrag: Ein Ergebnis der Pariser Friedenskonferenz von 1919, an der die Verliererationen des Ersten Weltkrieges und Sowjetrussland nicht teilnehmen durften. Der Vertrag wurde am 28. Juni 1919 im Schloss von Versailles unterzeichnet, trat am 10. Januar 1920 in Kraft und beendete mit weiteren Verträgen („Pariser Vorortverträge") den Ersten Weltkrieg. Er machte das Deutsche Reich und seine Verbündeten für den Kriegsausbruch verantwortlich (Art. 231) und legte umfangreiche Gebietsabtretungen sowie Wiedergutmachungsleistungen (Reparationen) fest. Der Vertrag führte vor und nach der Unterzeichnung zu innenpolitischen Auseinandersetzungen in der nach der Novemberrevolution von 1918 entstandenen Weimarer Republik.

„Volksgemeinschaft": nationalsozialistischer Propagandabegriff, welcher die Geschlossenheit eines durch eine angeblich gemeinsame Rasse definierten deutschen Volks behauptet. Nationales Ziel Hitlers war es, eine einheitliche und homogene „Volksgemeinschaft" zu schaffen, um politische und soziale Gegensätze einzuebnen. Aus dieser Gemeinschaft schloss die nationalsozialistische Ideologie (▶ *Nationalsozialismus*) politische Gegner, als minderwertig diffamierte Menschen (u. a. Jüdinnen und Juden) und sog. „Volksschädlinge" aus, diskriminierte und verfolge diese.

Mittelalter

um 500 — Reichsbildung der Franken

800 — Kaiserkrönung Karls des Großen

962 — Krönung Ottos des Großen zum Kaiser in Rom

um 1200 — Kulturelle Blüte zur Zeit der Staufer

1453 — Eroberung Konstantinopels durch die Osmanen und dadurch Ende des Oströmischen Reiches

1492 — „Entdeckung" Amerikas durch Kolumbus

Das Deutsche Kaiserreich und seine Kolonien

1871 — Deutsche Reichsgründung

1884 — Beginn der deutschen Kolonialerwerbungen

1884/85 — Berliner Afrika-Konferenz

1901/02 — Boxerkrieg in China

1904/05 — Völkermord an den Herero und Nama im damaligen Deutsch-Südwestafrika (heute: Namibia)

1905–07 — Maji-Maji-Krieg im damaligen Deutsch-Ostafrika (heute: Tansania)

1914–1918 — Erster Weltkrieg

1919 — Mit dem Vertrag von Versailles endete das deutsche Kolonialreich in völkerrechtlicher Hinsicht.

ab 1945 — Im sog. Zeitalter der Entkolonialisierung: Auflösung und Delegitimierung jeglicher Herrschaft, die als Untertanenverhältnis zu Fremden empfunden wird

---

Die Herrschaft des Nationalsozialismus

30. Januar 1933 — Reichspräsident Hindenburg ernennt Adolf Hitler zum Reichskanzler.

9. November 1938 — Die Novemberpogrome (vom NS-Regime organisierte und gesteuerte Gewaltmaßnahmen gegen jüdische Deutsche) fanden im Deutschen Reich zwischen dem 7. und 13. November statt. Höhepunkt war die Nacht vom 9. auf den 10. November.

1939–1945 — Zweiter Weltkrieg

20. Juli 1944 — Attentat auf Hitler durch den militärischen Widerstandskreis um Graf von Stauffenberg

8./9. Mai 1945 — Bedingungslose Kapitulation Deutschlands

Deutsch-deutsche Geschichte

1949 — Gründung der beiden deutschen Staaten

17. Juni 1953 — Aufstand von Bürgerinnen und Bürgern in der Deutschen Demokratischen Republik gegen das SED-Regime

1972 — Im Grundlagenvertrag erkennen sich die beiden deutschen Staaten an.

9. November 1989 — Öffnung der innerdeutschen Grenze, Fall der Mauer

3. Oktober 1990 — Vollzug der Deutschen Einheit durch den Beitritt der DDR zum Geltungsbereich des Grundgesetzes, seither als „Tag der Deutschen Einheit" deutscher Nationalfeiertag

Konfessionelles Zeitalter

1517 — **Beginn der Reformation**. Martin Luther kritisiert mit seinen 95 Thesen den Ablasshandel der katholischen Kirche. Sie gilt als eine der Ursachen des Wandels vom Mittelalter zur Neuzeit.

ab etwa 1530 — Obrigkeiten in Europa sagen sich von der römisch-katholischen Kirche los und führen in ihren Ländern im Laufe der Reformation neu entstandene christliche Konfessionen ein.

1598 — König Heinrich IV. von Frankreich erlässt das Edikt von Nantes, das den calvinistischen Hugenotten in seinem Reich eine begrenzte Religionsausübung gewährt.

1618–1648 — Dreißigjähriger Krieg; er wird auch als Religionskrieg geführt und endet mit dem Westfälischen Frieden, der im Heiligen Römischen Reich neben dem Katholizismus und der evangelischen Lehre auch den Calvinismus als gleichberechtigte Konfession anerkennt.

Zeitalter des Absolutismus

17./18. Jh. — Zeitalter des **Absolutismus** in Europa

1685 — König Ludwig XIV. von Frankreich hebt das Edikt von Nantes auf, nur die katholische Konfession ist zugelassen. Etwa 200 000 Hugenotten wandern aus.

1731/32 — Der Erzbischof von Salzburg erlässt das „Emigrationspatent“; er weist etwa 200 000 Protestantinnen und Protestanten aus.

Langes 19. Jahrhundert

ab 1783 — Die USA steigen bis zum Beginn des 20. Jahrhunderts zur politischen Weltmacht und führenden Industrienation auf.

1848/49 — **Revolution in Deutschland**; sie scheitert und mit ihr die von der Nationalversammlung in der Frankfurter Paulskirche verabschiedete Reichsverfassung; zahlreiche Oppositionelle emigrieren, u. a. um staatlicher Verfolgung zu entgehen.

18./19. Jh. — Etwa acht Millionen Deutsche wandern nach Amerika aus.

ab ca. 1750 — Die **Industrialisierung** beginnt in England. In ihrem Gefolge entsteht in Europa die **Soziale Frage**.

1871–1918 — Deutsches Kaiserreich; durch den großen wirtschaftlichen Aufschwung ebbt die Auswanderungswelle ab; Deutschland wird Einwanderungsland.

Nationalsozialismus und Zweiter Weltkrieg

1933 — Nach der **Ernennung Adolf Hitlers zum Reichskanzler am 30. Januar** beginnt als Folge des radikalen **Antisemitismus** der Nationalsozialisten die allmähliche Entrechtung von Jüdinnen und Juden und die Bereicherung an deren Eigentum. Mit den **„Nürnberger Gesetzen"** (1935) werden sie zu Bürgerinnen und Bürgern zweiter Klasse.

1938 — Mit den **Novemberpogromen (Reichspogromnacht) am 9. November** beginnt eine weitere Eskalationsstufe der Verfolgung der jüdischen Bevölkerung.

23. Oktober 1941 — Gegen die jüdische Bevölkerung wird ein Auswanderungsverbot verhängt.

1939–1945 — Der **Zweite Weltkrieg** wird vom Deutschen Reich als Rasse- und Vernichtungskrieg geführt, wobei Millionen Menschen vertrieben und ermordet werden. Ab Sommer 1941 werden im Rahmen des **Holocaust**/der **Shoa** mehr als sechs Millionen europäische Jüdinnen und Juden ermordet.
Mehr als 14 Millionen Menschen werden mit Gewalt aus ihrer Heimat verbracht und müssen im Deutschen Reich und in den besetzten Gebieten Zwangsarbeit leisten, um die Versorgung und die Kriegsproduktion aufrechtzuerhalten.

1943–1945 — Zwischen 50 und 60 Millionen Flüchtlinge, Vertriebene und Deportierte sind von Massenzwangsmigrationen betroffen.

Nach Ende des Zweiten Weltkrieges in Europa

1945–Anfang der 1950er-Jahre — In Europa migrieren 25 Millionen Flüchtlinge und Vertriebene, darunter etwa 14 Millionen Deutsche als Folge von **Flucht und Vertreibung**.

1949 — **Gründung der beiden deutschen Staaten**, der Bundesrepublik Deutschland (23. Mai) und der Deutschen Demokratischen Republik (7. Oktober)

1955–1973 — Wegen des Arbeitskräftemangels im Gefolge des rasanten Wirtschaftsaufschwungs wirbt die Bundesrepublik Deutschland Arbeitsmigrantinnen und Arbeitsmigranten, sog. **„Gastarbeiter"**, aus mehreren europäischen Staaten und der Türkei bzw. Nordafrika an.

seit den 1970er-Jahren — Die Zahl der Asylsuchenden aus außereuropäischen Staaten nach Europa nimmt deutlich zu.

ab 1985 — Mit der von Michail Gorbatschow angestoßenen Reformpolitik in der Sowjetunion und in anderen Staaten des sowjetischen Machtbereichs in Mittelosteuropa steigt die Zahl an (Spät-)Aussiedlern stark an. Zugleich nimmt auch die Zahl der Asylsuchenden vor allem aus Mittelosteuropa deutlich zu.

1991–2004 — Nach dem Fall des „Eisernen Vorhangs" gestattet die Bundesregierung die Einreise von 220 000 sog. „Jüdischen Kontingentflüchtlingen" aus der ehemaligen Sowjetunion in die Bundesrepublik.

1991–1995 — In blutigen Kriegen zerfällt der Vielvölkerstaat Jugoslawien in mehrere souveräne Staaten; Millionen Menschen sind Opfer „ethnischer Säuberungen" in Form von Flucht, Vertreibung oder gar Ermordung; ein Teil der Flüchtlinge findet (meist nur vorübergehend) in der Bundesrepublik Aufnahme.

Im Archiv forschen

Arbeitsschritt	Vorgehensweise
1. beschreiben	• Verschaffen Sie sich anhand bereits vorhandener lokalgeschichtlicher Veröffentlichungen zunächst einen Überblick zum Thema. • Stellen Sie fest, welche Zeitungen einzusehen sind, welche anderen Quellen (Ratsprotokolle, Polizeiberichte, Aufrufe, Tagebücher, Fotos etc.) vorliegen. Klären Sie, ob und wie Sie sie auswerten können. Prüfen Sie, welche Dokumente Sie kopieren oder fotografieren (lassen) können. • Notieren Sie die Quellenangaben (Daten, Fundstellen, Signaturen) genau.
2. erklären	• Informieren Sie sich über die ausgewerteten Zeitungen und deren Redakteure („Schriftleiter") sowie über die Herkunft der Dokumente.
3. beurteilen	• Ordnen Sie Ihre Erkenntnisse nach Relevanz für die Fragestellung und kommentieren Sie sie. • Fassen Sie Ihre Ergebnisse in einem Beitrag für die Schülerzeitung oder in einem Referat zusammen und/oder erstellen Sie eine digitale Präsentation.

Briefe analysieren

Arbeitsschritt	Leitfragen
1. beschreiben	• An wen ist der Brief gerichtet (Familienmitglieder, Freunde, Kollegen, Institutionen etc.)? • Handelt es sich um einen Privat- oder um einen Geschäfts- bzw. einen öffentlichen Brief? • Wie sind Entstehungszeitpunkt und -ort des Briefes in den historischen Kontext einzuordnen? • Welche Informationen enthält der Brief?
2. erklären	• Welche Informationen liegen über die Verfasserin oder den Verfasser vor (Alter, Herkunft, Beruf etc.)? • Welche Informationen will die Schreiberin oder der Schreiber der Adressatin oder dem Adressaten (nicht) mitteilen? Was sagen sie über die Zeit im Allgemeinen und die Lebenssituation der Verfasserin oder des Verfassers im Besonderen aus?
3. beurteilen	• In welcher Situation befand sich die Briefschreiberin oder der Briefschreiber? • Welche (politischen) Einstellungen verraten die Zeilen? • Werden individuelle oder gesellschaftliche Erwartungen geäußert? • Sind die Schilderungen glaubhaft? Lassen sich die Aussagen verallgemeinern?

Denkmäler untersuchen

Arbeitsschritt	Leitfragen	Formulierungshilfen
1. beschreiben	• Wann, wo und aus welchem Anlass wurde das Denkmal errichtet? • An wen oder woran soll es erinnern? • Wer gab den Auftrag? Wer bezahlte das Denkmal? • Was wird dargestellt? Welche Symbole, welche Inschriften sind erkennbar? Welche realen, welche allegorischen Figuren sind abgebildet?	Das Denkmal wurde im Jahr ... in ... errichtet, um an ... zu erinnern. Auftraggeber war/-en ..., finanziert wurde das Denkmal durch/mithilfe von ... Dargestellt ist/sind ... Die Inschrift lautet: „...“ Unter den abgebildeten Figuren sind als reale Personen ... erkennbar. Neben den realen Personen sind einige allegorische Figuren dargestellt, nämlich ...
2. erklären	• Wie sind die dargestellten Symbole und Figuren zu verstehen? • Mit welcher Absicht wurde das Denkmal errichtet?	Die Symbole ... stehen für ... , die allegorischen Figuren für ... Die Realität des/von ... wird beschönigt/verengt auf .../verzerrt zu ... dargestellt.
3. beurteilen	• Welche Werte werden vermittelt? • Welche Wirkung sollte das Denkmal erzielen? • Wie gehen wir heute mit ihm um?	Das Denkmal vermittelt/legt nahe, dass .../idealisiert/bagatellisiert ... Die Auftraggeber wollten als Lehre vermitteln, dass ... Aus heutiger Perspektive ...

Fotografien analysieren und interpretieren

Arbeitsschritt	Leitfragen	Formulierungshilfen
1. beschreiben	• Wann ist das Foto entstanden und wer hat es aufgenommen? • Zu welchem Thema sagt es etwas aus? • Welche Personen oder welche Szene wurde(n) fotografiert, von welchem Standpunkt und aus welcher Perspektive? • Ist es ein Schnappschuss oder eine gestellte Aufnahme? • Zeigt es eine komplette Szene oder einen Ausschnitt?	Das Foto wurde am/im Jahr ... von ... aufgenommen. Die Aufnahme thematisiert .../zeigt, dass/wie ... Im Zentrum/Vorder-/Hintergrund ist zu sehen/zu erkennen ... Fotografiert wurde aus der Frosch-/Vogelperspektive/Unter-/Aufsicht.
2. erklären	• Mit welcher Absicht oder in wessen Auftrag wurde das Foto gemacht? • In welchem historischen Kontext steht es? • Was könnte unmittelbar vor oder nach der Aufnahme passiert sein?	Die Fotografin oder der Fotograf betont durch die Bildgestaltung/lenkt die Aufmerksamkeit der Betrachtenden auf ... Auffällig ist die Darstellung von ... als/durch ... Die Botschaft dieser Aufnahme ist, dass ...
3. beurteilen	• Wie zuverlässig ist das Foto? Wurden Bildinhalte verändert, entfernt oder hinzugefügt? • Wie wirkt das Foto auf die Betrachtenden – damals und heute? • Gibt es Aussagen über die Wirkung und Verbreitung des Fotos? • Wie beeinflusst die Aufnahme unsere Wahrnehmung der Vergangenheit?	Die Originalaufnahme wurde beschnitten/verändert, indem/da ... Die Fotografin oder der Fotograf erzeugt durch die Perspektive/die Fokussierung von ... eine ablehnende/zustimmende Haltung gegenüber ... Die Aufnahme emotionalisiert/verbreitet ein berechtigtes/ungerechtfertigtes Gefühl von ... gegenüber ... Aus heutiger Perspektive ...

Ego-Dokumente analysieren

Hinweis: Siehe auch die Methodenkarten zu Briefen und Tagebüchern als Arten von Ego-Dokumenten.

Arbeitsschritt	Leitfragen	Formulierungshilfen
1. beschreiben	• Um welche Art von Ego-Dokument handelt es sich (z. B. Autobiografie, Brief, Tagebuch, Vernehmungsprotokoll)? • Welche Hinweise zur Verfasserin/zum Verfasser lassen sich finden? • Wann und wo wurde das Ego-Dokument verfasst? • Gibt es einen Adressaten/Empfänger? • Berichtet die Verfasserin/der Verfasser über sich selbst oder beschreibt sie bzw. er die Position einer anderen Person? • Worüber berichtet die Verfasserin/der Verfasser? Was hebt sie oder er hervor, was behandelt sie/er beiläufig?	Bei diesem vorliegenden Ego-Dokument handelt es sich um einen ... Über die Autorin/den Autor erfahren wir aus dem Text und den Hintergrundinformationen, dass ... Das Dokument ist an ... gerichtet/für eine breite Öffentlichkeit bestimmt. Die Verfasserin/der Verfasser berichtet über .../schildert (eigene) Erlebnisse und Gefühle im Zusammenhang mit ... Besonders wichtig ist ihm/ihr, dass ... Nur am Rande wird erwähnt, dass ...
2. erklären	• Gibt es Informationen zum Beruf der Verfasserin/des Verfassers, der sozialen Position und der politischen oder religiösen Einstellung? • Wie sahen die politischen, wirtschaftlichen, sozialen und kulturellen Verhältnisse beim Verfassen des Ego-Dokumentes aus?	Über den Beruf und die gesellschaftliche Stellung der Autorin/des Autors ist bekannt, dass ... Ihre/seine politische Einstellung war ... Als das Egodokument verfasst wurde, waren die politischen Verhältnisse stabil/wegen ... unruhig.
3. beurteilen	• Was hat die Verfasserin/den Verfasser zum Schreiben veranlasst? • Lassen sich aus der verwendeten Sprache Rückschlüsse auf Intention und Ziele des Textes ziehen? • Welche Einstellungen und Werte lassen sich ausmachen? • Welche Wirkung soll erzielt werden? • Liegt eine adressatenorientierte Selbst- oder Fremdkonstruktion vor?	Die Autorin/der Autor will mit dem Dokument erreichen, dass ... Das wird auch durch die Sprache deutlich. Besonders oft werden folgende (Schlüssel-)Begriffe verwendet: ... Außerdem ist in dem Text auffällig, dass ... Wichtige Werte/Anliegen der Verfasserin/des Verfassers sind ... Mit dem Dokument soll erreicht werden, dass die Lesenden über ... informiert werden/dieselbe Einstellung/Haltung übernehmen/Mitleid empfinden/... Die Autorin/der Autor will den Lesenden von sich/von anderen ein bestimmtes Bild vermitteln, nämlich dass ...

Expertinnen/Experten anhören

Arbeitsschritt	Vorgehensweise
1. vorbereiten	Bereiten Sie sich im Unterricht inhaltlich auf das Thema vor, zu dem Sie eine Expertin oder einen Experten anhören wollen. Überlegen Sie gemeinsam, wen Sie als Expertin oder Experten zu dem Thema einladen können (z. B. Zeitzeuginnen oder Zeitzeugen, Mitarbeitende von Museen, Archiven, Universitäten). Hinweis: Es kann bei vielen Themen sinnvoll sein, zwei oder mehr Expertinnen oder Experten einzuladen, die für unterschiedliche Sichtweisen auf das Thema stehen. Fragen Sie an, ob sie oder er bereit ist und Zeit hat, mit Ihnen ins Gespräch zu kommen. Sammeln Sie in Kleingruppen Fragen an die Expertin oder den Experten. Stellen Sie die Fragen im Plenum vor und kategorisieren Sie sie unter Oberbegriffen. Priorisieren Sie die Oberbegriffe: Was möchten Sie auf jeden Fall ansprechen, was sind mögliche Vertiefungen/Exkurse? Erstellen Sie einen Ablaufplan für das Gespräch: Legen Sie eine Reihenfolge der Themen fest, die Sie ansprechen wollen, überlegen Sie sich auch, wie Sie die Expertin oder den Experten begrüßen und verabschieden wollen. Informieren Sie die Expertin oder den Experten über den geplanten Ablauf und die wichtigsten inhaltlichen Aspekte, die angesprochen werden sollen. Verteilen Sie die Rollen/Aufgaben für das Gespräch: Wer begrüßt, wer übernimmt die Gesprächsleitung, wer protokolliert, wer fotografiert/filmt ggf. mit (z. B. für die Homepage und den Jahresbericht; Hinweis: vorher Genehmigung erfragen!), wer verabschiedet?
2. durchführen	Führen Sie das Gespräch nach dem Ablaufplan durch. Hinweis: Der Plan ist lediglich ein Hilfsmittel und muss natürlich nicht exakt eingehalten werden, wenn der Gesprächsverlauf andere/weitere interessante Aspekte ergibt.
3. beurteilen	Überlegen Sie mithilfe Ihrer Notizen, welche Fragen beantwortet wurden, welche nicht. Woran lag das? Welche weiteren Fragen/weiterführenden Aspekte haben sich aus dem Gespräch ergeben?

Umgang mit wissenschaftlicher Literatur

Arbeitsschritt	Leitfragen	Formulierungshilfen
1. beschreiben	• Wer ist die Autorin/der Autor (Name, Beruf, Funktion)? • Welche Textsorte liegt vor (z. B. Monografie, Aufsatz, Lexikonartikel)? • Wer sind die Adressaten? • An welchem Ort/in welchem Medium (z. B. wissenschaftliche Zeitschrift, Internet) wurde der Text veröffentlicht? • Wann ist der Text veröffentlicht worden, gab es möglicherweise einen besonderen Anlass (z. B. Jubiläumsjahr, Begleitpublikation zu einer Ausstellung)?	Bei der Autorin/dem Autor dieser Monografie/... handelt es sich um ..., die/der sich wissenschaftlich/aus eigenem Interesse mit dem Thema ... beschäftigt hat. Der Text wurde im Jahr ... veröffentlicht und wendet sich in erster Linie an die Fachwissenschaft/an ein breites interessiertes Publikum/... Erschienen ist er in ... Besonderer Anlass für die Veröffentlichung war damals der Jahrestag/...
2. erklären	• Was sind Thema und Hauptaussage des Textes? Welchen Zeitraum, welchen Zusammenhang oder welches Ereignis und welche Personen behandelt der Text? • Welche Struktur des Textes ist erkennbar? Welche Thesen oder Behauptungen werden aufgestellt? Worauf werden sie gestützt (Quellen, wissenschaftliche Literatur)? • Welche sprachlichen Besonderheiten weist der Text ggf. auf (Verwendung spezifischer Begriffe, Stil)? • Welchen (weltanschaulichen, wissenschaftlichen, politischen) Standpunkt nimmt die Autorin/der Autor ein? • Welche Aussageabsicht verfolgt die Autorin/der Autor (z. B. unterhalten, sachlich informieren)?	Die Abhandlung nimmt vor allem ... in den Blick. Schwerpunkte sind dabei ... Folgende (zweiteilige/dreiteilige/...) Struktur des Textes ist erkennbar: Zunächst ..., daraufhin ..., abschließend ... Die Autorin/der Autor stellt die These auf, dass ... Dafür spricht ihrer/seiner Meinung nach zum einen, dass ..., zum anderen, dass ... Der Stil ist sachlich/wegen der Verwendung von ... besonders anschaulich/schwer verständlich. Auffallend ist die (häufige) Verwendung bestimmter Begriffe und Wortfelder: ... Wissenschaftlich/weltanschaulich steht die Autorin/der Autor auf dem Standpunkt, dass ... Der Autorin/dem Autor geht es vor allem darum, die Leserschaft ganz sachlich zu informieren/unterhaltsam zu schreiben. Dabei vermeidet sie/er ...
3. beurteilen	• Wurde das Thema schlüssig und wissenschaftlich korrekt bearbeitet? • Sind die Wertungen der Autorin/des Autors plausibel begründet?	Die Argumentation wirkt (nicht) schlüssig und konsequent. Denn die einzelnen Aspekte bauen (nicht) logisch aufeinander auf. Denn ... So ist (nicht) nachzuvollziehen ... Dem widerspricht meines Erachtens, dass ...

Diagramme erstellen und deuten

Arbeitsschritt	Leitfragen	Formulierungshilfen
1. beschreiben	• Wie und worüber informiert das Diagramm? • Wer hat wann und wie die Daten erhoben? Woher stammen die Zahlen? • Welche Form von Diagramm liegt vor (Kreis-, Linien-/Kurven-, Säulen-/Balkendiagramm)? • Welche Entwicklung ist zu erkennen (hohe und niedrige Werte beachten, Trends, Zusammenhänge)?	Das Diagramm/Schaubild/die Grafik zeigt/stellt dar/bildet ab, dass/wie ... Das Diagramm verdeutlicht/illustriert/veranschaulicht, dass/wie ... Thema des Diagramms ist, dass ... Aus dem Diagramm geht hervor/ergibt sich, dass ... Die Daten stammen aus dem Jahr ... / beziehen sich auf die Jahre ... Das Diagramm wurde von ... in Auftrag gegeben/erstellt/in ... veröffentlicht. Die Werte sind in Prozentangaben/absoluten Zahlen angegeben. Die x-Achse zeigt ..., die y-Achse ... Die Zahlenwerte machen deutlich, dass ... Der Anteil des/von ... ist von ... auf ... Prozent gestiegen/gefallen/um ... Prozent gestiegen/gefallen. Die Zahl des/der ... hat sich verdoppelt/verdreifacht/verfünffacht/ist um das Doppelte/Dreifache gestiegen. Die Zahl des/der ... hat sich auf ein Viertel/auf die Hälfte verringert. Die Zahlen des/der ... stagnieren/sind unverändert geblieben.
2. erklären	• Welche Ursachen und Gründe haben die in den Diagrammen bezifferten Zustände und Entwicklungen? • Welche Zusammenhänge lassen sich erkennen?	Mögliche Ursachen der dargestellten Entwicklungen sind, dass ... Der Anstieg/Rückgang von ... könnte daran liegen/liegt vermutlich insbesondere daran, dass ... Vergleicht man ..., fällt auf, dass ... Im Gegensatz zu ..., ist zu erkennen, dass ... Die große Zahl der/von ... lässt den Schluss zu, dass ...
3. beurteilen	• Sind die Daten vollständig/sinnvoll ausgewählt? Fehlen bestimmte Daten? • Ist die gewählte Darstellungsform sachlich angemessen oder entsteht ein irreführender/falscher Eindruck?	Aus der gewählten Darstellung geht nicht hervor, dass/ob ... Besonders aussagekräftig/auffällig ist, dass ... Problematisch/manipulativ erscheint, dass ...

Mit Geschichtskarten arbeiten

Arbeitsschritt	Leitfragen	Formulierungshilfen
1. beschreiben	• Welches Thema hat die Karte? Beziehen Sie den Titel und alle Zeichen der Legende mit ein. • Auf welchen Raum und auf welche Zeit bezieht sich die Karte? • Welche Zeichen sind besonders häufig, wie sind sie verteilt? • Zeigt die Karte einen bestimmten Zustand oder eine Entwicklung bzw. Veränderung?	Das Thema der Karte ist/sind ... Die Karte bezieht sich auf den Raum ... im ... Jh./in den Jahren ... bis ... Die Karte enthält Informationen über ... Sie zeigt außerdem ... Zu erkennen ist, dass ... Die Karte zeigt den Zustand von ... im ... Jh./Aus der Karte sind ... entwicklungen/ ...bewegungen/ Veränderungen der/von ... abzulesen.
2. erklären	• Was wissen Sie über den Raum und die Zeit, auf die sich die Karte bezieht? • In welchen historischen Zusammenhang lässt sich die Karte einordnen? • Wie lassen sich Zustand, Entwicklung bzw. Veränderung beschreiben? • Lassen sich Ursachen der Entwicklung bzw. Veränderung aus der Karte ablesen? • Sagt die Karte etwas über den Einfluss eines Staates über andere aus? • Welche Gemeinsamkeiten und welche Unterschiede sind bei einem Kartenvergleich zu erkennen?	Als Ursachen der/von ... lassen sich ... bestimmen. Ursächlich für ... ist ... Die Entwicklung/Veränderung von ... liegt an ... Vergleicht man ..., fällt auf ...
3. beurteilen	• Welche wichtigen Informationen fehlen? Wo können Sie diese recherchieren? • Welche historischen Schlussfolgerungen lassen Untersuchung und Auswertung zu?	Aus der Karte geht nicht hervor ... Man kann nicht erkennen, ob ... Problematisch erscheint ... Zu kritisieren ist meines Erachtens ... Besonders auffallend ist/deutlich wird ...

Politische Plakate analysieren

Arbeitsschritt	Leitfragen	Formulierungshilfen
1. beschreiben	• Wer hat das Plakat veröffentlicht? • Wer hat es entworfen? • Was ist der Anlass für die Veröffentlichung? • Welche Bildelemente und Symbole werden verwendet? • Wie werden Farben und Schriften eingesetzt? • Ist das Format auffallend?	Das Plakat von ... wurde am/im Jahr ... aus Anlass des/der ... veröffentlicht. Im Zentrum steht ... Im Hintergrund ist ... erkennbar. Dominierende/auffällige Farben sind ...
2. erklären	• Welche Informationen enthält das Plakat? Wie sind sie zu verstehen? • Wofür stehen die Farben und Symbole?	Die Aufmerksamkeit der Betrachtenden wird durch ... auf ... gelenkt. Die Farbe/das Symbol ... steht für/verweist auf ...
3. beurteilen	• Welche Botschaft geht von dem Plakat aus? • Welche Aspekte werden überbetont/vernachlässigt? • Welche Bildelemente wirken manipulativ?	Das Plakat erzeugt durch ... eine ablehnende/zustimmende Haltung gegenüber ... Während ... im Zentrum der Darstellung steht, wird ... vernachlässigt. Problematisch/manipulativ wirkt insbesondere die einseitige/verzerrte Darstellung von ... als .../die (Über-)Betonung von ...

Reden analysieren

Arbeitsschritt	Leitfragen	Formulierungshilfen
1. beschreiben	• Wann und wo wurde sie vor welchem Publikum gehalten? • Gab es einen besonderen Anlass? • Wie ist die Rede überliefert (stenografische Mitschrift, Manuskript oder Audiodatei)? • Was ist das Thema? • Welche Argumente werden verwendet?	... hielt am ... in ... eine Rede anlässlich des/der ... . Unter den Zuhörenden befinden sich .../ ist neben ... auch ... Die Gedenk-/Parlaments-/Protest-/ Dankesrede bezieht sich auf .../wurde aus Anlass von ... gehalten. Als Thema der Rede lässt sich ... bestimmen. Die Rednerin/der Redner stützt seine/ ihre Position durch ... Er/Sie argumentiert/hinterfragt/ begründet/rechtfertigt/beschuldigt/ attackiert ...
2. erklären	• Wie ist die Argumentation inhaltlich und sprachlich aufgebaut? • Welche Schlüssel- und Schlagwörter fallen auf? Wie/in welchem Zusammenhang werden sie verwendet?	Die Rede ist thematisch kompakt/ einsträngig/behandelt mehrere Aspekte ... Die Rednerin/der Redner beginnt mit ... In der Mitte der Rede appelliert ... Die Rede endet mit dem Aufruf zu/der Erinnerung an ... Der Schwerpunkt der Rede liegt auf ... Als dominierende Schlagwörter fallen insbesondere ... auf. Unter den Leitbegriffen ... finden sich gehäuft Wörter wie ...
3. beurteilen	• Welche Zielsetzung wurde verfolgt? Soll das Publikum belehrt, erfreut oder zu etwas bewegt werden? • Wie wirkte die Rede auf das Publikum (z. B. Beifall, Zwischenrufe etc.)?	Die Rednerin/der Redner will das Publikum in erster Linie emotionalisieren/überzeugen von .../dazu bewegen, dass ... An den ablehnenden/zustimmenden Zwischenrufen/am wiederholten Beifall ist abzulesen, dass das Publikum ...

Statistiken auswerten

Arbeitsschritt	Leitfragen	Formulierungshilfen
1. beschreiben	• Worüber informiert die Statistik (Thema)? • Auf welche Gebiete und Zeiträume beziehen sich die Angaben? • Sind die zeitlichen Abstände einheitlich?	Die Tabelle informiert über .../stellt ... dar, wie/dass ... In der Statistik ist zu sehen, wie/dass ... Der Statistik ist zu entnehmen, wie/dass ... Die Zahlen stammen aus dem Jahr .../ beziehen sich auf ... Die Zahlen wurden von ... erstellt/ veröffentlicht/von ... vorgelegt. Die zeitlichen Abstände sind regelmäßig im Abstand von ... gewählt/sind nicht einheitlich, sondern ...
2. erklären	• Wie entwickeln sich die Angaben? • In welchem Verhältnis stehen die Angaben zueinander? • Was zeigt ein Vergleich der Entwicklungen? Wie verläuft er?	Die Tabelle zeigt leichte/geringe/starke Veränderungen bei/in ... Die Zahlen zeigen eine geringe/deutliche Zunahme/Abnahme/eine Verdoppelung/ Verdreifachung ... Deutlich erkennbar ist eine steigende/ sinkende Tendenz von/bei ... Die Zahlen zeigen einen kontinuierlichen Rückgang/Anstieg von/bei ... Die Zahlen sind unverändert geblieben. Verglichen mit .../Im Vergleich zu ... Der Unterschied zwischen ... und ... besteht in ... An erster Stelle steht ..., gefolgt von ...
3. beurteilen	• Lassen die Angaben begründete Vorhersagen (Prognosen) zur weiteren Entwicklung zu? • Welche Aussageabsicht lässt sich der Statistik entnehmen?	Auf der Basis der Angaben lässt sich vermuten/schlussfolgern, dass ... Aus der Statistik geht (nicht) hervor, dass ... Es ist deutlich/nicht erkennbar, dass/ob ... Besonders aussagekräftig/auffällig ist, dass ... Problematisch/manipulativ erscheint, dass ...

Das Harding-Zentrum für Risikokompetenz hinterfragt jeden Monat am Beispiel der „Unstatistik des Monats" aktuell publizierte Daten und deren Interpretation. Sie sind zu finden mithilfe des Mediencodes **32071-203**.

Tagebücher beurteilen

Arbeitsschritt	Vorgehensweise
1. beschreiben	• Wurde das Tagebuch nur zur privaten Erinnerung verfasst oder war es von Anfang an für eine Veröffentlichung vorgesehen? • Wie sind Entstehungszeitpunkt und -ort des Tagebuches in den historischen Kontext einzuordnen? • Welche Informationen enthalten die Tagebucheinträge (individuelle Befindlichkeiten, private Meinungen und Ansichten, weltanschauliche Einstellungen, gesellschaftliche Verhaltensweisen, Erlebnisse)?
2. erklären	• Welche Informationen liegen über die Verfasserin oder den Verfasser vor (Alter, Herkunft, Beruf etc.)? Was wissen wir über ihr oder sein persönliches und historisches Umfeld? • Welche Informationen will die Schreiberin oder der Schreiber dem Adressaten mitteilen? Was sagen sie über die Zeit im Allgemeinen und die Lebenssituation der Verfasserin oder des Verfassers im Besonderen aus?
3. beurteilen	• In welcher Situation befand sich die Tagebuchschreiberin oder der Tagebuchschreiber? • Welche (politischen) Einstellungen verraten die Einträge? • Werden individuelle oder gesellschaftliche Erwartungen geäußert? • Sind die Schilderungen glaubhaft? • Dienen die Einträge der Auf- und Nachbereitung von persönlichen Erfahrungen oder zur Selbstdarstellung?

Zeitungsartikel untersuchen

Arbeitsschritt	Leitfragen	Formulierungshilfen
1. beschreiben	• In welchem historischen Kontext steht der Artikel? • In welcher Zeitung wurde der Artikel veröffentlicht? Handelt es sich um eine regionale oder überregionale, eine parteipolitisch gebundene oder eine unabhängige Zeitung? • Was ist das Thema des Beitrages? • Handelt es sich um eine informierende (Meldung, Nachricht, Bericht) oder meinungsäußernde Textsorte (Kommentar, Glosse, Rezension, Leserbrief) bzw. um eine Mischform (Reportage, Feature, Interview)?	Der Artikel ... von ... wurde am ... in der überregionalen/(links)liberalen/konservativen ... veröffentlicht. Der Bericht/Kommentar ... thematisiert ...
2. erklären	• Welche Sachinformation bietet der Artikel, wo werden Urteile gefällt? • Bei Meinungstexten: Wie argumentiert die Verfasserin oder der Verfasser? Wie geht sie oder er mit Gegenmeinungen um?	Kernaussagen des Textes sind ... Gegenmeinungen/-argumente werden berücksichtigt/entkräftet/übergangen/ignoriert. Die Verfasserin/der Verfasser argumentiert überwiegend sachlich/neutral/parteilich/emotional ...
3. beurteilen	• Welchen Standpunkt vertritt die Autorin oder der Autor? • Was will der Artikel bei Leserinnen und Lesern bewirken?	Die Argumentation ist stichhaltig/(wenig) überzeugend/einseitig/manipulativ ... Die Leserinnen und Leser sollen überzeugt werden von .../sind nach der Lektüre des Textes ...

Hinweis: Zur Vorbereitung und Durchführung von Zeitzeugengesprächen siehe auch die Hinweise zu Befragung von Expertinnen und Experten.

Zeitzeugengespräche auswerten

Arbeitsschritt	Leitfragen
1. beschreiben	• Was sind die Kernaussagen der Zeitzeugin oder des Zeitzeugen? • Handelt es sich um eigene und/oder fremde Erinnerungen? • Wie werden die geschilderten Erlebnisse beschrieben und bewertet?
2. erklären	• Wo und woran wird deutlich, dass die Zeitzeugin oder der Zeitzeuge die Vergangenheit von der Gegenwart aus betrachtet?
3. beurteilen	• Inwiefern lassen sich die Aussagen mit anderen Quellen abgleichen („Faktencheck")? Wo fallen Unterschiede auf? • Lassen sich Widersprüche und Erinnerungslücken aufzeigen? Woran könnten diese liegen? • Welche Erwartungen an das Gespräch haben sich erfüllt, welche sind offengeblieben?

Internetrecherche und -beurteilung

Arbeitsschritt	Leitfragen
1. beschreiben	• Welche Person, Organisation oder welches Ereignis behandelt der Internetbeitrag? • Ist die Sprache verständlich? • Werden die Aussagen belegt? Wenn ja, womit (Quellen- oder Literaturangaben)? • An wen richtet sich die Internetseite (Fachpublikum, Laien, Jugendliche)? • Wie aktuell sind die Informationen? Wann war das letzte Update?
2. erklären	• Wer hat die Seite ins Netz gestellt (E-Mail-Adresse)? Stammt sie von einem zuverlässigen Emittenten wir z. B. von Webseiten von Bibliotheken, Museen, Universitäten, Gedenkstätten oder öffentlichen Einrichtungen wie der Bundeszentrale für politische Bildung? • Finden sich direkte Verknüpfungen (Links) zu anderen Webseiten desselben Themas?
3. beurteilen	• Werden grundlegende wissenschaftliche Standards eingehalten? Gibt es beispielsweise Fußnoten, Literatur- oder Quellennachweise, die auf die Herkunft der Informationen verweisen? • Wird zwischen Fakten und Deutungen unterschieden? • Ist die Darstellung tendenziös? Werden undemokratische oder extreme Ansichten vermittelt? • Bietet die Darstellung unterschiedliche Sichtweisen auf das Thema? • Wie wirkt der Beitrag? Ist er emotional oder sachlich? • Wie hilfreich und zielführend ist das Angebot im Hinblick auf das Thema?

Computerspiele analysieren

Arbeitsschritt	Leitfragen	Formulierungshilfen
1. beschreiben	• Wann und wo wurde das Spiel entwickelt? • Was ist das Thema des Spieles? • Wie lässt sich das Ziel des Spieles (grob) zusammenfassen? • Mit welchen Mitteln kann das Ziel erreicht werden?	Das Computerspiel wurde ... entwickelt. Im Spiel geht es darum, ... Mithilfe von ... kann das Ziel des Spieles erreicht werden.
2. erklären	• Dargestellte Zeit: Welche Personen, Ereignisse etc. werden gezeigt? Welche sind historisch verbürgt, welche erfunden? • Welche weiteren Informationen gibt es zusätzlich zum Spiel? (z. B. Podcast, Interviews mit den Produzenten etc.)	Die Handlung ist in der Epoche ... angesiedelt. Folgende Ereignisse und Personen sind historisch verbürgt/erfunden ... Zusätzlich zum Spiel wird ... angeboten.
3. beurteilen	• An wen richtet sich das Spiel? • In welcher Hinsicht ist Authentizität/Triftigkeit gegeben?	Vorrangig richtet sich das Spiel an ... Besonders authentisch vermittelt es ... Frei erfunden ist ...

Karikaturen deuten

Arbeitsschritt	Leitfragen	Formulierungshilfen
1. beschreiben	• Wie lauten Titel und Thema? • Wann und in welchem historischen Zusammenhang ist die Karikatur entstanden? • Woher stammt sie? • An wen wendet sie sich? • Welches Ereignis/Problem wird dargestellt?	Die vorliegende Karikatur von ... erschien am ... in ... Die Zeichnung handelt von .../thematisiert ... Die Bildunterschrift lautet ... Die Abbildung zeigt, wie ...
2. erklären	• Wer oder was ist wie dargestellt? • Werden Symbole verwendet? Was bedeuten sie? • Was ist die Botschaft der Karikatur?	Auffällig ist die Darstellung von ... als/durch ... Die Botschaft dieser Karikatur ist, dass ...
3. beurteilen	• Welche Aussageabsicht wird verfolgt? • Welche Emotionen, Einstellungen, Haltungen, Gefühle löst die Karikatur aus?	Der Zeichner/die Zeichnerin beabsichtigt durch seine/ihre Darstellung von ... als ... eine ablehnende/zustimmende Haltung gegenüber ... zu erzeugen. Die Karikatur emotionalisiert/ruft ein berechtigtes/ungerechtfertigtes Gefühl von ... gegenüber ... hervor.

Geschichtsspielfilme analysieren

Arbeitsschritt	Leitfragen	Formulierungshilfen
1. beschreiben	• Wann und wo wurde der Film gezeigt? • Beruht der Film auf Vorlagen? • Welcher Gattung gehört die Erzählung an? An welchen Genres orientiert sie sich erzählerisch? • Was ist das Thema des Films? • Wie lässt sich die Handlung (grob) zusammenfassen? • In welcher Beziehung stehen die handelnden Figuren?	Der Film handelt von ... Er zeigt, wie ... Der/die Hauptfigur(en) sind ... Der Film wurde erstmals im Jahr ... gezeigt. Er weist Ähnlichkeiten/Unterschiede zu ... auf.
2. erklären	• Dargestellte Zeit: Welche Personen, Ereignisse etc. werden gezeigt? Welche sind historisch verbürgt, welche erfunden? Gibt es Abweichungen vom Forschungsstand? • Produktionszeit des Films: In welchem gesellschaftlichen und politischen Kontext ist der Film entstanden? • Welche filmsprachlichen Mittel kommen mit welcher Intention zum Einsatz? • Welche weiteren Hinweise gibt es zur Aussageabsicht? (z. B. Interviews der Autoren, Regisseure, Kritiken)	Der Film spielt im Jahr ... Der Film wurde im Jahr/in den Jahren ... produziert. Häufig wird die Einstellung ... verwendet. Dies deutet darauf hin, dass ... Die Regisseurin/der Regisseur erklärte in einem Interview, dass ...
3. beurteilen	• An wen richtet sich der Film (primäre Zielgruppe)? • Wie wirkt der Film auf mich und andere? • Was ist die Botschaft des Films? • Welche Sinnbildungsangebote macht der Film? • In welcher Hinsicht ist Authentizität/Triftigkeit gegeben? • Wofür kann ich den Film nutzen?	Vorrangig richtet sich der Film an ... Auf mich wirkt der Film ... Besonders authentisch vermittelt der Film ... Er dient ...

Zeitzeuginnen und Zeitzeugen befragen

Arbeitsschritt	Vorgehensweise
1. vorbereiten	• Zu welchem Thema soll ein Zeitzeugengespräch stattfinden? • Rechtzeitige, persönliche Kontaktaufnahme mit dem Zeitzeugen/der Zeitzeugin (ggf. auch mehreren); Absprache mit dem Zeitzeugen/der Zeitzeugin: Welcher Termin wird vereinbart? Welche Kosten fallen an? Information des Zeitzeugen/der Zeitzeugin über Anzahl der Schülerinnen und Schüler, deren Alter und das Unterrichtsthema; Einholen von biografischen Informationen über den Zeitzeugen/die Zeitzeugin; Abklären, worüber der Zeitzeuge/die Zeitzeugin (nicht) sprechen will. • Wie darf das Gespräch festgehalten werden (am günstigsten ist die Aufzeichnung mit einer Kamera, gefolgt von einer Aufnahme mit Diktiergerät oder schriftlichen Notizen)? Ist eine Veröffentlichung der Aufzeichnungen gestattet? • Bei mehreren Zeitzeugen/Zeitzeuginnen: Sollen sie gemeinsam oder getrennt voneinander auftreten? Welche Fragen sollten allen oder mehreren Interviewpartnern gestellt werden? • Welcher Fragenkatalog soll Grundlage des Gesprächs sein?
2. durchführen	• Konzentriertes und sorgfältiges Festhalten des Gesprächs in Form von Stichpunkten und Zitaten. Dabei ist zu kontrollieren: Hält sich der Zeitzeuge/die Zeitzeugin an die vereinbarten Themen? Wie ist die Körpersprache des Zeitzeugen/der Zeitzeugin (Mimik, Gestik, Modulation der Stimme etc.), verändert sie sich während des Gesprächs? Wo widerspricht sich der Gesprächspartner? Was entspricht nicht dem im Unterricht Gelernten? • Vorsichtiges und höfliches Nachfragen bei Widersprüchen • Einhalten des Zeitrahmens
3. beurteilen	• Anhören/Ansehen der Aufzeichnungen des Gesprächs • Gemeinsame Aussprache über den Inhalt des Gesprächs und über das Auftreten des Zeitzeugen/der Zeitzeugin; Abgleichen mit den Erwartungen vor dem Gespräch • Einbetten in den historischen Kontext; welche Gemeinsamkeiten, Ergänzungen und Widersprüche zum Unterrichtsstoff bzw. zu anderen Darstellungen können festgestellt werden (Faktencheck)? • Vor einer öffentlichen Präsentation: Aufzeichnung bzw. Zusammenfassung des Interviews der Zeitzeugin bzw. dem Zeitzeugen zur Überprüfung vorlegen • Präsentation der Ergebnisse (z. B. Artikel in der Lokal- oder Schülerzeitung, Webseite der Schule, Ausstellung)

Personenregister

Sachwortregister

Bildquellenverzeichnis

© 2009 Mephisto Film GmbH / Jochen A. Freydank – S. 49, 50, 51; AdobeStock / Animaflora PicStock – S. 70; – / mojolo – S. 15; akg-images – S. 41; – / Hans Asemissen – S. 40; – / British Library – S. 15; – / Pictures From History – S. 76; Alamy Stock Photo / Joerg Boethling – S. 38, 39 (2); – / Eden Breitz – Cover; – / CTK – S. 128; – / Adam Eastland – S. 35; – / imageBROKER – S. 15, 83; – / Peter Probst – S. 61; – / The Picture Art Collection – S. 22; – / The Print Collector – S. 40; Herbert Becke, Garching / www.derbecke.de – Cover, S. 48; bpk-Bildagentur – S. 61, 109, 118; – / Bayerische Staatsbibliothek, Felicitas Timpe – S. 136; – / Deutsches Historisches Museum, Sebastian Ahlers – S. 40; – / Deutsches Historisches Museum, Wolfgang Albrecht – S. 60; – / Deutsches Historisches Museum, Arne Psille – S. 61, 121, 123 (2); – / Hanns Hubmann – S. 61; – / Kunstbibliothek, SMB, Knud Petersen – S. 75; – / Staatsbibliothek zu Berlin – S. 15; – / The Trustees of the British Museum – S. 76; – / Abisag Tüllmann – S. 70; Bundeszentrale für politische Bildung, Bonn – S. 145; Deutsches Museum, München, Archiv / CD_61584 – S. 123; Deutsche Welle – S. 60, 65; Evang.-Luth. Pfarramt St. Anna Augsburg / Klaus Lipa – S. 88/89; Friedrich-Ebert-Stiftung e. V. / Archiv der sozialen Demokratie, Bonn / AdsD/FES, 6/FOTB034243 – S. 132; Getty Images Plus / iStockphoto, coramueller – S. 75; – / iStockphoto, hanohiki – S. 44; © Goethe-Institut – S. 147; Haus der Heimat des Landes Baden-Württemberg – S. 131; Fotograf: Henning Hintze, Sammlung [muc] münchen postkolonial – S. 9, 33, 67; imago images / Everett Collection – S. 40; – / Future Image – S. 65; – / Ulrich Hässler – S. 61; – / Köhn – S. 58; – / United Archives International – S. 61; iStockphoto / Gwengoat – S. 44; Jüdisches Museum Frankfurt – S. 152; © Wladimir Kaminsky / Jüdisches Museum Frankfurt – S. 149; KNA / Katholische Nachrichtenagentur, Bonn – S. 132; Heinz Koderer – S. 33; KZ-Gedenkstätte Flossenbürg – S. 124; LediZ (Lernen mit digitalen Zeitzeugnissen) LMU München – S. 52; Courtesy of the Leo Baeck Institute – S. 112; LWL-Museum für Kunst und Kultur (Westfälisches Landesmuseum Münster) / Sabine Ahlbrand-Dornseif, Leihgabe des Vereins für Geschichte und Altertumskunde Westfalens Abteilung Münster e. V. – S. 75; Foto: Erich Malter, Erlangen – S. 70; Mauritius Images / Alamy Stock Photo, David Angel – S. 105; – / Alamy Stock Photo, Archivah – S. 104; – / Alamy Stock Photo, CBW – S. 105; – / Alamy Stock Photo, Ian Dagnall Computing – S. 100; – / Alamy Stock Photo, Hipix – S. 75; – / Alamy Stock Photo, Historic Collection – S. 105; – / Alamy Stock Photo, History_docu_photo – S. 15; – / Alamy Stock Photo, Photo 12 – S. 40; – / Alamy Stock Photo, Norbert Schmidt – S. 159; – / Alamy Stock Photo, Schoening – S. 15; – / Alamy Stock Photo, David Soulsby – S. 154; – / Alamy Stock Photo, The History Collection – S. 75; – / imageBROKER, Florian Bachmeier – S. 105; – / imageBROKER, Ingo Schulz – S. 105; – / imageBROKER, Peter Seyfferth – S. 61; – / Markus Lange – S. 15; – / SuperStock – S. 95; – / United Archives, TopFoto – S. 77; Jean Mohr / DOMiD-Archiv, Köln – S. 139; © Verlag Friedrich Oetinger, Hamburg – S. 24 / - Illustrationen von Barbara Scholz, © Verlag Friedrich Oetinger – S. 24/25, 25; © Peter Palm, Berlin – S. 28, 31, 86, 155; picture-alliance / akg-images – S. 40, 61, 81, 97, 163; – / AP Photo, Uncredited – S. 54; – / Benjamin Beytekin – S. 162; – / Bildagentur-online, Schöning – S. 104; – / Arne Dedert – S. 116; – / dieKLEINERT.de, Andreas Prüstel – S. 148; – / Volkmar Hoffmann – S. 60; – / Holtkötter, Uni Münster – S. 20; – / Wolfgang Kumm – S. 60; – / Leemage, © Bianchetti – S. 77; – / Lehtikuva, Martti Kainulainen – S. 60; – / Karl Mittenzwei – S. 142; – / Marc Tirl – S. 68; – / ullstein bild, Heinrich Hoffmann – S. 41; – / Armin Weigel – S. 162; – / Westend61, Martin Siepmann – S. 21; – / ZB, ddrbildarchiv.de – S. 61; – / ZB, euroluftbild.de, Oliver Betz – S. 77; © rbb, ARD Kontraste (SFB 1990) – S. 64; Robert-Havemann-Gesellschaft / Tom Sello, RHG_Fo_HAB_17942 – S. 61; Shutterstock / FotoFabrikHamburg – S. 32; The Sims and screenshots of it are licensed property of Electronic Arts, Inc. – S. 18; Staatsarchiv München / Pol.Dir. 15395 – S. 114; Stadtarchiv München / Rudi Dix, DE-1992-FS-NL-RD-2212D29 – S. 132; Stadtarchiv Offenburg / Sign. StaOG 19/9-48-1 – S. 133; Stiftung Haus der Geschichte der Bundesrepublik Deutschland / www.zeitzeugen-portal.de – S. 8, 63; Süddeutsche Zeitung Photo / Florian Boillot – S. 58; – / Robert Haas – S. 140; – / Stephan Rumpf – S. 125; – / Sven Simon – S. 60; © Ubisoft Entertainment. All rights reserved. Assassin's Creed, Ubisoft and the Ubisoft logo are registered or unregistered trademarks of Ubisoft Entertainment in the U.S. and/or other countries – S. 16, 17; ullstein bild / CARO, Andreas Muhs – S. 8, 44; – / Wolfgang Kunz – S. 61; – / Malzkorn – S. 39; – / Spiegl – S. 61; Universitätsbibliothek Wien – S. 123; Courtesy of William J. Weinhardt and John G. Weinhardt – S. 99; © ZDF 2023 – S. 8, 18.

Mediencodes

S. 15
akg-images / British Library – 31000-83
bpk-Bildagentur / Staatsbibliothek zu Berlin – 31000-84
Mauritius Images / Alamy Stock Photo, History_docu_photo – 31000-84
AdobeStock / mojolo – 31000-84
Mauritius Images / Markus Lange – 31000-84
Mauritius Images / Alamy Stock Photo, Schoening – 31000-84
Alamy Stock Photo / imageBROKER – 31000-84

S. 28
© Peter Palm, Berlin – 31000-86

S. 40
akg-images / Hans Asemissen – 31000-89
bpk-Bildagentur / Deutsches Historisches Museum, Sebastian Ahlers – 31000-89
picture-alliance / akg-images – 31000-89
Mauritius Images / Alamy Stock Photo, Photo 12 – 31000-89
Alamy Stock Photo / The Print Collector – 31000-89
imago images / Everett Collection – 31000-89

S. 41
akg-images – 31000-91
picture-alliance / ullstein bild, Heinrich Hoffmann – 31000-91

S. 60
picture-alliance / Lehtikuva, Martti Kainulainen – 31000-93
Süddeutsche Zeitung Photo / Sven Simon – 31000-93
picture-alliance / Volkmar Hoffmann – 31000-93
bpk-Bildagentur / Deutsches Historisches Museum, Wolfgang Albrecht – 31000-93
picture-alliance / Wolfgang Kumm – 31000-93
Deutsche Welle – 31000-93

S. 61
bpk-Bildagentur – 31000-95
imago images / United Archives International – 31000-95
bpk-Bildagentur / Deutsches Historisches Museum, Arne Psille – 31000-95
ullstein bild / Spiegl – 31000-95
bpk-Bildagentur / Hanns Hubmann – 31000-95
ullstein bild / Wolfgang Kunz – 31000-95
Robert-Havemann-Gesellschaft / Tom Sello, RHG_Fo_HAB_17942 – 31000-95
Mauritius Images / imageBROKER, Peter Seyfferth – 31000-95
picture-alliance / ZB, ddrbildarchiv.de – 31000-95
imago images / Ulrich Hässler – 31000-95
picture-alliance / akg-images – 31000-95
Alamy Stock Photo / Peter Probst – 31000-95

S. 75
bpk-Bildagentur / Kunstbibliothek, SMB, Knud Petersen – 31000-103
Mauritius Images / Alamy Stock Photo, The History Collection – 31000-103
Getty Images Plus / iStockphoto, coramueller – 31000-103
Mauritius Images / Alamy Stock Photo, Hipix – 31000-103
LWL-Museum für Kunst und Kultur (Westfälisches Landesmuseum Münster) / Sabine Ahlbrand-Dornseif, Leihgabe des Vereins für Geschichte und Altertumskunde Westfalens Abteilung Münster e. V. – 31000-103

S. 76
bpk-Bildagentur / The Trustees of the British Museum – 31000-104
akg-images / Pictures From History – 31000-104

S. 77
picture-alliance / ZB, euroluftbild.de, Oliver Betz – 31000-104
picture-alliance / Leemage, © Bianchetti – 31000-104
Mauritius Images / United Archives, TopFoto – 31000-104

S. 79
© Peter Palm, Berlin – 32071-88

S. 104
Mauritius Images / Alamy Stock Photo, Archivah – 31000-113
picture-alliance / Bildagentur-online, Schöning – 31000-113

S. 105
Mauritius Images / Alamy Stock Photo, David Angel – 31000-113
Mauritius Images / Alamy Stock Photo, CBW – 31000-113
Mauritius Images / imageBROKER, Ingo Schulz – 31000-113
Mauritius Images / imageBROKER, Florian Bachmeier – 31000-113
Mauritius Images / Alamy Stock Photo, Historic Collection – 31000-113

S. 122
NS-Dokumentationszentrum München 2015 – 32071-127

Hilfen zum richtigen Umgang mit Operatoren

Die Operatoren, also die konkreten Arbeitsanweisungen innerhalb einer Aufgabe, werden in drei Anforderungsbereiche (I, II, III) gegliedert. Dabei ist die wechselseitige Abhängigkeit der Operatoren zu beachten. Wie bei einer Treppe schließt die Stufe III die Stufen I und II ein, die Stufe II die Stufe I.

		III
	II	II
I	I	I

- Bei **Operatoren aus dem Anforderungsbereich I** (nennen, beschreiben, bezeichnen) stehen das Wiedergeben und Beschreiben von Inhalten und Materialien im Vordergrund. Es geht also um eine reine Reproduktionsleistung, die sich in der Regel explizit auf das angegebene Material bezieht.
- **Operatoren aus dem Anforderungsbereich II** (z. B. erklären, charakterisieren, darstellen usw.) stehen für das selbstständige Erklären, Bearbeiten und Ordnen bekannter Sachverhalte sowie das Übertragen („Transfer“) gelernter Inhalte und Methoden auf andere Sachverhalte. Hier stehen also die Reorganisation bzw. der Transfer von Wissen und Erkenntnissen im Vordergrund.
- **Operatoren aus dem Anforderungsbereich III** (z. B. beurteilen, überprüfen) stehen für das Lösen von neuen Problemstellungen, aber auch für die Reflexion von eingesetzten Methoden und gewonnenen Erkenntnissen. Ziel ist es dabei, zu begründeten Urteilen zu kommen. Hier ist also problemlösendes Denken gefragt.

Operator*	Was ist zu beachten?	Wie ist vorzugehen?
analysieren (II)	Materialien oder Sachverhalte sind systematisch zu untersuchen und auszuwerten	- Stellen Sie den Zusammenhang zwischen den im Material (z. B. Statistik, Karikatur, Plakat, Text) enthaltenen Informationen und Ihrem Fachwissen her. - Dabei ist es wichtig, zunächst die wesentlichen Informationen aus Materialien auszuwählen und zu strukturieren. - In einem weiteren Schritt geht es um die Einordnung in den historischen Kontext.
begründen (II)	Aussagen (zum Beispiel eine Behauptung, eine Position) durch Argumente stützen, die durch Beispiele oder andere Belege untermauert werden	- Es geht darum, den kausalen, also begründeten Zusammenhang zwischen einem vorgegebenen Sachverhalt und Ihrem Fachwissen herzustellen. - Dabei ist es wichtig, die Aufgabenstellung zunächst genau zu erschließen, das Fachwissen zu strukturieren und auszuwählen sowie schließlich die Begründungen auszuformulieren.
beschreiben (I)	Sachverhalte schlüssig wiedergeben	- Hier ist vor allem genaues Lesen bzw. Beobachten gefragt.
beurteilen (III)	Sachverhalte, Aussagen, Vorschläge oder Maßnahmen untersuchen, die dabei zugrunde gelegten Kriterien benennen und ein begründetes Sachurteil formulieren	- Zunächst ist die Ausgangsthese – etwa „Beurteilen Sie, ob die Weimarer Republik an Defiziten ihrer Verfassung scheiterte“ – zu erfassen und präzise darzulegen. - In einem zweiten Schritt ist die Aussage bzw. Behauptung argumentativ auf ihre Stichhaltigkeit zu prüfen bzw. zu erörtern. Auch die dabei angewandten Kriterien sind zu benennen. - Die Beantwortung der Aufgabe muss in einem begründeten Fazit münden.
bewerten (III)	Sachverhalte, Aussagen, Vorschläge oder Maßnahmen beurteilen, ein begründetes Werturteil formulieren und die dabei zugrunde gelegten Wertmaßstäbe offenlegen	- Im Fokus stehen hier die Wertmaßstäbe, also etwa auch die abweichenden Wertmaßstäbe der betreffenden Vergangenheit. - Somit sind Wertmaßstäbe zu definieren und gemäß der Kriterien zu bewerten.
bezeichnen (I)	Sachverhalte (insbesondere bei nichtlinearen Texten wie zum Beispiel Tabellen, Schaubildern, Diagrammen oder Karten) begrifflich präzise formulieren	- Die besondere Betonung liegt hier auf der begrifflichen Präzision. - D. h., Fachbegriffe sind hier in ihrer exakten Definition anzubringen bzw. Sachverhalte aus dem angegebenen Material auf den Punkt zu bringen.